Christian Schüle

Türkeireise

ANADOL
DERSANELE
ANADOL

Christian Schüle

Türkeireise

Von unerhörten Begegnungen,
erfüllten Sehnsüchten
und der Suche nach Europa

Mit 24 farbigen und zwei Schwarzweißfotografien
von Irina Ruppert
und einer Karte

MALIK

Fotografien: Irina Ruppert
mit freundlicher Unterstützung von PPS und Kodak

S. 2: Straßenszene in der Kleinstadt Rize zwischen Trabzon und Kars

ISBN-13: 978-3-89029-315-8
ISBN-10: 3-89029-315-8

Redaktion: Margret Plath
Karte: Eckehard Radehose, Schliersee
Satz: Satz für Satz. Barbara Reischmann, Leutkirch
Druck und Bindung: Ebner & Spiegel, Ulm
Printed in Germany

www.malik.de

Inhalt

Die folgenden Momentaufnahmen erheben keinen Anspruch auf meßbare Richtigkeit. Es sind poetische Reflexionen eines abendländischen Europäers auf der Suche nach der türkischen Seele. Der während einer langen, mit unverhofften Glückserlebnissen gespickten Reise entstandene Annäherungsversuch an die Türkei hatte sich zum Ziel gesetzt, ein unverstandenes Land verstehen zu lernen, im besten Fall verständlich zu machen, auf jeden Fall aber die Symphonie seiner faszinierenden Vielstimmigkeit zum Klingen zu bringen.

Wo ist Ara Güler?

Ohne zu wissen, was dies für Konsequenzen haben würde, erwähnte an einem ungewöhnlichen Septemberabend des Jahres 2005 der weitgehend haarlose Musiker Erol Arslan zum ersten Mal den Namen jenes Mannes, dessen Spur ich wenig später für viele Wochen folgen würde. Ich hatte Erol um ein Treffen gebeten, weil er den Chor der türkischen Gemeinde in Hamburg-Altona leitete und ich auf meiner Suche nach der türkischen Seele zumindest Verständnis, wenn nicht erste Antworten von ihm erhoffte.

In einer neben der Wohnzimmertür stehenden Vitrine lagen, als wären sie Reliquien in einem Schrein, zwei dickbäuchige Saiteninstrumente, die man Saz nannte, und am Bauch der oberen lehnte eine Postkarte in Schwarzweiß, worauf folgende Abendszene im Istanbuler Stadtteil Beyoğlu aus dem Jahr 1962 zu sehen war: Zwei wohlgenährte Frauen in kurzärmeligen schwarzen Kleidern saßen leicht eingesunken auf einem Stuhl, die eine mit Doppelkinn, die andere mit prominenter Perlenkette im Dekolleté. Beide, sie mochten nicht jünger als fünfzig sein, warteten geduldig auf ihren Einsatz, während zwei robuste Männer die Saz zupften, ein jüngerer Gentleman die Geige strich und ein älterer Signor mit Hornbrille und Krawatte vornübergebeugt das Tamburin schlug. Das musikalische Kammerspiel fand vor einer Gruppe teils glatzköpfiger, teils rauchender Männer in einem kleinen, theaterähnlichen Raum mit schön geschwungenem, nach oben gezogenem Vorhang statt. Es war, als hätte der Fotograf die Menschen bei einer unstatthaften Ausgelassenheit ertappt, und doch schien für sie die Welt in Ordnung zu sein. Am rechten unteren Bildrand, im tiefen Schwarz eines unbelichteten Körpers, duckte sich in Weiß eine schlecht zu entziffernde Signatur.

Ich stand vor der Vitrine und starrte auf die Postkarte. Es war nicht zu sagen, was mich an diesem Bild festhielt, erst zwei Monate später kam ich mit mir überein, daß es mit Magie und Melancholie zu tun haben mußte.

»Es ist von Ara Güler«, sagte Erol.

»Ara Güler?«

»Er ist der berühmteste Fotograf der Türkei. Jeder kennt ihn, so wie man nur noch den Schauspieler Yilmaz Güney kennt.«

»Was macht ihn so berühmt?«

»Das Bild von Istanbul und der Türkei in der Welt ist geprägt von seinen Fotografien. Er ist der Chronist des Alltags und hat die Verwandlung des Landes seit fünfzig Jahren fotografiert.«

»Wie alt ist er heute?«

»Er müßte um die achtzig sein.«

Niemand, so schien mir in diesem Augenblick, konnte die Frage nach der türkischen Seele und danach, ob die Türkei reif für Europa oder ob Europa reif für die Türkei sei, besser beantworten als dieser Chronist der Wandlung, dieser Ikonograf der Republik, der selbst zu einer nationalen Ikone geworden war.

»Wo könnte er sein?«

»Wenn er noch lebt, dann in Istanbul.«

Istanbul-Tableaux

Das schallende Gelächter der Möwen am Morgen

Um das türkisfarbene Eisengeländer geknotet waren ihre dreckigen Handtücher, an denen sie sich die Finger abrieben, wenn sie wieder kleine Köderfische zerschnitten und die Teile auf die Haken geschoben hatten. Immer neue Männer in Mänteln und Mützen kamen hinzu und banden die kurzen Tücher nebeneinander fest, und einer der kleinsten unter den Neuankömmlingen zog gleich aufgeregt ein Algenknäuel aus dem Bosporus. Was war das für ein Gelächter, was war das für ein vergnüglicher Morgen!

Auf dem Boden standen Plastikeimer mit dem Aufdruck »Yogurt«, in denen Meeräschen, Bastardmakrelen und Blaubarsche japsten, und während eine tuckernde Jolle beinahe in den Bugwellen einer Fähre kenterte, gingen mehrere Angler auf der Galata-Brücke zugleich in die Hocke und blickten nach Eminönü auf die Neue Moschee, wo in Kürze der Muezzin die Gläubigen auf Allah einstimmen würde.

Da holte einer aus und schleuderte, wie ein antiker Speerwerfer, unter Einsatz seines ganzen Körpers die davoneilende Schnur aufs Wasser, beugte die Knie, sprang auf und kurbelte ein paar Meter wieder ein. Fische ließen sich vorerst nicht anlocken. In Tausenden Kimmen Tausender mit einem Gummi am Geländer befestigter Holzvorrichtungen lagen Tausende Ruten, und jedesmal wenn einer der Angler die Schnur ins Wasser schleuderte, plätscherte und ploppte es, und man hörte das Gurgeln des Bosporus, wenn man im Untergeschoß der Brücke stand und auf den Vorhang aus

Nylonschnüren blickte. Entfernt, aber gut vernehmbar sang ein junger Mann türkische Poplieder, bevor die Brücke vor einem wie üblich hemmungslos fahrenden Lastwagen erzitterte und das Röhren der Dieselmotoren jener alten Fähren, die den Bosporus hundertfach am Tag querten, die zarte Stille des Augenblicks zunichte machte. Das schallende Gelächter der Möwen am Morgen verhöhnte den Irrsinn eines gerade beginnenden Tages, der keinerlei Gewähr aufs große Glück hatte.

Die Brücke verband die Stadtteile Eminönü und Karaköy. Sie hatte ein oberes und ein unteres Leben. Oben war das Herrschaftsgebiet der Angler. Es gab keine Stunde, zu der keiner da war; wer immer wollte, durfte seine Angel in den Fluß werfen, man brauchte keinen Erlaubnisschein und keine Konzession eines Beamten, der notfalls zu bestechen gewesen wäre. Die Angler der Galata-Brücke waren eine brüderliche Gemeinschaft, in der gesellschaftliche Klassenunterschiede keine Rolle spielten. Sie kamen jeden Tag zusammen, um für fünf Millionen Lira pro Kilogramm den verhetzten Passanten frischen Fisch zu verkaufen, direkt von der Angel, manche taten es, um sich ihren Lebensunterhalt zu verdienen oder der eigenen Familie ein kostenloses Abendessen aus unvorsichtigen Blaubarschen zu bereiten oder die eigene Frau, oder eine fremde, zu beeindrucken mit einem Plastikeimer voller Äschen. Die Angler hielten die Kälte des Morgens ohne weiteres aus, denn wenn es kalt ist, kommen die Fische, weil sie Hunger haben, und die Ruten biegen und die Eimer füllen sich und das Zappeln der Todgeweihten in der Luft ist so heftig wie die Freude der Angler.

Unten reihten sich Restaurants und Cafés und Teehäuser aneinander, mit Großbildschirmen und Übertragungen der Fußballspiele aus der türkischen Süperlig, die so geschickt gelegt waren, daß jeden Tag ein Duell zu sehen war. Im Café Dersaadet saßen Männer und rauchten Wasserpfeife. Aus ihren Mündern quollen die dichten Dämpfe des mit dem Duft von roten Äpfeln aus Iran oder Dubai geschwängerten Rauchs. Selbstvergessen ließ ein Twen einen Stoß aus den Nasenlöchern entfleuchen, während er mit einem Freund Tavla spielte und das Klacken der Steine auf dem Brett sich in den Rhythmus klatschender Zuhörer fügte, die jedes Lied einer fünfköpfigen Combo, aus deren Kreis besonders ein schnauzbärtiger Mann mit seiner weinenden Geige herausragte, mit großer Geste feierten. An den Wänden hingen vier gerahmte Schwarzweißfotografien von Melonenhändlern und Fischern am Ufer von Eminönü. Sie hatten die grobkörnige Patina einer verflossenen Zeit und das Versprechen eines unverdorbenen, von keinerlei Zoom und Zorn verstellten Blicks. Am unteren Bildrand stand die Unterschrift des Fotografen. Sein Name war Ara Güler.

Überall roch es nach stark gegrilltem, leicht verkohltem Fisch und herzhaft gebrannten Kastanien, deren Schale man sich, die Augen geschlossen, aufgesprungen vorstellte. Fliegende Händler knieten zwischen raubkopierten CDs, DVDs, Imitaten von Gucci-Taschen und Nike-Sportschuhen, Geldbörsen mit seidenbestickten Bezügen und Lederjacken mit Fellkragen auf quadratischen Decken am Boden und gingen mit den engagierten Verkäufern von Taschentuchpaketen und Zigarettenpackungen in dissonanten Wettstreit. Mobile Händler schoben ihre dreirädrigen Holzwagen mit Granatäpfeln, blauen Trauben, Erd-, Hasel- und Walnüssen frisch von der Schwarzmeerküste auf der Ladefläche durch die Massen, die in Begleitung einer hereinflatternden, während des Fluges verzweifelnden Taube der Unterführung zuströmten, und der hellblaugestrichene Beton der Brücke wirkte im Sonnenlicht unverschämt lieblich.

Auf Postkarten der Jahrhundertwende konnte man sehen, daß sie, die den Namen »Neue Brücke« getragen hatte und das Zentrum Konstantinopels gewesen war, eine Flaniermeile darstellte, auf der befrackte Bohemiens mit Gehstock und Sonnenschirm, andere mit weißem Umhang und Fez auf dem Kopf zur »Neuen Moschee« flanierten. Auf den Karten des Jahres 1930 sah man die Fortschritte der bourgeoisen Urbanisierung: Pavillons mit Holzdächern, die Trambahn mit je einem Waggon in beide Richtungen, Laternenmasten aus jugendstilhaft geschwungenem Gußeisen, Männer in weißen Hemden mit Hosenträgern, Pakete auf den

Schultern tragend, Einspänner, die Parade der eleganten Autos ohne Verdeck und im Hintergrund, vor dem ausgespieenen Dampf einer Ausflugsfähre, die Phalanx der Kuppeln und Minarette, die wie edle Raketen in den Himmel stießen.

In der Gegenwart standen, von Karaköy nach Eminönü gesehen, linker Hand die im Bosporus, rechter Hand die im Goldenen Horn fischenden Angler. Unter der Brücke war eine wie ein Schiffsbug sich ausbuchtende, asphaltierte Fläche, an deren Geländer, neben der orangefarbenen Leuchtboje, schweigend ein Paar stand: Sie, das Kopftuch in den Böen flatternd, sah über seine Schulter aufs Goldene Horn, er, sie umarmend, stierte auf den Bosporus und gähnte. An dieser Stelle schien alles nach oben zu streben, die Laternen-, Schiffs- und Flaggenmasten und die zigfach spitz zulaufenden Minarette, und wäre ein kleiner Planet auf Istanbul gefallen, so hätten ihn diese Dolche in der Tat aufgespießt und die Bewohner vor dem ungebührlichen Tod beschützt. Da schaltete sich ein Lautsprecher ein, es knackte kurz, jemand holte bedeutungsvoll Luft und schmetterte in heldenhaftem Tenor: »Allahu ekber!«

Ich blieb stehen und wollte eigentlich auf die Neue Moschee am Ufer von Eminönü schauen, aber mein Blick verfing sich in einem Gesicht voller Freude, als hätte ich den Köder angenommen, den der Mann unbewußt ausgeworfen hatte.

»Woher kommst du?« fragte er.

»Aus Deutschland.«

»Wolfsburg!«

»Nein, Hamburg.«

»Hamburg, ah …«

»Wieso Wolfsburg?«

»Mein Onkel lebt in Wolfsburg.«

Sein Handschlag war hart. Er steckte sich eine amerikanische *Lark mild* an.

»Bist du verheiratet?« fragte er.

»Nein. Auch keine Kinder.«

Er zeigte seinen Ehering und lachte. Sein Name war Hasan

Bozkir. Er hatte sechsunddreißig Jahre einzubringen, noch mehr schwarze als bereits graue Haare und einen großgewachsenen, an manchen Stellen wuchtigen, grundsätzlich aber nicht üppigen Körper.

Ich hatte mir vorgenommen, mich auf meiner gesamten Reise vollkommen dem Zufall zu überlassen, weil man nur durch den Zufall der Wirklichkeit gerecht werden kann, wenn man das sich offenbarende Leben als solches annimmt, so unvermittelt, unbelastet und unvoreingenommen, wie es einem in diesem und jenem Augenblick zufällt, was eine Form, vielleicht die einzige, von Wahrhaftigkeit und Wahrheit ist.

Der Zufall – Hasan nannte es Allah, ich spreche lieber von der Magie des Augenblicks – hatte uns auf der Galata-Brücke zusammengeführt, und auch er fand Spaß an der spielerischen Neugier, welche Gemeinsamkeiten und Unterschiede sich zwischen uns offenbaren würden und ob wir die gleichen Ansichten über die Liebe und das Leben vertraten und vielleicht dieselbe Schwäche für europäische Frauen teilten. Hasan besaß eine kleine Bäckerei und hatte seinen Angestellten das Brot fertigen lassen, wofür er ihm die Miete zahlte. Seit kurzem war die Bäckerei verpachtet, und Hasan lebte nun vom Pachtgeld und zahlte dem Angestellten keine Miete mehr.

Hasan kam jeden Tag auf die Brücke, weil er sich entkommen wollte. Sein Leben langweilte ihn. Er war seit acht Jahren mit einer Frau verheiratet, die er nicht liebte, und er hatte einen Sohn, den er nicht mochte. Als er achtundzwanzig war, hatten ihm seine Eltern ein siebzehnjähriges Mädchen aus dem Nachbardorf in der Region Konya präsentiert und eine Hochzeit für angebracht befunden. An einem Sonntag waren sie einander vorgestellt worden und fünf Tage später verheiratet. Warum er damals zugestimmt hatte, stand auf dem Blatt einer Verwirrung im Affekt. Viel mehr als Liebe war es Trotz, seiner damals eifersüchtigen und besitzergreifenden Verlobten, die er hatte, bevor er seine jetzige Frau traf, zeigen zu wollen, daß er nicht von ihr abhängig war und es keiner göttlichen Intervention bedurfte, damit er, wenn er es wollte, auf der Stelle eine andere Frau heiraten konnte. Der Sohn mußte noch in der

Hochzeitsnacht gezeugt worden sein, er war acht. Er liebte Computerspiele, Hasan Fußball. Worüber hätten Vater und Sohn reden sollen? Barsch war Hasans wegwerfende Handbewegung, wenn man ihn auf die Möglichkeit von Glück ansprach.

Er holte seinen weißen Fiat Tipo, und wir fuhren den Bosporus auf Augenhöhe entlang ans Schwarze Meer in den Ausflugsort Kilyos, weil ein Ausflug für Hasan ein unerwartetes Abenteuer war. Den ganzen Fluß ostwärts standen und saßen Angler am Ufer, manche lehnten auf ihren Motorrädern, hatten die Angel ins Gelenk gesteckt und hielten ihr Gesicht in den betörend fröhlichen Himmel. In den kleinen Häfen der Stadtteile, die ausgebaute Buchten waren, schunkelten Fischkutter und Holzkähne, und wo immer hier Fischkutter und Holzkähne schunkeln, gibt es einen kleinen Fischmarkt, auf dessen Auslagen frisch gefangene Exemplare des Palamut in Form einer Blüte drapiert liegen, und man kann eine Wette eingehen, daß an jedem noch so baufälligen Kutter und an jedem noch so verfallenden Kahn in jedem noch so kleinen Hafen in leuchtendem Blutrot eine türkische Flagge schwänzelt.

»Was machst du eigentlich in der Türkei?«

»Ich bin auf der Suche nach Ara Güler und der türkischen Seele.«

»Ara wer?«

Im Türfach steckte ein Flakon der Marke Himself, ein geradezu unmännlich süßer Duft, und in unbeobachteten Momenten schlug sich Hasan ein paar Schlucke daraus in die Handmulde, tatschte sie an Nacken und Hals und rieb sich ausführlich die Hände ein, bevor er sich eine Zigarette ansteckte. Wir fuhren über die Kuppe eines Hügels mit grandioser Sicht auf den Bosporus, bestellt mit Häusern, die bereits keine mehr waren, bevor sie je welche geworden wären. Sechzig, vielleicht mehr widerrechtlich hingegossene Betonkubi mit eingefallenen Ziegeldächern, deren traurige Gegenwart Hasan zu einer kleinen Wahrheit inspirierte.

»Das ist die Türkei. Einfach drauflosbauen, ohne Sinn und Verstand.«

»Alles andere wäre vielleicht zuviel Ordnung ...«

»Die Stadt hat gegen die Bauherren geklagt. Der Bürgermeister will Grünflächen haben. Das kann jetzt hundert Jahre so häßlich hier stehen.«

Daß Hasan die Schönheit liebte, war ein Verdacht, der sich ebenso erhärtete wie seine Leidenschaft für Volksmusik und Paranoia. Die Schuld für das schlechte Verhältnis der Türkei zu Griechenland lag für ihn eindeutig auf Seiten der Griechen, die den Türken jetzt Istanbul rauben wollten, weil sie glaubten, das Osmanische Reich habe ihnen 1453 Konstantinopel geraubt. Und die Kurden waren es, die, in den Augen von Hasan Bozkir, dem ehemaligen Soldaten, der an der Grenze zum Iran Dienst getan und dort Nachweise, genaugenommen Waffen und Bohnendosen made in USA gefunden hatte, mit den Amerikanern sein Land von unten aushöhlten. Und die Armenier waren es, die der Türkei bis heute ewige Schmach bereiteten, weil sie es gewesen seien, damals im Osmanischen Reich, die die Türken zuerst beschossen und getötet hätten, daß sich die Türken natürlich hätten wehren müssen, und die Deportationen und Massaker also (die Hasan gar nicht leugnete) einzig die Reaktion der Türken auf die Provokationen der Armenier gewesen seien, was mit historischer Gerechtigkeit aber auch gar nichts zu tun habe. Denn angenommen, wie Hasan sagte, die Türkei erklärte heute: Ja, wir haben damals Armenier umgebracht, es war ein Genozid, so käme die armenische Regierung, die, so Hasan weiter, aus lauter von Moskau gesteuerten Nationalisten bestehe, und würde der Türkei den östlichen Landesteil nehmen und Städte wie Kars und Artvin und die sagenhaften Ruinen von Ani als ihr Eigentum reklamieren.

Noch vier Stunden blieben bis Iftar, wenn die Gläubigen im Ramadan nach Sonnenuntergang wieder essen, trinken, rauchen und lieben dürfen, jeden Tag ein bißchen früher, weil die Sonne jeden Tag ein bißchen früher untergeht. Wann das ist, merkt jeder, wenn, nach einem Kanonendonnerschlag, der Muezzin den Untergang besingt, und ich war überrascht, daß Hasan, der Gott so ehrte wie seinen Vater, am frühen Nachmittag gegen halb drei, im Zenit eines von Wärme und Licht behellten Tages, einen gegrillten Fisch mit mir aß.

»Du verstößt gegen das göttliche Gebot des Fastens«, sagte ich.

»Ich darf das, weil ich ein Magenleiden habe und regelmäßig essen muß.«

»Wer erlaubt es dir?«

»Ich zahle Geld an eine bedürftige Familie, der Vater ist tot und die Frau und die zwei Kinder leben das ganze Jahr von den Zuwendungen von Bekannten und den Gaben zu Ramadan.«

»Du kaufst dich frei.«

»Ja, wenn du so willst ...«

»Hat ein Imam es dir abgesegnet?«

»Nein.«

»Wer überwacht es? Du könntest dich aus der Pflicht stehlen ...«

»Ich mache es für mich und Gott.«

»Und wie hoch ist die Summe?«

»Man fragt sich, für wieviel Euro am Tag man normalerweise ißt. In meinem Fall sind es etwa drei. Rechne das auf den Monat hoch, dann kommst du auf neunzig, und dann noch etwas drauf, dann sind es hundert.«

Wir saßen auf Plastikstühlen am Strand von Kilyos und sahen hinüber zu den Fischern des Dorfes, die auf ihren Kuttern standen, auf deren Ladeflächen sich leere Holzkisten stapelten und enttäuschte Netze lagen, die die Geschichte des Fischverlusts im Schwarzen Meer erzählten. Ein einsamer alter Mann saß auf einem Stuhl, drehte Perle für Perle seiner Gebetskette, und dem Wasser, das an die Kaimauer brandete, entstieg der Geruch der Urtiefe. In vier weißen Eimern wurde der übriggebliebene Fang des Morgens aufbewahrt, eine traurige Angelegenheit. So viel Traurigkeit über das Versiegen und Vergehen des Lebens wie im Gesicht des Fischverkäufers unter dem Coca-Cola-Sonnenschirm wohnte, der in Momenten, in denen er sich unbeobachtet glaubte, einen kleinen Handspiegel zu Rate zog, ob der Schnauzbart gehorsam und die Koteletten gleichauf waren und selbst bei einer so wenig adligen

Tätigkeit wie dem Sitzen auf einem Schemel darauf achtete, daß das beige Jackett und die ockerfarbene Wildlederweste, das weizengelbe Hemd und der aquamarinfarbene Seidenschal ausreichend zur Geltung kamen. Sieben Finger bot er auf, als ein Restaurantbesitzer Interesse an seinen Makrelen zeigte, sieben Finger und keiner mehr zeigten auf die Fische, und dann nickte er, der Wortfaule, einem Jüngeren zu, der acht Fische auf die Waage warf, bis das Kilo für sieben Millionen Lira ausgewogen war. Zum Abschied kein Wort, nur ein freundliches Lächeln seiner-, etwas Verstörung meinerseits, denn der Alte hatte keine Stimme mehr, und der schöne Seidenschal bedeckte den kaputten Kehlkopf, der vom Krebs durchwuchert war.

Die historische Liebe des kommunistischen Tischlers

Ein weiterer Zufall hatte es mit sich gebracht, daß die Kleinverlegerin Yasemine Gedik zu der Überzeugung gekommen war, ich könne es mir nicht leisten, Sarkis Cerkezyan nicht zu treffen. Es war schon ein Zufall gewesen, daß ich auf Yasemine gestoßen war, als ich im Kafe Ara in einer Seitengasse zur Istiklal-Straße im Istanbuler Stadtteil Beyoğlu, wo mir ein blinder Akkordeonspieler mit unverschämten Blicken nachstellte, eine erste Spur von Ara Güler gefunden zu haben meinte. An den mintgrünfarbenen Wänden dieses sehr jugendlich wirkenden, im Stil europäischer Metropolen gehaltenen Cafés, das gut und gerne auch in Berlin-Schöneberg oder Hamburg-Eimsbüttel hätte gelegen sein können, hingen vier überdimensionale Fotografien von Ara Güler: einfache Menschen am Ufer von Eminönü und Karaköy, Arbeiter und Boote vor der in Abenddunst gehüllten Silhouette der Moschee von Fatih. Es war, als tauchten die rauchenden Fischer und abfahrenden Fähren und der Melonenmarkt in Eminönü gleich hundertfach im Café auf, dessen im ganzen Raum vorhandene Wandspiegel die Bilder bis in die kleinsten Einheiten vervielfältigten. Jemand behauptete nicht nur, dies seien Originalprints, sondern ebenso, daß das Kafe Ara so hieß, weil das Haus Ara Güler gehörte, was bis auf weiteres eine schöne Behauptung blieb.

Yasemine war eine zarte, sympathische, in einer Mischung aus Sanftmut und Gelassenheit still in sich hineinlächelnde Frau mit kurzem Haar, die in den achtziger Jahren wegen ihrer linken Überzeugung in Istanbuler Gefängnissen derart gefoltert worden war, daß sie heute an nebligen oder regnerischen Tagen nur mit Mühe schmerzfrei gehen kann.

Yasemine wollte unbedingt hinten sitzen. Wir stiegen in eines jener zahllosen, ginstergelben Taxis und rasten für sechs Euro vom Pera Palace Hotel die Serpentine von Beyoğlu hinab, über die Galata-Brücke durch Eminönü nach Sultanahmet, am Ufer des Marmarameers entlang durch ein byzantinisches Stadtmauertor ins alte armenische Viertel Kumkapı, wo wir vor dem abgesperrten Platz einer unerwartet herrischen Kirche ausstiegen und eine von einstöckigen Häusern gesäumte, kopfsteingepflasterte Straße nach rechts gingen.

Das erste, was mir an Sarkis auffiel, war, daß er rauhe Fußhaut hatte. Die Hornhaut hatte sich über die Sohlen gelegt, man sah tiefe Risse und manchmal kleine Furchen. Sarkis saß auf seiner ungemachten Liege, die zugleich Bett war und Couch und Gästesofa und der Mittelpunkt seines Lebens, und an diesem Tag und dem letzten und dem folgenden lag sein rechter Fuß in einer Art Gips, weil ein Autofahrer in den engen Gassen von Kumkapı nicht achtgegeben hatte. Die großen Nägel waren vergilbt und der Ballen des Fußes Ausdruck bewegter Geschichte. Er trug einen borstigen, kurzrasierten, weißen Schnauzer über einer in die Breite gezogenen, formlosen Oberlippe. Es war unmöglich, mit Sarkis nicht sofort ins Politische zu verfallen, denn er war glühender Kommunist und gläubiger Christ und unbeugbarer Armenier und neunzig Jahre alt. Die gesamte türkische Geschichte des 20. Jahrhunderts verschmolz in diesem Mann, und man konnte sagen, Sarkis selbst war Politik.

In einen wertlosen Wandteppich war das Gesicht Jesu eingewoben, in einem gewöhnungsbedürftigten Rhythmus dimmte das

Licht der Glühbirne herab und sprang hell wieder an, auf einem sperrmüllreifen Tischchen neben der Couch stand ein gerahmtes Foto von Sarkis' Vater mit weißem Bart, schönem Hut, kniehohen Lederstiefeln und überschlagenen Beinen, eine Art Dandy der Jahrhundertwende. Der schäbige PVC-Boden war an vielen Stellen aufgerissen, an anderen vernarbt. Sarkis rauchte Filterkings von *Capital*, und das nicht nur, weil er Marx verehrte. Außer seiner reinen Existenz und den Erinnerungen an ein wirres Jahrhundert war ihm nichts geblieben als der Genuß von Zigaretten. Er machte nicht viel Worte, sagte aber eine Menge. »Die Kommunisten«, hob er zum Beispiel an, »sind kein Feind von Völkern. Ohne die Kommunisten wären die Armenier ausgerottet worden, ohne die Sowjetunion gäbe es heute keine Armenier mehr.« Er bat Yasemine zur Vitrine, ließ sich eine Tafel bringen und las den Text einer Auszeichnung vor: »Für-den-mutigen-Kämpfer-Sarkis-Cerkezyan. TKP, Türkische Kommunistische Partei«.

Wenig Zweifel bestand daran, daß Sarkis ohne Umschweife das heißeste aller politischen Eisen und dasselbe dann auch mit jener Unerschrockenheit anpacken würde, die ihn sein Leben lang durch alle Gefahren hindurchgeleitet hatte, und noch bevor er ein neues Päckchen *Capital* aufreißen und sich eine weitere Filterking zwischen die vor Trockenheit spröden Lippen stecken konnte, war das Wort vom Genozid im dunklen Raum, dessen kleines Fenster geschlossen war, weil Sarkis in früheren Jahren den Angriff von türkischen Nationalisten parieren mußte, die mehrere Flaschen in sein Wohnzimmer geworfen und es entweder billigend in Kauf genommen oder gewußt hatten, daß sein Lebensmittelpunkt die ungemachte Liege neben dem Fenster war.

»Damals ging es nur darum, ein Volk zu vernichten, damit die Türken allein herrschen und dann sagen konnten: Armenier? Pah, die hat's doch hier nie gegeben!«

»Das Wort Genozid ist stark.«

»So war es.«

»Aber das Wort Genozid ...«

»Sie wollten uns vernichten!«

»... setzt den schriftlichen Befehl zur bewußten Ausrottung einer Ethnie voraus. Sind Sie sicher, daß es diesen Befehl wirklich gegeben hat? Sie wissen ja, daß die Türkei seit Jahren genau das in Frage stellt.«

Er sagte nicht »Junger Mann« oder winkte ab oder warf mich aus seiner Wohnung, die einer Stiftung der armenischen Kirche von Kumkapı gehörte und eines der Häuser für alte Christen war, er setzte auch nicht zu einer Rechtfertigung oder schmetternden Sottise an. Er schwieg eine Weile, so daß man das Geschrei der Kinder auf der Gasse hören konnte, die vermutlich eine Katze jagten, und sah dann auf das an die grüngestrichene Wand gepinnte, ausgefranste Foto seiner vor Jahren verstorbenen Frau. Dann sagte er viel zu leise, als daß es Kalkül hätte gehabt haben können: »Ab 1900 gab es immer mehr armenische Schulen, immer mehr Intellektuelle und Lehrer im Osmanischen Reich. Die Armenier waren wie die Juden immer kluge und wohlhabende Leute und haben viele Künstler hervorgebracht, sie wurden immer mehr zu einer großen kulturellen Macht, hatten Einfluß auf Griechen und Bulgaren, bis die Neutürken das erkannten und um 1914, 1915 mit der systematischen Ermordung der armenischen Intellektuellen begannen, die dann zur Deportation aller Armenier geführt hat.«

Eine Exkursion in die Geschichte war vonnöten, um zu spüren, wie Armenier, Griechen, Bulgaren, Türken, Turkmenen, Osseten im Gebiet des Osmanischen Reiches, das seit seinem Beginn 1453 stets ein Vielvölkerreich gewesen war, zusammengelebt hatten. Die Cerkezyans stammten aus Konya, der Vater war Bankier, die Mutter Lehrerin, und als der Erste Weltkrieg tobte und die Osmanen an der Seite der Deutschen kämpften, hatte man ihnen allen erzählt, sie müßten für einige Zeit nach Süden, in die Nähe von Aleppo, das heute in Syrien liegt, und nach einer gewissen Zeit hatte man Sarkis' Eltern erzählt, daß sie nach Konya zurückkehren dürften, und vielleicht war der kleine Sarkis 1915 auf dem Weg nach Süden geboren worden, vielleicht kurz bevor die Familie in Meskene bei Aleppo angekommen war, wo sie alle in ein KZ gesteckt worden seien und deshalb Konya nie wieder gesehen hätten – bis auf einen

Onkel und den kleinen Sarkis, die zu schlau gewesen waren, die sich nicht hatten kriegen lassen, die geflüchtet waren und sich nach Istanbul durchgeschlagen hatten, wo Sarkis Tischler wurde und die Menschen zu lieben begann. Er war zum Kommunisten geworden, weil er niemals Chauvinist werden wollte, weil er bis auf den heutigen Tag der Überzeugung war, daß alle Menschen auf der Welt erkennen würden, was gut und was schlecht sei, und daß die Liebe zum Menschen immer gut sei. Von 1976 bis 1980 hatte er für die Kommunistische Partei in Istanbul verbotene Zeitschriften gedruckt, und er hatte Verstecke in die Tische eingebaut, die er Tag für Tag gezimmert hatte, für geheime Botschaften und Papiere, denn Paragraph 141 und 142 der Verfassung hatte die KP in der Türkei verboten, und erst 1989, nach dem Fall der Mauer, war sie wieder erlaubt worden, aber da war für Sarkis längst klar gewesen, daß man eine Idee nicht ausrotten konnte, solange es nicht ausgerottete Menschen gab, die sie in ihrer Seele verschlossen hatten.

Dann stand er auf, humpelte zu einem Schrank und holte eine Flasche. Der Kirschlikör war selbstgemacht, nicht direkt von ihm, von einem Nachbarn, einem Türken, aber für Sarkis gab es keinen Unterschied zwischen Türken und Armeniern und Griechen und Bulgaren, solange es gute Menschen waren, und von hundert Freunden, die Sarkis hatte, waren fünfundneunzig Türken, und sie alle scherten sich einen Mist um die offizielle Politik und fragten sich nur gelegentlich, ob die europäische Einverleibung der Türkei für sie etwas ändern würde, woraufhin sie zu dem Ergebnis kamen, daß sich eben nichts ändern würde, gar nichts, daß vielleicht die Kapitalisten etwas davon hätten, und wenn die Europäer schlau wären, dann sagten sie nein und nähmen die Türkei niemals bei sich auf, so wahr ihm, Sarkis Cerkezyan, Gott helfe, an den er nicht mehr wirklich glaubte nach diesem wirren Jahrhundert, obwohl er armenisch-orthodoxer Christ war.

Als es nicht mehr zu leugnen war, daß die Abstände zwischen den Momenten, da Sarkis der Müdigkeit verfiel, immer kürzer wurden, dankte ich unter Aufwendung von Hochachtung, verbeugte mich und verließ das Haus.

Ich ging mit einer Horde »Mister-Mister-money-money«-schreiender Buben an den Geschäften der Hauptstraße vorbei, ehe ich, ohne daß ich es gewollt hatte, von Mustafa und seinen Jungs mit einer Geste prinzipieller Herzlichkeit zum Iftar-Mahl eingeladen wurde, denn in diesem Augenblick um halb sieben, da der kommunistische Christ Sarkis Cerkezyan bereits sich zur Ruhe gelegt hatte, rief der Muezzin der Kumkapı-Moschee Allah an, und überall klapperte Geschirr.

Sie waren zu sechst, betrieben ein Fischrestaurant und waren große Anhänger ihres Regierungschefs Tayyip Erdogan, den sie in der historischen Bedeutung gleich nach Atatürk ansiedelten. Es gab Datteln, Bohnensuppe, Brot, Tee und Wasser, das war nicht zu viel und nicht zu schwer, denn wer den ganzen Tag fastet, kann sich nicht in einem Gang den Magen vollschlagen, das wäre erstens widersinnig und zweitens schmerzhaft und drittens nicht im Sinne des Propheten.

»Wie viele der Türken fasten wirklich?« fragte ich.

»Sechzig Prozent«, sagte Mustafa. Der Mensch an sich sei schwach.

»Oder hat Magenprobleme …«

»In Ägypten oder im Iran wird öffentlich geächtet, wer im Ramadan nicht fastet.«

»Das ist wahrer Islam, wahre Hingabe …«

»Wir leben eben in einem demokratischen Land: Wer will, der kann fasten, wer nicht, der eben nicht. So ist das.«

Ich machte sichtbare Anstalten, mich für die Einladung zu Iftar zu bedanken und aufs Neue die unersättliche Güte der Türken ausschmückend zu belobigen, da lehnte sich, von links außen, der bislang überaus schweigsame Kurde Muzaffer vor, nahm mich, den neuen Freund, den Europäer, ins Visier und fragte mit zarter Stimme, ob er etwas fragen dürfe. Kurz erstarb jeder Laut, dann setzte er, aus der Tiefe einer scheinbar gekränkten Seele an: »Warum nehmt ihr das so hin in Europa, was die Amerikaner dem Irak antun?«

Vor dem Aziz Deri lagen Stoffrollen und Kunstfelle. »Willkommen in der Gedikpaşa-Straße 19«, sagte teetrinkend der Hemdenverkäufer und hatte das neugierige Lachen dreier Dickbäuchiger auf seiner Seite. Es war die Straße der Stoffhändler und Schuster, und ich grüßte, indem ich meine beiden Zeigefinger zum Zeichen, ich sei ein Arkadasch, ein Freund, aneinanderrieb. Man bot mir einen Tee mit drei Zuckerwürfeln an, dann holte mich ein anderer, als ob er mir einen lange gehegten Wunsch erfüllte, in das Haus des Aziz Deri.

Recip legte seine Hand auf meine Schulter und führte mich im zweiten Stock in einen der fünfunddreißig Räume, die nicht größer waren als eine Zelle. Sein Bruder Hüseyin saß an einem antiken Arbeitstisch vor einem billigen Wandteppich mit der gewebten Kaaba von Mekka, ein neben ihm stehendes Transistorradio mit schiefem Draht in Antennenfunktion gab das Pathos einer türkischen Isolde preis, die gerade ihren Tristan verloren hatte. Maschinen gab es nicht, dafür neunzig flinke Finger. Früher, Anfang des 20. Jahrhunderts, hatte es zehntausend Schumacher im Viertel um die Gedikpaşa-Straße gegeben, heute waren es dreitausend, und die würden gegen Ende dieses Jahres in einen Vorort von Istanbul ziehen müssen, weil der Bürgermeister die geschichtsdichte Gegend unterhalb des Großen Basars in eine touristische Shoppingarea umzuwandeln gedachte.

Hüseyin saß seit fünfunddreißig Jahren in seiner kleinen, den Namen seines Vaters tragenden Schusterei Saracoglu Kundura, bei neongrellem Licht, ohne Fenster, mit niedrigen Decken. Er saß im größten der drei kleinen Räume, fertigte schwarze Herrenschuhe, seit er dreizehn war, noch immer sah man das Kind in seinem Gesicht. Er und seine acht Angestellten machten sechshundert Paare die Woche, und wer fleißig war, konnte allein sechzehn am Tag schaffen, wofür er zweiunddreißig Euro bekam, die nicht versteuert werden mußten, weil nicht die einzelnen Angestellten Steuern zu entrichten hatten, sondern der Chef für die gefertigte Ware Abgaben zahlte, was er, zumindest in vollem Umfang, nur tat, wenn er, sagen wir, ein bißchen dumm war.

Es roch nach Leim, und es gab Tee, der niemals auszugehen schien. Unter den Augen eines vergilbten Atatürk schnitt Hüseyin das Kuhleder für außen, das Schafsleder für innen selbst zu, Recip erhitzte ein Eisenmesser und strich damit über einen bereits genähten schwarzen Schuh, um das Leder zu besänftigen. Sie saßen, schnitten, strichen und lachten, und sie sprachen über ihre Sehnsüchte, und Recip sagte, er habe nun genug Geld gespart, um auf die Hadsch zu gehen, zweitausend Euro, mit denen er sich bei einer der großen Organisationen anmelden werde, die die Reise zur Kaaba durchführten, vierzig Tage, von Istanbul nach Mekka, dann nach Medina und wieder zurück, und wenn man sich an billige Hotels hielte, käme man mit zweitausend Euro hin.

Ich ging die vielen Stufen ins Erdgeschoß hinab. Im Keller war ein kleiner Junge zu entdecken, der neben einem Steinbecken ohne Unterlaß Tee aufbrühte. Draußen grüßte ich den Hemdenverkäufer mit einem freundschaftlichen Schlag auf die Schulter und schritt, der Stau hatte sich aufgelöst, die Gedikpaşa-Straße hügelaufwärts zum Großen Basar, wo mir ein Teppichhändler namens Erol nahelegte, daß Mustafa Kemal Atatürk ein toller, nein großer, genaugenommen genialer Mann gewesen sei, der aus den Trümmern des Osmanischen Reichs, genaugenommen also aus dem Nichts, einen Staat errichtet und es verhindert, genaugenommen abgewendet habe, daß die Engländer und Franzosen die Türken besiegt hätten, damals, Anfang der 1920er Jahre, als es um alles ging. Ein gerahmtes Porträt in Schwarzweiß hing an der Wand seiner Galerie altorientalischer Teppiche neben einem Kelim, auf dem Atatürk in den Himmel sah, als spähte er nach Indizien, ob neben ihm noch andere Gottheiten zu vermuten seien.

Es war nicht so, daß ich nach Teppichen Ausschau gehalten hätte, es war so, daß Teppichhändler nach mir Ausschau hielten und man aus unerfindlichen Gründen immer zu einer Tasse Tee zusammenkam.

»Heute gibt es im Basar nur noch dumme Händler, die Juden

sind raus, die Griechen sind raus, die Armenier sind raus, der ganze Intellekt ist raus, dieser Nationalismus ist dumme Politik!« sagte Erol, dessen Stimme ein bestimmtes Maß an Heftigkeit niemals überschritt. Wenig zweifelhaft schien, daß er, der seit vierzig Jahren mit Teppichen handelte, schon Könige empfangen und bei Präsidentenbesuchen Räume ausstaffiert hatte, kein Freund des türkischen Chauvinismus war. Und ebenso klar war, daß er die Türkei als für Europa ungeeignet erachtete, was die Verhältnisse allerdings auf den Kopf stellte, da Erol der Meinung war, daß es Europa war, das noch nicht reif genug sei für die Türkei.

»Wie unterscheidet sich die türkische von der europäischen Seele?« fragte ich.

»Europäisch, das ist für mich kultiviert, ehrlich, korrekt, geradeheraus, demokratisch. Türkisch, das ist hilfsbereit, gastfreundlich. Wissen Sie, für einen Türken ist Freundschaft das Wichtigste.«

»Und der Glaube?«

»Der Glaube ist nur ein Zugang zu Gemeinschaft. Religiosität hat immer ökonomische Ursachen. Viele Familien sind bettelarm, und je ärmer die Leute sind, desto eher greifen sie auf den Glauben zurück, der Halt in der Gemeinschaft vermittelt und Geborgenheit gibt.«

»Klingt so, als sähen Sie die Türkei eher im islamisch-arabischen Kulturkreis als im europäischen.«

»Sehen Sie, wir sind beeinflußt von Genua, von Venedig, von den Griechen. Im Grunde sind wir das wahre Europa.«

Ich schlenderte zur Brücke und traf Hasan, dieses Mal auf der Seite zum Goldenen Horn. Er wirkte alt und müde, trug Jeans und ein blaufarbenes Batik-T-Shirt über seinem ausgestülpten Bäuchlein. Eine Jacke brauchte er nicht, weil es angenehm warm war, obwohl sein Atem kondensierte. Es dämmerte zusehends. Fünf Makrelen in den letzten Stunden, er nickte zu dem Eimer herüber. Sein Vater wollte an diesem Abend kommen, doch die Anreise aus Konya verzögerte sich wieder einmal, der Baba kam mit der eigenen Planung nicht zurecht, Konya, Istanbul, Mekka, von Hasans Haus aus wollte er zum sechsten Mal in seinem Leben auf die Hadsch nach Mekka fahren, dort ein Haus bauen und einen Monat lang beten oder noch länger, und nicht einmal Hasan wußte, wie spontan sein alter Herr sein würde.

Auf jeder Seite der Galata-Brücke waren an diesem frühen Abend zweihundert, zweihundertfünfzig Angler, manchmal gab es Frauen. Sie saßen auf Klappstühlen, umgedrehten Bierkisten oder sonstigen Bottichen und rissen die Schnur mit ihren Zähnen ab. Neben ihnen standen Sporttaschen, Tüten und Gläser, manche hörten aus Transistorradios türkische Volksmusik, zu deren fröhlichen Sehnsüchten andere summten. Das Fischen war eine Tätigkeit von heiligem Ernst, ein Lachen war selten zu hören, und so, wie sich die Angler nach den Früchten des Meeres sehnten, sehnte sich Hasan nach der romantischen Tiefe einer großen Liebe.

Obwohl der Bürgermeister den Straßenhandel verboten hatte, verkauften Teeverkäufer Tee, Angelhändler Haken, selbstgeschnitzte Holzkimmen, Joghurteimer und Nylonschnüre und Muschelhändler von frischen Zitronen beträufelte Miesmuscheln. Sesamringe kosteten zehn Cent, Zuckerringe fünfzehn, und eine Portion Reis mit Lammfleisch und Kichererbsen fünfzig.

»Irgendwann wird es auf der Brücke sauber und ordentlich sein«, sagte Hasan in einer Art vorweggenommener Melancholie.

»Du fürchtest Ordnung?«

»Weil die Regierung uns nach Europa bringen will, macht sie immer neue europataugliche Regeln, die unser Leben immer mehr einschränken.«

»Was ist gegen Regeln zu sagen?«

»Wenn Ordnung der Preis für Europa ist, dann ist er zu hoch.«

»Durch Ordnung gewinnt man Gerechtigkeit.«

»Aber die türkische Seele geht verloren.«

Es war für einen Angler auf der Galata-Brücke ausgesprochen schwierig zu unterscheiden, ob die Rute zitterte, weil eine Makrele oder Äsche angebissen hatte, oder ob das Zittern in der Erschütterung durch einen zu spät bremsenden Lastwagen oder Bus begründet lag. Manche Ruten bogen sich dauernd, andere, links oder rechts daneben, einen ganzen Abend gar nicht. Inschallah, göttlicher Zufall, der es mit sich brachte, daß immer wieder dieselben Angler einen zappelnden Fisch aus dem Wasser zogen, und während sie ihn, die Kippe zwischen den Lippen, vom Haken befreiten, fotografierte ein zweiter den Triumph mit dem Handy und schickte der Frau oder der Freundin des Anglers eine MMS.

Fort, nur fort in die Zukunft!

Wem immer ich begegnete, die Neugier der Einheimischen auf das Fremde war immens. Erst kam, wie in osmanischen Zeiten, die Frage nach der Herkunft, eingesunken ins genetische Erbe der Gastgeber, Vermächtnis der fünf Jahrhunderte, in denen Istanbul manchmal schmelzender, manchmal nur glühender, manchmal sammelnder Tiegel der Völker und Kulturen gewesen war. Und mit der Frage nach dem Woher war die Andeutung verbunden, man habe begriffen, daß jeder Mensch den gleichen Wert besitze, daß es, ganz gleich, woher er stamme, ums Menschliche gehe und also um das Ganze, das Schöne, das Wahre, um Liebe, Musik, Fisch und Oliven, die Speisen der Seele, und daß jeder für sich beitrage zu einer kleinen Gemeinschaft in der großen aller Menschen und auf diese Weise etwas Neues entstehe, was die Offenheit über den Status der verbindlichen Neugier hinaus als etwas Legendäres, Erlesenes erweist, das zwischen Okzident und Orient keinen Unterschied macht und sich in der quasimondänen Bagdat-Straße im Stadtteil Kadıköy fortsetzte, der jenseits des Bosporus, auf der asiatischen, anatolischen Seite Istanbuls gelegen, in seinem Bekenntnis zur Republik ebenso überschwenglich fahnenschwenkend sein konnte wie Eminönü oder Karaköy.

Zuerst donnerte eine Kolonne hupender Harleys über die Bagdat-Straße, dann kamen junge Männer, die mit Luftballons winkten, andere in Narrenkappen, die türkische Fahnen verteilten. Hinter und neben ihnen, an den Fassaden prächtiger Häuser, hingen Stoffflächen mit Parolen und Losungen, die zum Teil ganze Fensterfronten bedeckten. Ein Wagen, wie man ihn von Love Parades kennt, setzte sich in Gang, aus den Lautsprechern stampfte die carminaburanaähnliche Version eines Marschliedes, das bei genauerem Hinhören die Hymne zum zehnjährigen Bestehen der Republik 1933 gewesen und nun mit Technoelementen auf Gegenwart gemischt war. Kinder schwenkten Fähnchen, es gab ein Tröten und Pfeifen, und an den Laternenmasten der edlen Meile hingen Türkeiflaggen. Vor Stefanel und der Frauenboutique YKM waren Transparente mit dem Konterfei des vergötterten Vaters aller Türken entrollt, und eine junge Frauenstimme schmetterte vom Wagen das Sinnversprechen des Tages in die andächtige Menge: »Mit erhobenem Kopf sind wir aus allen Kriegen hervorgegangen, dank Atatürk, dem großen General, der in der ganzen Welt respektiert wird; wir sind Türken, und uns steht es nicht gut stehenzubleiben!«

Es ergab sich, im Rhythmus der verzerrten Technoversionen eines heroischen Chorals, eine Ausgelassenheit und Selbstbeschwörung der republikanischen Gesinnung, die eine Kampfparole an jeden Islamismus war, ein Fort! Nur fort. in die Zukunft mit Mustafa Kemal! An den Fenstern der Autos hingen Bilder des fast immer mürrisch dreinschauenden, erdenschwer wirkenden, schmallippigen Republikgründers. »Wir marschieren«, skandierte eine Frau mit blonder Perücke in engen Hosen und brustbetonendem T-Shirt, »für unsere laizistische Republik!« An die Seite des Wagens waren beschriebene Leintücher geheftet, die der Feier des zweiundachtzigsten Jahrestages der Republik an diesem Tag die theoretische Legitimation erteilten, und während ich feststellte, daß mehr als die Hälfte der auf der Straße anwesenden Menschen Frauen waren und keine dieser Frauen ein Kopftuch trug, setzte die dralle Vorbeterin auf dem Wagen zum neuen Gebet an: »In meinem Herzen, in meiner Seele, in meinem Blut ist nur eins: unsere Türkei!«

Es begann zu nieseln, und die uniformierten Kinder einer Gruppe riefen mit sonnigem Gemüt: »Wir sind die Kemalisten!« Und unter dem Höllenlärm der jetzt einpeitschenden Marschmusik gingen sie die gottvergessene Bagdat-Straße in all ihrer kapitalistischen Unfrömmigkeit entlang in die hereinbrechende Nacht, die den Geburtstag der Republik beendete, zu dem jedes Viertel einer Stadt, jeder Ort, jedes Dorf des Landes mindestens eine eigene Kundgebung zu organisieren hat.

Kristalle auf der Haut des Bosporus

Ich erreichte die von abendländischer Mondäne behauchte und von morgenländischer Schlaflosigkeit getriebene Istiklal-Straße im Stadtteil Beyoğlu in einem ungünstigen Augenblick, da der gerade erst wieder eingesetzte Trambahnwaggon um ein wenige Millimeter breites Haar mit einem Reinigungsfahrzeug auf der in der Mitte aufgerissenen Straße zusammengestoßen wäre und die Malaise unter Anteilnahme so gut wie aller Passanten zu lösen versucht wurde, wobei eine derart vielstimmig beseelte Hilfsbereitschaft jede gedankliche Ordnung, die zur Lösung eines Problems vonnöten ist, undenkbar machte. Ich kam an einem blinden Akkordeonspieler vorbei, an dessen Seite ein apathisch wirkender Junge mit dreckigen Fingern eine Trommel schlug, wich in die Seitengassen aus, wo auf kleinen Schemeln zeitunglesende Männer saßen, die ohne Unterlaß die neunundneunzig Perlen ihrer Gebetsketten verschoben. Flinke Ober brachten ihnen Tee in kleinen Gläsern, es roch nach Weihrauch, und an der hinteren Wand eines unscheinbaren Restaurants hing natürlich das Poster jenes Dandys im Nadelstreifenanzug mit Einstecktuch, den die Menschen ebenso verehrten wie den Propheten.

Auf der breiten Treppe, die sich peu à peu zu einer steil abfallenden Gasse verjüngte, warteten die hungrigen Katzen von Beyoğlu, zerzaustes Fell, verfloht, benäßt vom plötzlichen Schauer, in irgendwelchen geheimen Nischen, wo die Gemüsehändler Tomaten, Quitten und Fenchel mit Wasser bespritzten und es von unten, vom Bosporus, nach Fisch und moorigem Wasser roch. Aus irgendeiner Ecke erklang immer ein Maunzen und Miauen.

Ich kam in jenem Augenblick auf die Brücke, als, wie die ungefüllte Hülle eines leichtsinnigen Halbmonds, ein Regenbogen dem Bosporus entstieg, gegen dessen schimmernde Farbigkeit sich die blutrote Flagge am Mast des Schiffes nach Kadıköy unpoetisch absetzte. Wie ein Heiligenschein spannte sich der bunte Bogen über Karaköy, und dann zog ein zweiter Bogen auf, stieg empor über Fatih in einem Abstand von hundert Metern zum ersten, während die Sonne ihr Recht zu strahlen wahrnahm und Kristalle auf den Fluß fielen und seine Haut von einer Fähre mit dem Namen *Ahmet* zerfräst wurde. Ein Bild, das aus dem Archiv Ara Gülers hätte stammen können, wäre es schwarzweiß gewesen.

»Istanbul ist nicht die Türkei«, sagte Hasan, und es schien richtig zu sein: Istanbul war zugleich eine Art außertürkische Türkei und zugleich eine Art Türkeiverdichtung, da alle Facetten der türkischen Seele sich dort amalgamierten.

»Wenn du die richtige Türkei sehen willst, geh nach Konya, da schlägt das religiöse Herz des Landes.«

Er zog sich die Kapuze ins Gesicht, steckte sich eine *Lark mild* an und wartete weiter auf die erste Makrele. Die Solistenstimme einer höhnisch, fast hämisch lachenden, gemeinen Seemöwe bohrte sich in die unverhoffte Stille einer abseitigen Sekunde, und ich beschloß, die Suche nach Ara Güler in Asien fortzusetzen, auch wenn ich noch nicht wußte, warum der blinde Akkordeonspieler im Untergeschoß der Galata-Brücke auf einmal ein russisches Lied spielte.

Adana und der Glanz des Südens

Der Tanz der Versprochenen

Kurz vor der Abfahrt nach Konya erreichte mich ein Anruf von Yasemine, die mir ihren Bekannten Orhun, der über einen Fotografenfreund in Bremen Kontakt zu Ara Güler haben könnte, wärmstens ans Herz legte. Orhun lebte in Adana, das eine der interessantesten, im mindesten größten Städte der Republik sei, wie Yasemine sagte, ehe sie, in einem Anflug von Verflüsterung, anfügte, daß sie ebendort geboren war, vor einigen Jahren.

Die Maschine der Turkish Airlines erhob sich in der Istanbuldämmerung um sechs Uhr früh und glitt übers schneebedeckte Taurusgebirge der aufgehenden Sonne entgegen in den veritablen Süden, wo ein Leben ohne Sonnenbrille denkbar, aber schmerzhaft ist.

Als wir auf Adanas Atatürk-Boulevard einbogen, begann Maria Callas zu singen. Palmen säumten die Straßen. Die Mädchen trugen imitierte Dolce&Gabbana-Jeans und Dolce&Gabbana-Gürtel und T-Shirts mit dem Aufdruck D&G dort, wo stolze Brüste saßen. Im Verkehr verließ man sich darauf, daß sich die anderen nicht auf einen verließen. Aus einem geöffneten Taxifenster polterte Heavy-Metal, und Orhun ging mit Klassik Radio FM 89.2 in den akustischen Wettstreit, er liebte die Oper, und das Timbre der Callas paßte nach Adana. Als die Ampel umsprang, begannen alle grundlos zu hupen. Letzte Flaggen und Transparente der Feierlichkeiten zum Republikgeburtstag hingen an den Fassaden der schmucklosen Mehrstockbauten, vor dem Bahnhof wurde gemütlich eine

Empore abgebaut, und die fliegenden Nußverkäufer stierten in eine unerreichbare Ferne, als der Muezzin »Allahu ekber« rief.

»Wenn er schon in ein Mikrophon singt und nicht direkt vom Minarettbalkon, wie früher, warum klingt das dann so verzerrt?«

»Schlechte Technik.«

»Der Ruf?«

»Nein, die Anlage… Adana ist übrigens die einzige Stadt der Türkei, in der man in Ruhe über Gott fluchen kann«, sagte Orhun und hupte einen vermeintlichen Trödler zusammen, der bei Gelb immer noch an der Ampel stand.

»Wie das?«

»Hier leben sehr viele arabischstämmige Menschen, die sind lange nicht so gläubig wie die konservativen Muselmanen.«

»Apropos: Ist Ara Güler Muselmane?«

»Er ist Sozialist.«

»Woher kennst du ihn?«

»Er ist der Größte. Jeder kennt ihn.«

»Du hast Kontakt zu einem seiner Freunde in Deutschland …«

»Ich rufe ihn an, und dann werden wir sehen.«

Wir frühstückten in einem Lokal der Innenstadt, die so ausgestorben war wie eine Kleinstadt auf der schwäbischen Alb zur Zeit des Kirchgangs. Lasierte Keramikteller mit Koranversen hingen an den Wänden einer Lokanta, die öde war und keineswegs zu größerer hedonistischer Entfaltung einlud. Es gab an diesem verlorenen Frühmittag zwei Gerichte zur Auswahl: Bohnensuppe mit Sonnenblumenöl und Bohnenschoten oder gefüllte Auberginen in Olivenöl, dazu jeweils Weißbrot und einen Becher Ayran.

»Hier sind es im Sommer 45 Grad bei 85 Prozent Luftfeuchtigkeit. Man schwitzt und stinkt sechs Monate im Jahr … Ahmet, bring uns Tee.«

»Einen Mokka lieber, Orhun …«

»Ahmet, einen Mokka für meinen Freund.«

Ahmet war ein schweigsamer Mann, Typ Untertan. Er war so schweigsam wie die Wohnhäuser hier, die keine Seele hatten. Architektonische Finessen gab es in Adana keine. Höhepunkt der

Stadtplanungskunst waren zehn- bis vierzehnstöckige, vom sozialistischen Plattenbau nicht weit entfernte Hochhäuser, mit aufgepfropften Satellitenschüsseln, angedockten Stromgeneratoren und an Balkonleinen hängender Wäsche. Erstaunlich war, daß in einem Hochhaus zu wohnen für viele Türken soziale Adelung bedeutete, als erhöbe man sich mit Zunahme der Stockwerke über Stadt und Volk und womöglich über die eigene Herkunft.

Es wurde schnell klar, daß Adana so etwas war wie die Imitation einer sizilianischen oder kalabrischen oder kaukasischen oder südrussischen Großstadt der endsechziger Jahre, abgesehen von der türkischen Kreisverkehrseuphorie und einer unglaublichen Inflation von Tankstellen, deren Bilanzen von göttlicher Hand geschrieben sein mußten. Bis vor zehn Jahren war Adana das Zentrum der Baumwollfertigung und -vermarktung gewesen, die Hochburg des Limonen-, Orangen- und Sojabohnenhandels der bukolischen Çukurova und des Südens schlechthin, weswegen die Stadt sich zur Metropole hinaufgeboomt hatte und auch ein Hort der Krankenhäuser und Busbahnhöfe geworden war. Seit längerem aber wurde das Geld nicht mehr in Adana investiert, sondern nach Istanbul getragen, auf die großen Märkte, weswegen Adana auf verlorenem Posten stand, und natürlich war es nicht anders erklärbar, daß Adana auf verlorenem Posten war, weil in Adana dieser Tage nichts mehr hergestellt wurde und der Handel seit Jahren eingebrochen war. Für Orhun war es ein Desaster.

Er war ein sportlicher Typ mit Fleecejacke und Jeans, der für alles eine Lösung hatte, und wenn sich ein Problem nicht lösen ließ, war es niemals das Versagen der Lösung, dann war das Problem entweder keines oder der Eigensinn der Umstände hatte dem Problemlöser einen unlösbaren Streich gespielt, dann änderte das Problem sozusagen wie ein lösungsresistentes Virus ständig sein Aussehen. Orhun hatte elf Jahre in Moskau gearbeitet, die gesamten neunziger Jahre, weil er so, ganz legal, aufgrund einer alten Vereinbarung der Länder, dem Militärdienst entkommen konnte. Das war mental nicht ohne Konsequenzen geblieben.

»Die Türken sind den Russen sehr nah«, sagte er, als wir an der

Sakip Sabanci-Moschee vorbeifuhren. »Beide Völker waren immer zum Gehorsam gezwungen: die Türken unter den Sultanen, die Russen unter den Zaren. In beiden Ländern hat es Revolutionen gegeben: unter Atatürk in der Türkei, unter Lenin in Rußland. Und beide Völker lieben Anekdoten.«

»Und lehnen Ordnung ab.«

»Wie die Russen starten auch wir unsere Projekte mit höchstem Enthusiasmus, planen nicht, wie ihr Deutschen oder wie die Engländer, vorher alles bis zum Ende durch, du weißt schon, unsere Zuversicht ist anfangs immer grenzenlos, und nach dem ersten Peak kommt nichts mehr, und keiner weiß, wie es weitergeht und was er tun soll.«

Er lachte und sagte in sein Lachen hinein: »Türkisch ist, wenn alles anfängt und nichts zu einem Ende findet.«

Wir hielten an einer Pastillerie, weil Orhun mir seit einer halben Stunde Künefe aufdrängte. Nun kamen wir an eines seiner beiden Lieblingslokale, setzten uns zu einem wäßrigen Cappuccino, und ich aß diesen in Sirup getränkten Rundkuchen mit geschmolzenem Käse aus heroischem Anstand beinahe ganz auf. Als wir über den Atatürk-Boulevard und anschließend den Turhan-Cemal-Beriker-Boulevard zum Fluß Seyhan fuhren, dessen Oberfläche gespannt war wie eine türkisfarbene Tierhaut, auf der tausend Lichtpartikel hin- und hersprangen, um zu jenem Areal zu kommen, wo seit ihrer Fertigstellung vor sechs Jahren mit dem Geld des Adaner Großindustriellen Sakip Sabanci die größenwahnsinnige Moschee mit sechs Minaretten und der höchsten Kuppel des Landes metaphysische Hegemonie reklamierte, wurden wir durch eine unerklärliche Fügung nicht gerammt von einem vor Irrsinn roten Lkw, der durch die Straßen raste, Kurven drehte und von einer Kolonne ebenso entfesselt fahrender Autos begleitet wurde, aus deren Fenstern handbeschriebene Leintücher hingen, die vom Fahrtwind zu flatternden Stoffetzen degradiert wurden. Auf dem Dach des Lasters saß ein Mann mit Zigarette im Mundwinkel und klatschte zu einem Lied, und auf der Ladefläche schwenkten Teenies türkische Fahnen. Ohne Sinn für Anstand preschte der Laster auf den Mustafa-Kemal-Boulevard, und es gab keinen Grund, ihm nicht zu folgen. Nach zehn Minuten passierten wir die Brücke über den Seyhan-Stausee, der Lkw bog links auf eine dattelpalmenbestandene Plattform aus Sand und grobem Kiesel ein, wo bereits ein zweiter, nicht weniger bekritzelter, dazu mit Teppichen behängter Lkw quer stand. Was vom Furor zurückblieb, war eine über die Brücke des Staudamms kullernde einsame Bierdose.

Es war anatolischer Brauch seit ewigen Zeiten, daß die Verwandten der Brautleute dem Paar über Jahre hinweg die Inneneinrichtung der gemeinsamen Wohnung zusammenkauften. Jede Familie konnte davon erzählen. Die Mütter und Großmütter ihrerseits hatten sich gemäß der Tradition um Küche und Schlafzimmer, die seinerseits um Wohnzimmer und Hochzeitsfest zu kümmern. Vieles vom künftigen Inventar der gerade in Gründung befindlichen Familie fand sich auf dem vollgestopften Laster wieder: Matratzen, Lampen, Sofa, Stühle, Teppich, Kühlschrank, ein eingeschweißtes Bügelbrett, mit Plastikfolien bezogene Kissen und allerlei Haushaltsgut. Damit gingen die einander Versprochenen kurz vor der Verlobung auf Tour, liehen sich, wie es ebenso Brauch war, einen Lkw, packten Freunde und Aussteuer ein und fuhren, zum Zeichen der Freude, zum Zeichen der Zukunft, zum Zeichen des Glücks, das sie mit ihnen zu teilen jeden einluden, über die Boulevards der Stadt und taten so den großen Schwur der ewigen Liebe kund.

Wir stellten den weißen Ford Fiesta ab und wurden zu Zeugen einer frivolen Selbstbegeisterung. In der Mitte der Plattform gruppierten sich etwa dreißig Männer und Frauen jeden Alters in zwei Reihen. Heftig drosch ein Kurzgeratener auf eine mit stark gespanntem Leder bezogene Trommel ein, ein Lulatsch trötete in seine so kurze wie schrille Flöte, als sei er ein orientalischer Schlangenbeschwörer am Rande der Ekstase, und dann tanzten, aus entgegengesetzten Richtungen, in kleinen, anmaßenden Schritten eine Frau und ein Mann gemeinsam vor, unterschiedlich in Ausdruck und Figur, was einiges von der gespielten Erotik einer Sevillana hatte. Den beiden Vortänzern, erkennbar an weißen Tüchern in der erhobenen rechten Hand, mit denen sie sich und die anderen zu locken schienen, schlossen sich nach dem Willen einer traditionsbewußten Partitur immer weitere an, und bis auf fünf durch nichts zu begeisternde, reichlich korpulente Frauen in schwarzen Röcken und lang auf den Rücken fallenden Kopftüchern, die unbeteiligt im Schatten der Palmen verharrten, bildeten alle anderen einen Frauen- und einen Männerkreis. Vor allem Mädchen und junge Frauen mit Lockenmähne und Stufenschnitt, in Jeans und Turnschuhen oder Rock, brustbetonenden Blusen und spitz zulaufenden, schwarzen Lederstiefeln lachten, klatschten und schnippten zur Zigeunermusik der sich in ihrer Mitte wie Derwische drehenden Musiker, und es war zu vermuten, daß hier eine konservative Familie in eine freizügige einheiratete oder andersherum, wem auch immer das die größere Freude bedeuten mochte. Die Männer warfen erst das rechte Bein nach vorn, dann das linke, und die Frauen drehten sich um die beiden Musiker. Nach zwei, drei Minuten wechselten die Weisen, und die Frauen warfen die Beine nach vorn, während die Männer die wirbelwindigen Musiker umkreisten, dann übernahmen andere das Tuch, lockten, und alle schauten aufs Dirigat ihrer Vortänzerei. Nach fünfzehn Minuten war alles vorbei. Sie stieben auseinander, hüpften in ihre Autos, und die fünf korpulenten Frauen kämpften sich, zum Schlag der Trommel und zur Fanfare der immer aufgeregteren Flöte, über eine Stehleiter auf die Ladefläche des Lkw. Unter gegenseitiger Anteilnahme fuhren sie in der Kolonne den Seyhan südwärts, hupten und schunkelten, und aus den Fenstern der Dogans und Fiats dröhnte unmißverständlicher Türkpop. Der unverschämte Krach endete in einer jähen Stille und den Koloraturen der Violetta in »La Traviata«, die Orhun bis auf Maximallautstärke hinaufdrehte.

Adanas Verkehr setzte auch die Seele matt. Körperlich erschöpft war man ohnehin vom Zwang zur beständigen Vorsicht und den permanenten Nötigungen, der Unberechenbarkeit der Wege in der Masse der Menschen inmitten der Masse der Autos und der Masse der Busse, dazwischen mäandernd, kurvend, hupend Motorroller, Motorräder, Fahrräder, dazu die Sturköpfigkeit der fliegenden Nuß- oder Süßgebäckhändler, der Mandelverkäufer und Obstwagenschieber. Martinshörner sirenten, Lautsprecherstimmen zirzten, Polizisten trillerpfiffen in erster Linie um ihr Leben, und die Odyssee durch Adanas Innenstadt geriet zur Arbeit an der zunehmenden Verpanzerung des eigenen Nervenkostüms. Anders als die metropolitane Zielstrebigkeit europäischer Großstädte war die Hektik in Adana eine Hektik um ihrer selbst willen, eine Meta-Hektik, die keinen Sinn machte. Es gab, zählte man nach, mindestens acht mögliche Erklärungen, warum ein Kleinbus oder ein Auto, die in einer Einbahnstraße als einer von hundert Teilnehmern im kurzzeitigen Stau standen, zu hupen beginnen konnten, meist zwei- oder dreimal kurz oder zweimal kurz und einmal lang: 1. Vorsicht! 2. Ich komme! 3. Ich kündige meine Abfahrt an! 4. Ich fahre ab! 5. Ich teile mit, daß es mich gibt! 6. Ich ärgere mich! 7. Laß mich rein! 8. Danke!

Einzig der Gehsteig war kein Kampfgebiet. Früh wich man sich aus, Machtspielchen gab es nicht. Blicke waren Augenblicke, die kurz standen, aber tief lagen und nie länger währten, als für die intuitive Prüfung auf mögliche Gefahren nötig war. Die stets scannenden Augen waren kastanienbraun oder kohleschwarz, die Lider der Männer wie kajalgeschminkt, die Nasenwurzel je südlicher desto filigraner. Kam ein Fremder, taxierte man ihn einen Augenaufschlag lang, ein kurzes Wahrnehmen, ein Für-wahr-Nehmen, daß da ein anderer war, ohne Wertung, ohne Inhalt, dann sah man wieder zu Boden und ging weiter.

Gökans Traum vom Gelobten Land

Ich tat, was ich oft in fremden Städten tue: Ich ging zum Bahnhof, setzte mich auf eine Bank, beguckte die Ankommenden und heftete mich an die Ferse von irgend jemandem, dessen Schritt oder Haltung oder Aussage mir gefiel oder der für weitere Feldforschungen vielversprechend schien. Erst sah ich niemanden, dann kam ein Schwung Menschen, und kurze Zeit später grüßte mich ein Passant mit Sonnenbrille, Aktentasche und Sakko, er grüßte, hier war der Süden, mit »Salam aleikum – Aleikum salam«. Ich wartete ein wenig und folgte ihm in der Hoffnung auf ein abschweifendes Abenteuer

Er ging den Boulevard links hinunter, über die Eisenbahnbrücke an einem wasserspeienden Riesenbakterium vorbei, Kunst im öffentlichen Raum, weiter in die Gazipaşa-Straße, wo im Schaufenster einer Metzgerei das gehäutete Fleisch fünf kopfloser männlicher Schafe am Haken hing, zwischen den armen Beinchen je ein in langgezogenen Säcken verbliebener Hode zum Zeichen der gewesenen Virilität, deren hormonelle Rückstände sich beim Verzehr des Fleisches ja vielleicht übertragen könnten. Meinen Beschatteten hatte ich über das Bestaunen der Schafshoden verloren, also blieb ich stehen, als der Kioskbesitzer umständlich zu mir herüberrief: »Die Leute kaufen keine weiblichen Schafe, sie wollen männliche, und sie wollen die Eier sehen, bevor sie etwas kaufen, weil männliches Fleisch besser schmeckt und weniger fett ist. So ist das bei den Arabern.«

Eine Sekunde zu lang stand mein Blick nach links, und schon schob jemand die violettfarbene Eisentür zur Seite und ich hielt ein Glas Tee in der Hand. Die sieben Männer lachten wie Buben beim ersten Date, im Raum schwebte Mehlstaub und die bewußte Disharmonie einer Arabeske aus dem Hals des verehrten Ibrahim Tatlises, der einst Bauarbeiter in Urfa war und als Sänger zum Millionär wurde und aus beinah jedem Kassettenspieler den neuesten Schmalz fürs Leben spendete.

Einer öffnete Säcke, schüttete Mehl in den Riesenbottich, drei gaben Wasser zu und rührten, schöpften, kneteten, bis Teig entstand, den sie walkten, im Mehl drehten und auf schmale Holzpaletten legten, wo ein fünfter die zehn geformten Teighaufen jeder Palette mit Wasser betupfte, Löcher eindrückte und sie über die Marmorfläche zum fast schon legendären Gökan in seinem hellblauen T-Shirt mit dem Aufdruck »Toronto« schob, der nicht genau wußte, wie alt er war, aber man kam allgemein überein, ihn nicht über zweiundzwanzig zu schätzen.

Toronto-Gökan griff sich die einzelnen Teighaufen und zog sie in einer unglaublichen Behendigkeit auseinander, als würde er sie mit den Unterarmen bügeln. Mit mechanisierter Fingerflinkheit legte er jeweils sechs der flachen Fladen, nachdem er sie mit Sesam bestreut hatte, auf eine Schaufel, bugsierte sie mit einem tausendfach erprobten Stoß in den Ofen und holte auf dem Rückweg des Stoßes eine Lage frisch gebackener Exemplare mit ihren schönen, an der Oberfläche verkohlten Hautblasen heraus. Diese schichtete er auf die Marmorplatte und warf sie als Ensemble dem Verkäufer zum Fenster hinüber, der sie in graues Papier einwickelte und der draußen wartenden Schar rauchender Männer für zehn Cent pro Stück verkaufte.

Am Rührbottich zündete sich Ömer eine Zigarette an, lachte, bot weiteren Tee an und Wasser aus dem Rohr. Er hatte mir zwei frische Pide auf einen Teller gelegt. Der jüngste der Jungs kam zur Tür herein und reichte stolz den flugs gekauften Streichkäse, und Ömer und er erfreuten sich an meiner kleinen Schwierigkeit, den kalten Käse auf dem dampfenden Brot zu verstreichen. Gökan schaffte es immer wieder, zwischen Greifen, Glätten, Schieben und Werfen einen genickten Gruß herüberzuschicken. Er hatte dünne Lippen, mandelförmige Augen, buschige, schwarze Brauen und war fein rasiert und frisiert, obwohl die Temperaturen am Ofen jedes Gel zum Schmelzen brachten. Sein Haupthaar war durchzogen von bronzefarbenen Strähnchen, die Kurzärmel seines T-Shirts waren bis unter die Achseln aufgerollt, und alle lachten und waren, obgleich keiner der sieben weniger als siebzehn Jahre auf dem Bäckerbuckel hatte, aufgeregt wie kleine Kinder, weil vielleicht niemals zuvor ein europäischer Mensch mit blauen Augen ihre Bäckerei gegenüber der kleinen, häßlichen, wie ein altes Schulgebäude mit angebautem Minarett wirkenden Moschee betreten hatte. Gökan rieb sich die verrußten Hände, die Gold wert waren, weil sie Teig- in Brotmassen verwandeln konnten, und wählte schließlich die verdruckste Art, um ein Geständnis zu machen. Er wollte weg aus Adana. Er wollte ins Gelobte Land. Er wollte im Gelobten Land neu beginnen. Er versprach sich Hoffnung und Zukunft im Gelobten Land. »Ihr habt doch da ein tolles Leben in Deutschland, oder?«

Der Patrone höchstpersönlich belieferte frühmorgens Hunderte von Kunden, da mußten die Pide fertig sein, darauf legte er, der Patrone Tahit, gesteigerten Wert. Seine Jungs hatten im Akkord viertausendfünfhundert Stück am Wochentag zu backen und siebentausend am Sonntag, also duldete er, der Patrone, der ein netter Mensch war, als Chef keinerlei Träumerei, und Gökan bügelte zehn weitere Fladen. Der Patrone machte keinen Unterschied zwischen Türken und Kurden, obwohl er, der Kurde war und aus Mardin an der syrischen Grenze stammte, mit der ihm eigenen Bedächtigkeit sagte, es gebe immer weniger gute Türken und immer mehr schwarze Schafe, womit er Diebe meinte, nicht Diebe, die einen Fernseher stahlen oder ein Auto, Diebe, die den Leuten das Geld klauten, beziehungsweise den Leuten das ihnen zustehende Geld gar nicht erst auszahlten.

»Fühlen Sie sich als Türke?« fragte ich.

Er ballte die rechte Faust.

»Kurde!«

»Türkischer Kurde?«

»Kurde!«

»Gibt es Probleme zwischen Türken und Kurden in der Bäckerei?«

»Nein.«

»Wie viele der Jungs sind Kurden?«

»Fünf.«

»Und die PKK? Sie soll wieder kämpfen, im Osten, und auch hier im Süden, hört man …«

Seine Stimme schwoll an, mit einem Kuli tätowierte er die Zeitung mit dadaistischen Motiven.

»Die Kurden wollen die PKK nicht. Aber die Kurden haben kein Geld und keine Arbeit, du verstehst …«

Über der Tür seines Chefkabuffs neben der Bäckerei hing ein

Fernseher. Der Sender KRAL spielte Videos von türkischen Popsongs rauf und runter. Es ging darin fast immer um gescheiterte Liebe und romantische Ideale. Hinter dem Chefsessel von Patrone Tahit hing, in Posterformat unter Glas, eine Art Gemälde von Atatürk, auf dem er aussah wie Dracula mit Nerzpelz und ungezügelten Augenbrauen. Jedesmal wenn einer der Jungs zum Patrone kam, quietschte die Schiebetür des Chefkabuffs, was alle drei Minuten vorkam, denn etwas lag immer an, und irgendwann, nachdem er den weinroten Tresor verschlossen hatte, schob Tahit selbst die Tür zur Seite, entschuldigte sich, gab mir in einer Minute fünfmal die Hand und lud weitere fünfmal zum Einschlagen ein. Hand lag in Hand, die Hand als Symbol, das war wichtig, die Wärme der Hand, die Wärme der Seele, die von der Hand ausgeht, die Hand, die das Brot brach und das Essen aufnahm, die die Oliven pflückte und die Natur berührte, die den Freund, den Bruder begrüßte, die Hand als Chiffre der mystischen Union in der anatolischen Kultur der Geste, die vielleicht mehr zu vermitteln vermag als das Wort der westlichen, verworteten Kultur. Tahit also ging und ließ mich bei einer Tasse Nescafé und der offenen Schiebetür dem Ruf des Muezzins lauschen, der in verzerrtem Arabisch zum Mittagsgebet aufrief.

Atatürk hatte blaugrüne Augen

Selten zuvor hatte ich einen vernunftgesteuerten Menschen so schwärmen hören wie Orhun von Halet Çambel. Er hatte sie seit Tagen zu erreichen versucht, und mir schien, daß er darüber vergessen hatte, den Kontakt zur Kontaktperson herzustellen, die Ara Güler orten konnte. An einem sonnenreichen Vormittag brachen wir auf nach Karatepe, zwei Stunden ostwärts von Adana, da Halet irgendwo im Wald lebte.

Ein paar Kilometer stadtauswärts von Adana wollte es partout scheinen, als sei man in anatolisch Arizona. Die Plateaus und Hügel, das karge, felssteinige Land, spärlich wachsendes Gras, Kumuluswolken. Wüstenverdacht. Eine schlichte Schiene begleitete die Straße nach Ceyhan, an der sich Shell- mit Q8-, Total- und Petrol-Ofisi-Tankstellen abwechselten. Die Çukurova war Erdöltransportkorridor, und die famose Baku-Tblisi-Ceyhan-Pipeline, die man als Meisterwerk der Ingenieurskunst zu betrachten hatte, lief vollkommen unterirdisch durch die halbe östliche Türkei zu den Terminals am Mittelmeer und würde noch in diesem Jahr bereit zur Verschiffung des ersten Barrels Öl sein.

Natürlich war die Çukurova in erster Linie Baumwolland, auf dessen Plantagen Tagelöhner neben einem stinkenden Bach, in dem es gelegentlich blubberte, mit wundgeschwollenen Händen die letzte Wolle vom borstigen, stechenden Gesträuch zupfen, das der Volksmund Baum nennt und das in den Sechzigern der Grund für den Aufstieg Adanas zur Industriestadt gewesen war. Die Çukurova war damals ein Gürtel, der so viel Wasser und Sonne bereitstellte, wie die Baumwolle brauchte.

Ramazan und seine Kinder waren vor zwei Monaten aus der Region Urfa gekommen und schliefen in einfachen Zelten, die mit Seilen umspannte und mit Kissen ausgepolsterte Planen waren, am verdörrten Boden befestigt mit Säcken voller Erde. Die Zelte standen am Rand der Straße nach Osmaniye, dort, wo auch die anderen Baumwollpflücker aus dem Osten lebten. Ihre Frauen backten Brot, ihre Töchter waren mit Kopftüchern in den Feldern, deren Kleinkinder, verrotzt und verschlafen, jagten einander barfuß, mit Dreck unter den zerrupften Nägeln, durch die Reihen der abgeernteten Sträucher. Die Tagelöhner verdienten ein paar Cent am Tag, wenn ihre Wolle in eine der Fabriken des Großgrundbesitzers der Çukurova zur Weiterverarbeitung nach Adana gebracht wurde. Am Ende des Jahres gingen sie mit dem gesparten Geld zurück in den verschneiten Osten, wo die restlichen Kinder und die Mutter auf ein besseres Leben warteten. Mehr als fünf Euro am Tag waren nicht drin für die Baumwollpflücker der Çukurova, und der Tag führte von der einen in die nächste Nacht.

»Salam aleikum«, sagte Orhun. »Aleikum salam«, der Mann in der Pastillerie eines erschreckend häßlichen Dorfes kurz vor Karatepe. Wie Brüder küßten sich die beiden Männer auf die Wangen und gaben sich wie Freunde die Hand. Orhun bestellte eine ganze Palette Baklava für seine verehrte Halet, Blätterteigteilchen mit Pistaziencreme und Sirup. Für die Muslime war es ein Festtag. Es war der Beginn eines fünf Tage währenden Festes, das sie Seker-Beyram, Zucker-Beyram, nannten. Es war der Tag, an dem die Menschen neue Kleider für ihre Kinder kauften, Geschenke für sich, Süßigkeiten für Verwandte und Nachbarn, Schokolade, Kekse und Bonbons, als litten sie an Unterzuckerung, was, sah man die Mengen Zuckerwürfel, die sie in ihre Teegläser warfen, ein Mißverständnis sein mußte. An diesem Tag hatten sie den Ramadan und also die strenge Prüfung des vierwöchigen Fastens vor Allah bestanden, wobei nicht klar zu sagen war, was sie mehr begeisterte: den Verlockungen standgehalten und die eigene Schwäche besiegt oder dem Willen Allahs genüge getan zu haben. Das animierte sie nun dazu, einerlei, welche Motivation vor der Ewigkeit Bestand haben würde, sich mit allerlei Süßem zu mästen, denn das Süße war Ausdruck von Lebensfreude und Genuß und vermochte sogar die Vernunft der zahllosen Diabetiker außer Kraft zu setzen.

Halet Çambel wohnte exakt dort, wo König Asitawanda von Aslantas seinen Palast gehabt hatte, und daß Halet ebendort wohnte, oben im Wald von Karatepe, war keinem Zufall geschuldet oder genaugenommen doch. 1946 war sie mit einem Begleiter zu Pferd jenen Weg gekommen, den wir nun gefahren waren, den namenlosen Bach entlang, durch die Wälder den Berg hinauf bis an die Stelle, da sich der breite Seyhan durchs Land bog. Halet war mit Hellmuth Bossert unterwegs gewesen, einem Archäologieprofessor, der aus Nazi-Deutschland nach Istanbul gekommen war und sich mit späthethitischen Kleinfürstentümern beschäftigte. Halet war Bosserts Assistentin, und ihr gutes Gespür für die hethitische Seele hatte sie in die Nähe von Karatepe getrieben, wo ihnen ein abergläubischer Bauer den entscheidenden Hinweis gegeben hatte, dort oben im Wald, hatte er gesagt, liege ein großer, gefährlicher Mann. Sofort sattelten Halet und Bossert die Pferde, ritten hinauf und fanden die gekippte, aber vollständige Statue des Wettergottes Baal aus unversehrtem Basaltstein vor. Sie gerieten in Archäologen-Ekstase und begannen zu graben. Zwei Jahre später hatte ein Forschungsteam die Burganlage von Aslantas freigelegt, einen mächtigen Stadtstaat in den südlichen Ausläufern des südanatolischen Taurusgebirges, der zweitgrößte nach der lange unentdeckten Hauptstadt Hattuşa, der erst gefallen war, nachdem assyrische Truppen die Hethiter vernichtend geschlagen hatten. Die Hethiter waren um 700 vor Christus eines der kultiviertesten Völker der damaligen Welt, mit ähnlichen Gesetzen und Rechtsgrundsätzen, für die Jahrhunderte später die Römer als weise und kulturell überlegen angesehen wurden.

Halet war eine kleine Frau mit rotbraun überfärbtem Haar. Sie trug eine schwarze Breitcordhose, ein orangefarbenes Hemd und einen blaugrauen Wollpullover, darüber ein offenes, rotweißkariertes Hemd, in dessen Brusttasche mehrere Stifte steckten. Sie sah nicht wirklich aus wie eine Türkin, hatte etwas Nationen- und Zeitloses. Ihre Herkunft war schwer zu verorten. Sie inkarnierte preußische Strenge und die Haltung und Zurückhaltung des bildungsbürgerlichen Geistesadels. Ihre Herzlichkeit war nicht so offenbar wie ihr präsenter, fixer, mühelos das Geschehen erfassender Blick. Einen Handschlag gab es nur auf gestische Aufforderung. Orhun umarmte die kleine Frau. Ein erstes Lachen flog über ihr Gesicht, als sie die Palette Baklava sah, die es später zum Nachtisch geben würde, nachdem wir Linsensuppe und Spinat mit Spiegelei gegessen hatten, die Zeki, der Koch, der aus dem Nachbardorf kam, in einem Topf gebracht und draußen auf die Steintafel gestellt hatte, von der aus man auf den Stausee sah. Bei Halet Çambel aß man von Expeditionsgeschirr, mit biegbaren Gabeln und Blechtellern.

Im Haus gab es Dielen und Wände aus dunklen Holzlatten. Es war von 1958 bis 1960 extra für Halet gebaut worden, aus Sichtbeton und in modebewußter Anlehnung an Le Corbusier. Überall standen kleine und größere Tische, darauf waren Zeichnungen,

Notizen, Fotos, Schriften, Bücher. An den Wänden hingen Legenden und Karten. Es gab einen Eßtisch und eine Couch. Wo Tische waren, waren auch Stehlampen.

Halet Çambel war eine der ersten Professorinnen in der Türkei gewesen. 1960 hatte sie den Lehrstuhl für Archäologie an der Istanbul-Universität bezogen und begonnen, unbekannte Keilschriften aus Aslantas zu entziffern, die von zwei Sphinxen bewachte Anlage mit den in die Stadtmauer eingemeißelten humoristischen Szenen des molligen Großfürsten archäologisch abzustützen und museal aufzubereiten. Sie hatte mit Pferden Tausende Säcke Zement die kleine Straße vom Bach bis in den Wald hinaufbringen und Wasser aus dem Seyhan, dem antiken Pyramus, holen und Schutzdächer gießen lassen, die die Statuen vor den Wettern schützten. Die Festung wurde unter Denkmalschutz gestellt, und Halet erkämpfte das Privileg eines staatlichen Naturschutzgebietes. Sie krönte ihren Kampf für die Geschichte und gegen das Geld, indem sie, Briefe schreibend, Gutachten fertigend, Minister überzeugend, sich mit dem Amt für Wasserwirtschaft verbündete, ein Memorandum verfaßte und einen der fünf Staudämme in der Region nicht direkt verhinderte, aber aufsehenerregend durchsetzte, daß der »Aslantas-Staudamm«, das Prestigeobjekt der Regierung Demirel, bedeutende Meter weiter hinten gebaut wurde, weil sonst der Stausee, auf den wir beim Essen von der Terrasse schauen konnten, die ganze Burganlage überschwemmt hätte und dazu den »Schweinehügel« gegenüber, der die gesamte Menschheitsgeschichte über besiedelt gewesen war, was ausgegrabene Reste vom Neolithikum bis zur Zeit des Byzantinischen Reichs belegten.

Wir störten Halet bei der Vorbereitung einer großen, vielleicht ihrer größten Ausstellung, in der sie ihr ganzes Wissen zur Schau bringen wollte. Es war nicht allzulange her, da hatte man ihr zu Ehren ein kleines Museum in den Wald gebaut, eine Pinakothek hethitischer Kunst, und Studenten hatten eine Statue mit Halets Zügen in Auftrag gegeben und sie in den Vorgarten ihres Hauses gestellt. Obwohl ihr die Tage davonliefen, ließ sie sich ihre innere Unruhe nicht anmerken. Wir saßen bis tief in die schwarze Nacht zusammen, aßen, diskutierten und hörten nur gelegentlich ein ungeheuerliches Tier. Der Muezzin rief aus einem der Dörfer auf den Hügeln, und sein Ruf hallte durch das ganze Tal, das Wort Allah hielt sich im Raum wie eine Versuchung.

Atatürk hatte blaugrüne Augen. Halet hatte hineingesehen. Sie hatte Atatürks Tiefe gesehen. Halet war damals ein junges Mädchen gewesen, zehn, elf, zwölf Jahre alt. Sie war in Istanbul aufgewachsen, direkt am Bosporus, und Atatürk hatte in der Nähe sein Haus gehabt und pflegte morgens mit dem Motorboot auf den Fluß hinauszufahren. Und wenn sie im Sommer baden ging, sah sie Atatürk sinnieren, und wenn er hinausfuhr, rannten die Kinder und die griechischen Fischer am Ufer entlang und skandierten vereint: »Gazi Paşa lebe lang! Lang lebe Gazi Paşa!«

Halets Vater war Präsident der türkischen Gesellschaft für Geschichte und mehr oder weniger gut mit Atatürk bekannt, um nicht zu sagen: befreundet gewesen, wobei Atatürk ein einsamer Mann war, ein Einzelgänger, der anstatt zu einer richtigen Frau immer öfter zur Raki-Flasche gegriffen hatte. Eines Abends sahen die Fischer von Arnavutköy ihren Präsidenten in einer Kneipe sitzen. Sie linsten durchs Fenster, und als Atatürk sie bemerkte, rief er sie herein, und sie aßen gemeinsam und scherzten, und nach dem Essen tanzte der Präsident Sirtaki mit ihnen, und dann rauchten sie zusammen. Das hatte der Hausmeister der Familie Çambel erzählt, der seine freie Zeit oft bei den Griechen in Arnavutköy am Bosporus verbrachte, und Halet hatte, während er diese Anekdoten zum Besten gab, gespürt, daß sie ein wenig in diesen Atatürk verliebt war.

Als er starb, fand das Schluchzen der Menschen kein Ende. Die griechischen Fischer von Arnavutköy hatten laut geweint und geklagt: »Unser Freund ist tot!« Um 9.05 Uhr am 9. November 1938 hatte der große Mann aus Saloniki im edlen Dolmabahace-Palast am Bosporus für immer die Augen geschlossen. Und jedes Jahr am 9. November um 9.05 Uhr schlossen die Türken, egal, wo sie lebten, für eine Minute die Augen im Gedenken an ihren Übervater, und wenn sie nicht die Augen schlossen und seiner gedachten, so hielten sie still und vermieden jeden Zweifel an einer anderen Gesinnung. Nach dem Zerfall des Osmanischen Reichs war Atatürk für die meisten die einzige Identität gewesen. Mit seinem Tod hatten sie ihre Identität verloren. Die meisten bis heute.

»Oooooh!« sagte Halet, als ich sie auf Atatürks Augen ansprach, die auf den Bildern so europäisch wirkten, stechend, klein und ohne Zweifel, »Atatürk war ein Mensch mit *wirklichem* Charisma.«

Sie sagte es voller Bewunderung, die keine dieser Sorte war, wie man sie in der Türkei allerorten antraf, jenen naiven Enthusiasmus aus Unkenntnis oder die Heldenemphase einer als Staatsräson empororganisierten Atatürk-Verehrung, die es für klug erachtete, daß die Kinder schon in der ersten Klasse seine Geschichte, seine Biographie, seine Taten und Worte auswendig zu lernen hatten und Bilder von Atatürk malten und zu Wettbewerben einreichten. Nein, Halets Bewunderung galt Atatürks Mut und Anmut.

»Er war wie eine Wildkatze, weich und elastisch, und er war schön, äußerlich und innerlich.«

»Was machte ihn innerlich schön?«

»Er fühlte den wahren Puls der Menschen und tat, was das Volk wollte, sich aber nicht zu tun traute.«

»Es ist, gerade für einen Deutschen, unfaßbar, wie sehr die Menschen ihn noch heute lieben, obwohl er seit 1938 tot ist«, sagte ich in der Überzeugung, auch jede Art von profaner Vergötterung eines Staatsführers führe ins Unglück.

»Er war einer der weitsichtigsten Politiker, die es je gab.«

»In der Türkei?«

»In der Welt. Er hat das Land zukunftsfähig gemacht; er hat von jetzt auf gleich das Kalifat abgeschafft und durch den säkularen Staat ersetzt, er hat das Sultanat abgeschafft und durch eine demokratische Republik und das Parlament ersetzt. Er hat eine neue Schrift eingeführt und die Schulpflicht für alle, er hat den Analphabetismus bekämpft, in den hintersten Winkeln Dorf- und Volksschulen eingerichtet, in die die Enkelkinder ihre Großmütter und

Großväter schickten, damit die Alten noch schreiben lernten. Er hat die alten Kostüme der Osmanen abgeschafft, den Umhang und den Fez, und nur noch Hüte erlaubt, wie auch sonst in Europa. Und er hat die Frauen befreit und ihnen das Recht zu studieren zugesprochen, was Sie an meiner Person sehen können.«

Halet ließ sich Tee nachschenken und warf zwei Zuckerwürfel hinein. Im Zimmer machte sich etwas mit Wärme Vergleichbares bemerkbar.

»Dann müssen Sie ja alles, was nach ihm kam, verachten.«

»Nach ihm wurde alles schlimmer. Unter Menderes blühte der Obskurantismus wieder auf, unter Özal wurde das Geld vergöttlicht, und unter der AKP und Erdogan jetzt ist es am schlimmsten …«

»Weil sie das Rad der Geschichte zurückdrehen wollen …«

»Vor zehn Jahren hätten Sie in Istanbul keine einzige Frau mit Turban gesehen!«

»Die AKP will den Säkularisierungsprozeß stoppen.«

»Das heißt dann ›milder Islam‹ und wird von Amerika kräftig unterstützt, weil es berechenbar ist. Demirel, Özal, Erdogan, sie alle wurden von den Amerikanern eingesetzt, weil sie so die Türkei kontrollieren und lenken konnten.«

»Aber es waren doch demokratische Wahlen!«

»Glauben Sie das wirklich?«

»Ja, weil das Militär den Konterpart spielt und, wie ich immer wieder höre, der eigentliche Herrscher im Land ist.«

»Die Türkei war immer schon amerikafreundlich. Es begann mit Özal in den achtziger Jahren. Da ging die Kapitalisierung los, daß nur noch das Geld zählte. Und heute wird die ganze Türkei verkauft. Erdogan verscherbelt das Staatseigentum unter Wert an Verwandte und Bekannte, an Araber und Amerikaner.«

»Welche Betriebe?«

»Post, Metallindustrie, Eisenindustrie.«

»Aber er bietet Bush die Stirn!«

»Alles ein Spiel.«

»Auf dem Land mögen sie ihn.«

»Wen?«

»Erdogan.«

»Unter unserer Jugend herrscht große Hoffnungslosigkeit, weil sie keine Zukunft sieht, ob in den Städten oder auf dem Land.«

»Die ewigen Schulden?«

»Die Türkei hängt am Tropf des Internationalen Währungsfonds, und der wird dominiert von den Amerikanern. Die Zinspolitik läßt uns langsam ausbluten, und das macht die Türkei für alles gefügig.«

»Die Türkei hat sich damals für ihre Kriege verschuldet.«

»Die Türkei war immer eines der ganz wenigen Länder, die sich selbst ernähren konnten. Heute führen wir Getreide von außen ein, und unsere Felder liegen brach. Die Eigenproduktion von Getreide ist teurer als die Einfuhr. Und jetzt führen sie auch noch unser Fleisch ein. Das ist eine traurige Entwicklung.«

Halet sprach in fließendem Deutsch, dem nicht eine einzige der deutschen Phonetik fremde Nuance anzuhören war. Die Klarheit ihrer Sätze und die Sensibilität für grammatikalische Finessen waren beeindruckend. Wie konnte eine Türkin so deutsch sein? War die starke Zuneigung der türkischen Oberschicht zur deutschen Kultur tatsächlich mehr als ein charmantes Gerücht? Erstrahlte in ihr noch einmal die versinkende Zeit des universalgebildeten Weltbürgertums, die Ära der großen Humanisten, die polyglott waren und in allen Wissensbereichen zugleich zu Hause?

Sie sprach so selbstverständlich von Berlin, als sei es ihre Heimatstadt gewesen, und tatsächlich war Halet Çambel 1916 dort geboren worden. Ihr Großvater war Botschafter des Osmanischen Reichs in Berlin gewesen und ihr Vater während des Ersten Weltkriegs Stabsoffizier und Militärattaché an der Spree. Erst einige Jahre später war die Familie nach Istanbul gezogen und der Vater Parlamentsabgeordneter der türkischen »Volkspartei« geworden.

Einmal noch kehrte sie nach Berlin zurück. Mit neunzehn wurde Halet ins türkische Nationalteam der Florettfechter berufen und reiste 1936 zur Olympiade nach Deutschland. Sie sah Hitler auf der Tribüne und wie er Jesse Owens den Handschlag verweigerte.

Sie sah die pompöse Inszenierung, mit der das Nazireich listig Politik machte, sah das fahnenschwenkende, gleichgeschaltete Deutschland, das seinen Geist verraten und sich an eine größenwahnsinnige Kleinbürgerclique verkauft hatte.

In Hitlers Augen hat sie nicht gesehen. Auf einem Sportleremp-fang sollte sie ihm vorgestellt werden. Sie verneinte. Nicht vermeiden ließ sich aber, daß sie, die Deutschlands große Hoffnung Astrid Meyer an den Rand einer Niederlage gefochten hatte, Tage später bei einem Empfang auf der Fraueninsel von Joseph Goebbels eine Porzellanfigur überreicht bekam. In seine Augen hat sie gesehen. Die Hand gegeben hat sie dem Dämon nicht.

Im Haus auf dem hohen Hügel von Karatepe herrschte die Spannung einer verschworenen Stille. Die Muezzine vom Schweinehügel schwiegen, und es war kein Tier zu hören. Das Ende unserer gemeinsamen Zeit nahte, man spürte die Vorausläufer des Aufbruchs, der sich nicht umgehen ließ. Irgendwann hat sich ein Ereignis erschöpft, und alles, was dann noch kommen würde, hätte die Fahlheit einer Wiederholung. Halets Assistent Mustafa verließ das Zimmer, und als er die Tür aufmachte, kam eine Böe herein und wehte heftig in die ausgelegten Pläne und Zeichnungen auf dem kleinen Schreibtisch mit der Art-deco-Lampe, aber die Blätter blieben artig liegen.

Es war am Ende einer Begegnung mit Halet Çambel eine einzige, entscheidende, für den weiteren Verlauf meiner Reise nicht unerhebliche Frage zu stellen, mit der ich, sollte ich ihn je zu Gesicht bekommen, auch Ara Güler, den Halet im übrigen kannte und überaus schätzte, zu behelligen strebte. Ich ertappte mich bei einer zarten Rührung, die man verspürt, wenn man, in menschlich spannenden Momenten, ins Nervensystem einer Situation vordringt, in die feinstoffliche Verflechtung zwischen Zeit, Raum, Geist und Körper, denn es war eindeutig, daß Halet Çambel, die bald neunzig werden sollte, so etwas war wie eine Jahrhundertfigur, die Symbol stand für die Geschichte der Türkei, für Verlust, Größe und die Volten dieses alten jungen Landes. Bis zu jenem Zeitpunkt war kaum abzusehen, ob es mir je gelingen würde, Ara Güler in die Augen zu sehen und ihn nach den Metamorphosen der Türkei zu fragen, die zu sehen und suchen ich auf die Reise gegangen war. Ich wartete also ein paar Minuten, bis die anderen das Zimmer verlassen hatten, um zu rauchen. Halet saß neben mir und sah auf den leeren Teller. Die Heizungsluft war trocken. Obwohl sie klein von Wuchs war, hatte sie, so stumm, wie sie war in ihrem Holzfällerhemd, den Adel der Gelassenheit, die wahrhafte Freiheit einer unbestechlichen Zeugin der verlorenen Zeit.

»Gibt es eine türkische Seele?« fragte ich.

Zum ersten Mal zog Halet es vor, nicht direkt zu antworten. Sie lächelte, stand auf, brachte den Teller in die kleine Küche, kam zurück, sah mich an, nahm mich am Arm, führte mich hinaus auf die kleine Plattform, wo vom Tal die Düfte des tiefen Waldes heraufschwebten, und zeigte auf den Schweinehügel.

»Jeder Dorfbewohner im anatolischen Hochland hat mehr philosophische Tiefe als der amerikanische Präsident.«

Wir verließen Karatepe in der Einsamkeit einer unbesiegbaren Nacht und achteten sehr genau darauf, keiner Hyäne zu begegnen. Es hatte zu regnen begonnen, die Wege waren schlammig. Unten, im Dorf, brannte kein Licht mehr, es wirkte unbewohnt, nicht einmal ein Hund lief umher. Am Himmel stand wie durch eine kosmische Illusion vergrößert die Kassiopeia, und plötzlich war die Stunde gekommen, zu der der Bauingenieur Orhun aus Adana gestand, daß er Angst vor Amerika habe.

Seine Ängste wären keiner weiteren Erwähnung wert, faßten sie nicht stellvertretend ein unter der türkischen Bevölkerung weit verbreitetes Gedankengut kurz. Genaugenommen hatte Orhun Angst vor der amerikanischen Primitivität; primitiv sei Amerika in seinem ungefilterten Imperialismus. Diese Angst war so aggressiv, daß man schon von Haß sprechen konnte, denn Orhun war mit keinem Appell an Besinnung von der Überzeugung abzubringen, die amerikanische Regierung habe am 11. September 2001 die Twin Towers selbst in die Luft gejagt. Er rechnete vor, daß unter baustatischen Gesichtspunkten die beiden Türme nie so hätten einstürzen können, wie sie es getan hatten, wenn nicht in jedem dritten der zwanzig Stockwerke eine Sprengladung angebracht gewesen wäre, was Planung und Absicht der amerikanischen Regierung bewiesen habe. Und wenn man sich die Videobilder einmal genau ansehe, würde man, nach dem Bersten der beiden Maschinen, eine Kettenreaktion an kleinen Explosionen von oben nach unten sehen. Nein, fürwahr, Amerika sei kein demokratisches, kein gutes, kein redliches, kein ehrliches, es sei ein kommerzielles, eigensinniges und verlogenes Land. Amerika gehe es nicht um Menschlichkeit und die Menschheit, sondern um sich und die Dollarscheine, und der amerikanische Glaube sei kein Glaube an Gott, sondern ein gottloser ans Geld.

Die ethische Lage der Dinge war zu diesem Zeitpunkt bereits einigermaßen verworren, was daran lag, daß Orhuns Firma, in der er einer von drei Abteilungsleitern war, im Auftrag der KBR Company des amerikanischen Vizepräsidenten Dick Cheney für anderthalb Millionen Dollar Bürogebäude und Lagerhallen im Irak sowie eine Airbase in Saddams alter Heimatstadt Tikrit entwarf und baute. Orhun entschuldigte sich dafür auf seine Art aufrichtig, und ich verkniff mir den Hinweis auf das Verhältnis von Gott und Geld, denn er lachte wieder so breit und offen, daß man mitlachen mußte, und dieses Mal nahm er sogar seine Brille ab, die auf Ewigkeit angewachsen zu sein schien.

Die Luft roch nach Jasmin

Der nächste Morgen bot ein Übermaß an zärtlicher Güte auf, seine Helligkeit blendete, und Adana leuchtete im Glanz des Südens. Das vorhandene Licht versprach jungfräuliches Glück und unverletzte Reinheit. Die Bänke am Ufer des Seyhan waren allesamt besetzt. Ein Junge schenkte seiner Liebsten eine Rose, sie blieb sichtbar gekränkt. Ein liebender Halbstarker schrieb der kichernden Holden ein Gedicht in die Handfläche, das sie nicht verstand. Ein feiner

Herr in Nadelstreifen trank ein weiteres Dosenbier und hielt beim Trinken die Augen geschlossen. Angler warfen Nylonschnüre in den Fluß, banden die Schnur an einen im Boden steckenden Haken, Schuhe und Strümpfe lagen neben ihnen. Der junge Rosenverkäufer drehte mit dem Fahrrad seine Runden, er machte prächtigen Umsatz.

Obwohl der ewige Seyhan ein herrliches Türkis aufgelegt hatte und das Gelb und Rosa der Hochhäuser die größte Tristesse verhinderten, kam man, auf der letzten freien Bank sitzend, nicht festzustellen umhin, daß sich Adana verändert haben mußte. In den neunziger Jahren waren aus Urfa, Mardin, Diyarbakır in den Bergen Südostanatoliens Tausende Kurden in die Çukurova gekommen, weil sie sich dem Terror der PKK nicht mehr ausliefern wollten. Was sie mitbrachten, waren Frömmigkeit und Armut. In der Fremde des arabisch anmutenden Adana waren der Glaube und die Gemeinschaft der Gläubigen die einzige Möglichkeit geblieben, Halt und Heimat zu finden. Deswegen war die Stadt der süßen Leichtigkeit, auf deren Humus so viele bedeutende Filmemacher, Musiker, Künstler und Fotografen gesprossen waren, zu einer Stadt der Muezzine geworden, deren durch die schlechte Technik verzerrte Rufe einander jagten.

Der levantinische Wind roch so stark nach frischem Jasmin, daß ich seiner Verführungskraft erlag und noch ein Stück weiter zu fahren beschloß, an einen der drei südlichsten Zipfel der Türkei, nach Yumurtalık am Golf von Iskenderun, wo erlesene Bürger von Adana ihre Wochenenden verbrachten, das Leben in seiner Gemächlichkeit wohltuend sein sollte und eine leicht apathische Melancholie den rastlos Suchenden durchaus in Verlegenheit zu bringen imstande sein könnte. Auf Anraten von Orhun plante ich, dort so lange zu bleiben, bis er seinen Bremer Freund erreicht und den Kontakt zu Ara Güler festgezurrt hatte, was in drei Tagen oder drei Wochen oder auch drei Monaten passieren konnte, Inschallah.

John Travolta in Yumurtalık

Der Pelikan plusterte sich auf wie ein Pfau

Alle vier Kumberlu-Brüder hatten etwas Merkwürdiges in Haltung und Blick. Sie waren großgewachsen und blauäugig, und bei mindestens zwei von ihnen gab es den berechtigten Verdacht, sie seien eitel. Yüksel fuhr einen alten, grauen, schweren Mercedes 300 SE mit verdunkeltem Fensterglas und schwarzen Vorhängen. Er war der vornehmste der Kumberlus in Yumurtalık am Ende der berechenbaren Welt. Statt Worten nutzte er das Mienenspiel seines Gesichts und ließ gerne seine Zähne sehen. Seine hellblauen Augen konservierten ein strahlendes Geheimnis. Yüksel gehörte das Restaurant Babanin Yeri, in dem kein Einheimischer aß. Vater Kumberlu hatte es vor fünfundvierzig Jahren eröffnet, es war das erste Restaurant im Dorf gewesen. Damals fand man es noch unterhalb der Moschee, über dem Teehaus ohne Namen. 1980 kamen die Militärputschisten und Atheisten und zerstörten die Moschee und, warum auch immer, das Restaurant gleich mit. Die Kumberlus hatten es vor zwanzig Jahren direkt am Hafen wieder aufgebaut.

Im Hafen lagen dreißig Trawler mit türkischen Flaggen an aufgesteckten Stöcken. Wo der Hafen ins Meer überging, ankerte ein großes Ladeschiff. Wer zum Hafen wollte, mußte am Babanin Yeri vorbei, so oder so. Mehmet, der jüngste Kumberlu, saß auf dem Stuhl davor. Ich fragte ihn nach der Chance auf eine gegrillte Dorade, er nickte, schloß auf und rief Yüksel an. Minuten später fuhr der Mercedes die Biegung herab, und schon stand der majestätisch schöne Mann mit einer Schürze über dem taillierten Anzug in der Küche, Fischdärme in der Hand. Mehmet hackte Petersilie, schnitt Salat und Zitronen, holte Brot und Cola, und Yüksel grillte zwei tiefgekühlte Fische. Gegen die begonnene Phase ergrauender Haare hatte er mit reichlich Tönung einen teuren Sieg erkauft. Er knackte die Knochen seiner Finger, auch den mit Siegelring. An seiner hellblauen Krawatte steckte ein Atatürk-Abzeichen und in der Brusttasche des Anzugjacketts ein Seidentuch. Er rauchte *L&M* blau, die Leichten. In der Lokanta nebenan saßen Männer, wie Männer in Fischerdörfern eben sitzen. Die Beine waren gespreizt, damit der Bauch Platz zum Hängen hatte; der Oberkörper war nach vorn geneigt und der Blick auf das Brett geheftet. Sie spielten Tavla, Backgammon, bei dem man so stark vom Glück abhängig war, daß man ganze Tage damit verbringen konnte, auf es zu warten.

Am Hafenbeckenrand flickte einer der Fischer verletzte Netze, zwei rauchten und spielten, und wenn sie nicht spielten, rauchten sie und tranken Tee und spielten dann. Einer zerteilte einen Tintenfisch. Auf der Terrasse des Teehauses ohne Namen warfen an einem Holztisch vier Männer Karten und tranken Tee. Sie rauchten *Muratti light.* Yüksel spielte nie. Er hatte die blauen Augen von seiner Mutter. Sie stammte vermutlich von einem der Kreuzfahrer ab, die Ende des 11. Jahrhunderts auf dem Weg nach Jerusalem auch in Yumurtalık vorbeigekommen und sich im südlichen Anatolien angesiedelt hatten. Manche Kreuzritter hatten blonde oder rotblonde Haare, blaue oder grüne Augen, und also hatten sie auch ihre türkischen Nachfahren.

Der Hafenhund hatte keine Augen und keinen Namen. Er war durch nichts zu wecken. Es war, als schliefe er Tag und Nacht neben der Turmruine der einstigen Burg des Yavuz Sultan Selim aus dem prächtigen 16. Jahrhundert, die Süleyman der Große restaurieren ließ und dem Dorf damit vorgaukelte, es selbst und seinen Hafen vor dem Zugriff der Welt auf ewig beschützen zu können. Auf einem Haufen bereits geflickter Netze breitete ein Pelikan seine Flügel aus. Wieder ging ein Fischer zum Pinkeln ins Kabuff, von wo ein gerillter Schlauch den ausgeschiedenen Tee an untüchtigen

Bootsskeletten vorbei ins Hafenwasser leitete. Das Teehaus war ein schmuckloser Raum mit bröckelndem Putz und verfallendem Gemäuer in Sonnengelb. Die Terrasse war mit Wellblech überdacht. Zwei Satellitenschüsseln klemmten an den Haltestangen des Dachs.

Immer mehr Männer kamen ins Teehaus. Sie trugen ihre besten Anzüge mit Krawatte. Auch die besten Anzüge hatten Löcher. Jeder wurde mit Handschlag begrüßt und brachte Süßigkeiten mit. Manche küßten sich von Wange zu Wange. Es gab Baklava, man feierte ja Zucker-Beyram, das den Muslimen so wichtig ist wie den Christen Ostern, und so wünschte man sich ein Frohes Fest.

Yüksels schwarzer Mercedes nahm die geschwungene Auffahrt vom Hafen ins Zentrum. Mehmet Kumberlu saß auf dem Stuhl vor dem Babani Yeri und spielte an seiner Gebetskette. Im Teehaus ohne Namen saß Salih Kumberlu und trank Tee und sah in die Sonne. Seine Finger waren lang, die Nägel kurz, sauber und vorzeigbar. Er hatte aquamarinblaue Augen, die ergrauten Haare waren sichtbar und braun gefärbt. Er trug Jeans, Sakko, kariertes Hemd und Slipper mit herabgetretenen Fersen. Das größte Fischerboot im Hafen gehörte ihm. Jeden Abend fuhr er hinaus in den Golf von Iskenderun. Frühmorgens versteigerte er den spärlichen Fang. Gut leben konnte man davon nicht, aber es ging. Der Staat zahlte ja nichts. Man mußte sehen, wo man blieb. Der Hodscha kam ins Teehaus und küßte alle Männer. Ein Glas Tee fiel um. Die Aufregung war groß. Die Kartenspieler standen auf und rissen die am Tisch festgeklebte Decke aus Packpapier ab, warfen sie zu Boden, und ehe der Chef eine neue bringen konnte, lag bereits der erste Stich auf der Spanplatte. Um kurz nach elf stand Salih auf. Er wollte zu Madam. So nannte er seine Frau. Madam hatte das Beyram-Festmahl vorbereitet. Die Familie Salih Kumberlu erwartete Freunde. An Beyram war man beisammen. Da waren alle Freunde, vielleicht Brüder, vielleicht Schwestern. Selbst die Frauen durften aus dem Haus. Zu Beyram waren alle Hände gewaschen, und man hatte also den Beweis, daß der Dreck ewig war unter den angeschabten Nägeln der Fischer von Yumurtalık.

Um halb zwölf knackte ein Lautsprecher. Zweimal piepste ein Signal. Ein Mann holte Luft.

»*Allah ist groß, kommet und erhebet euch!*«

Die Steine des Okey-Spiels, eine Art Scrabble mit bunten Zahlen, wurden auf der Ablage hin- und hergeschoben. Der Ruf des Muezzin prallte an den Gesichtern der Spieler und den Sandsteinquadern der Burg ab und zog hinaus aufs stille Meer, wo er verhallte. Der Pelikan watschelte umher, bestieg die Reling eines Trawlers und plusterte sich auf wie ein Pfau. Durch die Palmwedel ging lauer Wind.

Hayrettins Schuhe waren von hoher Qualität

Konnte es wirklich sein, daß ausgerechnet der adrette Busfahrer Hayrettin die größten Wassermelonen des Südens anbaute? Und mit welch höheren Fügungen ging es zu, daß ausgerechnet er der Freund des mächtigsten Mannes der südlichen Türkei war?

Er nickte mir zu, als sei ich ein alter Bekannter. Ich nickte zurück. Er war der einzige auf der Terrasse des Teehauses, der nicht spielte. Irgend etwas in seinem Gesicht lächelte, obwohl der Mund verschlossen blieb. Drei Stunden später holte er mich mit seinem Schulbus vor dem Teehaus ab, und wir fuhren über die Dörfer. Sein Bus transportierte am Morgen die Schulkinder der Umgebung nach Yumurtalık. Er war weiß mit bordeauxroten und kastanienbraunen Streifen an der Seite, die gebundenen Vorhänge waren gelb und vergilbt, die Bänke mit neuen Polstern bezogen und appetitlich. Hayrettin wischte Scheiben und Spiegel. An diesem Nachmittag hatte er frei. Er trug einen herausragenden Nadelstreifenanzug, am linken Revers des Jacketts steckte als Clip eine Türkeifahne. Er hatte schwarze Tänzerschuhe, die nicht glänzten. Herabgetretene Fersen hatten sie nicht. Fast immer hatten die Schuhe ja herabgetretene Fersen, weil die Männer sie oft und schnell auszogen, im Haus oder in der Moschee. Hayrettins Schuhe aber waren von solcher Qualität, daß sich das Leder nicht herabtreten ließ.

Der Bus fuhr langsam, warum sollte er schnell fahren? Es kamen Tomaten- und Baumwollfelder und dann das Dorf Yeniköy, wo die Bulgaren lebten. Nicht zu überhören war, daß Hayrettin über die AKP schimpfte, die sich einen Mist um die Landwirte kümmere. Seit Erdogan gehe es der Landwirtschaft miserabel. Um in die Europäische Union zu kommen, akzeptiere Erdogan jeden Befehl aus Brüssel und verrate die Baumwollbauern der Çukurova. Mit Baumwolle Handel zu treiben war Hayrettins Ansicht nach zu einem ökonomischen Desaster geworden, weswegen der Süden niederging. Für den Verfall der blühenden Çukurova, vor hundert Jahren noch malariaverseuchtes Sumpfgebiet, nun verstoßene Idylle, machte er Europa verantwortlich. Es war die erste Variation einer Klage, die am nächsten Tag auf unverwechselbare Art auch der gefürchtete Patron vortragen würde ...

Auf dem Dorfplatz in Yeniköy saßen achtzehn Männer zwischen sechzig und achtzig auf Holzschemeln und taten nichts. Zehn hatten einen Schnauzer, zwei trugen Brillen, einer eine Mütze. Sie saßen und stierten oder spielten mit der Gebetskette und stierten. Manche rauchten und schwiegen. Einer sprach. Der Ortsvorsteher antwortete. Alle nickten. Der Alte mit Mütze stand auf, als der Muezzin rief. Warum stand er auf? Er ging in die Moschee. Wo war die Moschee? Neben dem Tomatenacker, wo aus einer Scheune ein Steinrohr ragte. Das war das Minarett. Warum ging nur der Alte? Die anderen lachten.

»Weil wir zu jung sind«, sagte der Ortsvorsteher.

»Dann sind die Jungen also keine Muslime?«

»Tsssss«, er schnalzte mit der Zunge und nickte mit dem Kopf.

»Also sind sie doch Muslime?«

Das Lachen der Sechzigjährigen ersetzte die Erklärung. Sie tranken Tee.

Ein Bus kam und hupte. Der Fahrer winkte. Eine Frau mit Kopftuch stieg aus und verschwand. Der Himmel kannte keine Trübung. Auf dem Friedhof des Dorfs gab es ein frisches Grab. Am Tag zuvor war der einundzwanzigjährige Sohn von Mehmet beerdigt worden. Er war Soldat gewesen und im Kampf gegen die PKK in der Nähe von Diyarbakır gefallen. Jeden Tag fiel mindestens ein junger Soldat. Jeden Tag trafen mehrere Berichte über neu entflammte Kämpfe und den vermeintlichen Terror der PKK ein: aus Hakkari, aus Van, aus dem ostanatolischen Hochland. Seit dem amerikanischen Angriffskrieg gegen den Irak nutzten die PKK-Kämpfer die Verwirrungen und den Verlust der festgezurrten Weltordnung und drangen von Südosten wieder auf türkisches Gebiet vor, um ihren 1999 friedensvertraglich vernichteten Traum von einem Kurdistan mit eigener Identität aufs neue herbeizuzwingen. Jeden Tag also Meldungen über Bomben, Schüsse, Krawalle, Proteste, Übergriffe und im heldenhaften Kampf für die Nation getötete Söhne der Nation. Und jeden Tag konnte man in den privaten Fernsehsendern bestens choreographierte Ausbrüche von Verzweiflung, Wut und Propaganda sehen. In einer der zahlreichen »Frauensendungen« auf Kanal 7 wurde unter Einsatz melodramatischer Musik und kitschiger Betroffenheit der lidglitzernden, blauäugigen Moderatorin der Brief eines Rekrutenvaters mit stockender Stimme verlesen. Zwei Seiten, auf denen ein Hasan Ciddioglu tief in sein schmerzendes Herz blicken ließ, nachdem sein dreiundzwanzigjähriger Sohn von der PKK erschossen worden war. Während eine CD mit Ciddioglus vor Verzweiflung bibbernder Stimme eingespielt wurde, liefen im Hintergrund Bilder von der Beerdigung des Sohnes nach der üblichen Art des Privatfernsehens, das in seiner pathetischen Stil- und Geschmacklosigkeit überall auf der Welt gleich zu sein scheint. Im Studio saßen ausschließlich Frauen. Sie weinten, als sie Hasans Stimme hörten, und in Nahaufnahmen fingen die Kameras ihre Tränen ein. Die Frauensendungen haben immer eine hohe Zuschauerinnenzahl. Gewöhnlich geht es um den Dreiklang der Liebe: Glück, Trennung, Leid. Kürzlich aber war zum dritten Mal innerhalb eines Jahres eine junge Frau von ihrem Vater erschossen worden, weil sie in einer jener Sendungen berichtet hatte, sie sei sexuell mißbraucht worden. Von ihrem Baba. Sie hatte Perücke und Maske getragen. Dem Baba konnte sie nichts vormachen. Der Mord war eine Frage der Ehre.

Der Patron pflegte seinen Raucherhusten

Hayrettin hatte bronzebraunen Teint, schön geschwungene Lippen, sehnsuchtsbraune Augen, kurzes graues Haar und einen borstig geschorenen weißen Schnauzer. Sein Gesicht war glatt rasiert, selbst die bemerkenswerte Kinnmulde besaß keinen einzigen sichtbaren Stoppel. Er war ein gemütlicher Fahrer. Der Bus wakkelte über einen Pfad mit Schlaglöchern. Rechts war ein Straußengehege, links eine Eukalyptusbaumplantage.

»Gehört alles dem Patron«, sagte er.

Er schwieg. Dann zeigte er aufs Meer und sagte: »Wenn ich das Geld habe, werde ich genau hier ein Fünfsternehotel bauen.«

»Und wann wird das sein?«

»Ein paar Jahre noch.«

»Warum gleich ein Hotel?«

»Hotels sind die Zukunft. Siehst du hier welche? Und im Winter ist es hier warm, ideales Klima für die Europäer.«

Wir gingen am Meer entlang zu einem unebenen Feld, das sich einen Hügel hinaufzog.

»Das ist mein Land. Hier wachsen die größten Wassermelonen, die du dir vorstellen kannst. Wenn ich die an der Melonenbörse in Adana verkaufe, werde ich bald reich sein.«

Das Meer hatte die Poesie der Lust, man hätte seine Haut essen, sein Wasser trinken, sich von ihm streicheln lassen mögen, so gesund sah es aus und so glücklich.

»Was machst du abends?« fragte Hayrettin.

»Nichts Bestimmtes. Und du?«

»Ich trinke Raki.«

»Ist das alles?«

»Ich trinke noch einen Raki.«

»Und dann bist du blau?«

»Dann gehe ich nach Hause und ins Bett.«

»Und deine Frau?«

»Sie arbeitet.«

»Wo arbeitet sie?«

»Zu Hause.«
»Was arbeitet sie?«
»Sie arbeitet nicht.«
»Aber du hast doch gesagt, sie arbeitet …«
»Ja, sie ist zu Hause.«
»Wie heißt sie?«
»Fatma.«
»Das ist leicht zu merken.«
»Ja, das ist leicht.«

Hayrettin glaubte auch an Gott. In erster Linie aber glaubte er an den Patron. Wir fuhren durch das rotfarbene Tor seiner Hacienda und stellten den Bus neben zwei Nissan-Pick-ups und einer dunkelblauen Mercedes-Limousine ab. Vögel zwitscherten, als sei hier tropischer Regenwald, sie flatterten in großen Käfigen umher. Ein Löwe begrüßte jeden Gast, wie es einst auch ein Löwe beim König der Hethiter getan hatte. Vor zweitausendsiebenhundert Jahren war der Löwe aus Basaltstein, hier war er aus einfallslosem Plastik. Fünf Laster mit gefüllten Baumwollsäcken auf den Ladeflächen parkten in einer Garage. In einem Schuppen daneben standen Traktoren. Zwei junge Männer in dunkelblauen Nadelstreifenanzügen und mit spärlichem Bartwuchs kamen auf uns zu. Krawatten trugen sie nicht.

»Willkommen!«

Aus dem Haus traten Frauen mit Kopftüchern und rauchten. Sie lachten laut, ehe sie in einem alten weißen Renault abfuhren.

»Der Patron ist ein guter Mann, er empfängt die armen Leute, gibt ihnen Arbeit und Geld«, sagte der Neffe des Patrons. Er hieß Çaner und sagte in jedem dritten Satz, daß harte Arbeit die Grundlage für alles im Leben sei, woraufhin er sich von seinem etwas dämlich wirkenden Bruder bestätigen ließ, daß der Patron morgens um sechs Uhr zu arbeiten beginne.

Çaner war fünfundzwanzig, sein Bruder Pascha zwanzig. Vor zwei Jahren hatte sich ihr Vater in den Kopf geschossen, weil er Probleme mit einer Frau gehabt hatte, die schön gewesen sein soll, aber dumm. Mit diesem ungünstigen Verhältnis zwischen Schönheit und Dummheit war er nicht klargekommen. Dann hatte die Frau ihn verlassen. Nach dem Tod ihres Vaters waren Çaner und Pascha zu Kindern des Patrons geworden. Çaner war der Liebling des Patrons, man nannte ihn den »kleinen Patron«. Wann auch immer es sein sollte, er würde den Großgrundbesitz einmal übernehmen. Die beiden leiblichen Söhne des Patrons verschwendeten sich. So sah es die Familie. Der eine vergab sein Leben mit geisteswissenschaftlicher Betätigung im Ausland, der andere verriet das Ideal der Familie als Stoffhändler in Istanbul. Beide wollten den Gutsbesitz nicht übernehmen, beide die Tradition beerdigen.

Drei andere Männer saßen rauchend am Rundtisch vor der Hacienda, unter schattenspendenden Weinranken. Zwei weitere schwänzelten umher, dann kamen drei hübsche junge Damen mit offenem Haar und hochhackigen Absätzen an den schwarzen Schuhen. Und dann kam ER.

Er schob einen mächtigen Wanst vor sich her, hatte einen linksverorteten Seitenscheitel, der die Stirnhaare in Form einer flachen Fönwelle nach rechts drehte. Er trug eine großglasige Sonnenbrille über den glubschigen Augen und hielt eine filterlose *Parliament* zwischen den Fingern, deren Asche gebogen war. An jeder Hand steckte ein juwelenbesetzter Ring. Der Patron war fünfundfünfzig und hatte Bluthochdruck, das sah man seinem Gesicht an. Auf den ersten Blick war es nicht erfindlich, warum er auf alle Fragen lachte, anstatt zu antworten. Das Antworten übernahm Çaner, mit großem Eifer und einer Art heiligem Ernst.

»Wir müssen in die Europäische Union!« sagte er.

»Denkt das der Patron?«

»Ja. Wir alle sind Farmer, wir handeln alle mit Baumwolle.«

»Warum muß die Türkei dann in die EU, Patron?«

Seine tiefe Stimme gurgelte und schickte etwas über die wulstigen Lippen. Er bot mir eine Zigarette an.

»Der Patron meint, daß wir den europäischen Markt brauchen«, sagte Çaner eifrig, »dann können wir direkt handeln und müssen nicht mehr über die Baumwollbörse in Istanbul gehen, wo wir viel Geld verlieren.«

»Ist das die Meinung des Patrons?«

»Ja, sicher.«

Çaners kleinkariertes Hemd war weit geöffnet, man sah die jungbehaarte Brust. Pascha saß daneben und kicherte. Wann immer der Patron eine Bewegung machte, schoben ihm die vier älteren Herren zugleich wahlweise einen Aschenbecher hin oder hielten ein Feuerzeug parat oder bereiteten die nächste Zigarette vor. Einmal lachte der Patron in die Runde, blieb bei Hayrettin hängen und machte ihn damit unendlich stolz.

Der Patron hatte kleine Zähne. Er war Herr über drei Provinzen. Vor allem im Süden war das Land in Provinzen gegliedert, welche den Großgrundbesitzern gehörten. Seit Gründung der Türkei im Jahr 1923 hatte es nie eine Landreform gegeben. Wer den Mut hätte, Atatürk zu kritisieren, hielte ihm dieses Versäumnis vor – um anzufügen, daß der große Staatsmann ja nicht habe alles zugleich schaffen können und überhaupt viel zu früh gestorben sei, natürlich. Vielleicht lag der Niedergang des Südens ja auch an den patriarchalischen Strukturen des Osmanischen Reiches. Der Patron lachte laut und pflegte seinen Raucherhusten. Seit fünf Generationen gebot die Familie Yilmaz über die Region um Yumurtalık. Patron Kemal Yilmaz gehörten siebenhundert Hektar Çukurova. Über hundert Tagelöhner pflückten Baumwolle für ihn. Er nahm seine goldumrandete Porschebrille ab und steckte sie in die Brusttasche seines Sakkos. Ein Handy klingelte, man reichte es herüber. Er sagte »ja« und lachte. Er bot mir eine Zigarette an. Dann kamen seine Frau und die Tochter Bascha aus Antakya zurück, wo sie zu Beyram den Großvater besucht hatten. Die Frau des Patrons war zierlich und drahtig, hatte schmale Lippen und wirkte verloren. Bascha war dreizehn und fürchterlich albern. Sie war das Prinzeßchen des Patrons und saß auf seinem Schoß, rieb die Wangen an Papas Brust, zierte sich, dem Gast freundlich Guten Tag zu sagen. Täuschte auch der zweite Eindruck nicht, bekam sie vom Papa alles, was sie wollte und nicht wollte, und wußte, wie sie den mächtigen Mann um den Finger wickeln konnte. Er strahlte sie an, selbst dann, als sie ihm mit den Fäusten auf die poröse, leicht verfärbte Nase hämmerte. Aus dem bis zum Brustbein geöffneten schwarzen Hemd des Patrons lugten weiße Brusthaare. Seine Haut war stark gerötet von dem Versuch braun zu werden. Der Patron mußte bis gerade eben in der Sonne gebadet haben. Mücken flogen ihn an. Bascha schlug eine auf seinem Hals zu Tode. Er lachte und kitzelte sie. Alle anderen lachten, solange er lachte. Niemals hätte es den Anschein geben dürfen, einer lache über Bascha. Wenn der Patron schwieg, schwiegen alle außer Bascha.

»Wie lange, schätzen Sie, dauert es, bis die Türkei in die EU aufgenommen wird?« fragte Çaner.

»Soll ich ehrlich sein?« fragte ich zurück.

Er nickte, und der Patron bettelte Bascha zur Ruhe.

»Eine Ewigkeit.«

»Ich sage zwanzig Jahre oder nie!«

»Ich sage nie. Die Europäer werden sich immer neue Hindernisse ausdenken, die die Türkei zu nehmen hat, weil sie überzeugt sind, daß die Türkei nicht mit den Wertvorstellungen Europas zu versöhnen ist. Die Europäer sagen es nicht, sondern halten die türkischen Politiker hin, das ist reine Taktik.«

Der Patron ließ sich eine *Parliament* anzünden. Seine Fesseln quollen aus den gewollt schmalen, zu schmalen, spitz zulaufenden schwarzen Slippern. Dschamal, ein Freund des Patrons, fragte mich, ob ich Hitler kennen würde, Adolf Hitler. Das zu verneinen wäre unglaubwürdig gewesen.

»Ja«, sagte ich, »jeder Deutsche kennt ihn.«

»Oooohhh ist der berühmt!« sagte Bascha, turnte auf dem Patron herum und schlug auf seinen Kopf ein. Aus welchen Gründen genau Dschamal diese Frage gestellt hatte, war nicht zu sagen. Vielleicht wollte er sich so Ansehen verschaffen, beim deutschen Gast oder beim Patron, oder er wollte zeigen, wie gebildet er war, und Leute wie Hayrettin damit beeindrucken. Çaner ging darauf nicht ein. Er war für spielerische Konversation zu ernst, für politischen Ernst zu engstirnig.

»Der Patron findet, daß die Ministerpräsidentin Tansu Ciller

Mitte der neunziger Jahre der beste Regierungschef aller Zeiten war«, sagte Çaner.

»In der Welt oder der Türkei?«

»In der Türkei natürlich. Der Patron meint, die Türkei muß möglichst schnell in die Europäische Union kommen, und jetzt gleich«, Çaner sah demonstrativ auf die Uhr, »hat er einen Termin …«

Die sehr europäisch wirkende Frau des Patrons zog eine *Parliament* aus der Schachtel. Sie hatte leicht gerötete Lider und Augenringe. Vielleicht war das Leben an der Seite eines mächtigen Mannes, der alles kaufen konnte, keines, das einen strahlen ließ. Vielleicht kannte sie sogar einige seiner Mätressen.

»Wie finden Sie die Türkei?« fragte sie und zündete sich die *Parliament* in der Manier eines Filmstars an.

Ich war stets auf der Hut vor dieser Frage. Mit einer entsprechenden Antwort konnte man sich zum Arkadasch, zum Freund für die Ewigkeit, machen, oder zum Gegenteil davon.

»Ich bin überrascht«, sagte ich ihr zugewandt, »wie unerhört herzlich die Türken sind, und was ich bisher von Ihrem Land gesehen habe, läßt mich zu dem Schluß kommen, daß es eines der landschaftlich schönsten Gebiete ist, die ich kenne.«

Merkwürdigerweise bedankte sich Çaner für dieses Bekenntnis, und die Frau des Patrons rief zum Mißfallen ihres Mannes die kichernde Bascha zur Ruhe.

»Die Türken sind faul«, sagte Çaner und stemmte sich die Hände in die Hüfte. »Die arbeiten nichts. Nur ein paar wenige arbeiten, aber die arbeiten hart wie der Patron. Der Patron steht um sechs Uhr morgens auf und geht um zwölf zu Bett. So müßten wir alle sein.«

Wir tranken neuen Tee, und alle nahmen drei Stückchen Würfelzucker und rauchten.

Auf den Mauern um Yumurtalık rangen Torsi prachtvoller Marmorsäulen mit dem Verlust ihrer Bedeutung. Ein Hund entleerte sich an einen Sockel. Ein Tempel des Poseidon mußte hier einst jeden Ankommenden begrüßt haben. Auf dem Fries einer Platte im Garten vor dem Stadtverwaltungsgebäude las man die Inschrift IMP CAESARI ANTONIO. Daneben stand eine Bronzebüste von Kemal Atatürk und der blattgoldenen Inschrift: *Ich bin stolz, ein Türke zu sein.* Vis-à-vis, über dem Golf von Iskenderun, lag Antakya, hinter dem Gebirge begann Syrien, südwestwärts im offenen Meer kam irgendwann Zypern. Neben der Säule stand eine Palme, neben der Palme erhob sich ein Minarett. Das Dieseltuckern eines Trawlers klang wie ein trauriges Lied auf die fischreiche Vergangenheit. Häuser wurden gebaut, und eine Kreißsäge kreischte. Es wurde gehämmert: ob an der Vergangenheit oder der zukünftigen Größe Yumurtalıks, war nicht zu entscheiden. Das Fischerdorf am Ende der Welt war einmal eine wichtige Handelsstadt am Golf gewesen. Römer, Byzantiner, Venetier und Osmanen hatten sie als Verkehrsknotenpunkt genutzt. Dann hatte man Yumurtalık vergessen. Manche litten heute darunter. Den meisten war es egal.

Es regnete unaufhörlich. Niemals mehr würde es aufhören. Der Regen war unmittelbar, deswegen war er so naß. Das Minarett der Moschee war 1950 aus alten Steinen der Burg erbaut worden. Die Moschee sah aus wie ein sozialistisches Schulhaus aus sandfarbenem, rauhgegossenem Beton, dem eine hellgrüngestrichene Betonkuppel aufgesetzt war. Schräg gegenüber an der Hauptstraße, neben der Polizeistation, lag das Öztur-Hotel. Es war so stil- wie geschmacklos und hatte verrostete Ventilatoren. Ein befleckter Läufer war bis zur Treppe ausgerollt. In einem Topf am Boden stand Farn. Die Lobby war dunkel. Ein bizarres Conciergenduo tat nichts. Der eine, eine Art Plim, rotzte und räusperte sich. Ein geborener Diener war er nicht. Der andere, eine Art Plüsch, war dick, weich und ratlos, wohin mit seiner nicht gebrauchten Energie. Sie saßen auf den rostigen Barhockern, standen auf, fegten die Fliesen, die sie vor fünfzehn Minuten gefegt hatten. Sie gingen aus der Tür, nahmen im Regen den Tischen grundlos die nassen Plastikdecken ab. Sie saßen im Polstersessel, lasen Zeitung und zappten durch neunzig türkische Fernsehkanäle. Plim blieb meist hängen bei KRAL, wo Haruk, der bärtige Schnulzensänger aus Adana, die Liebe beschwor, während zwei Girls ihn becircten. Plim und Plüsch standen auf und deckten den Mittagstisch, obwohl die fünf englischen Mechaniker, die in der Nähe von Ceyhan an der Baku-Tbilisi-Ceyhan-Pipeline arbeiteten, erst abends wiederkamen und ohnehin jeden Abend Omelette und Bier bestellten. Plims Absätze klackten auf den Fliesen. Die Schritte waren kurz und ohne Gewicht. Das Licht war ausgefallen. Etwas war kaputt und mußte repariert werden. Warum sollte dies heute geschehen? Licht gab es wieder in einer Stunde, vielleicht in vier Stunden. Vielleicht auch nicht. Draußen ging Salih Kumberlu durch den Regen in Richtung Moschee, ohne Schirm und Schutz. Mit Regen konnte man nicht gut umgehen in Yumurtalık. Fünfzehnmal im Jahr regnete es. Niemand besaß einen Schirm. Eine Mücke schwebte durch die Hotellobby. Da klingelte das Telefon.

Ein Gewitter explodierte, und mir war, als sähe ich auf der Atatürk-Straße den Hodscha durch den Regen rennen, hinüber zum Minarett, wo er wie ein Wiener Sängerknabe mit auf dem Rücken verschränkten Armen zu singen beginnen würde, und ich wartete auf den Ruf, doch er kam nicht. In Yumurtalık war noch immer der Strom ausgefallen. Der Ruf des Muezzin konnte nicht auf den Golf von Iskenderun getragen werden. Doch plötzlich knackte der Lautsprecher, und das so elegisch in die Länge geseufzte »Allaaaaah« setzte ein. Man hörte Hodscha Abdullahs unregelmäßiges Atmen, dieses schwere, bedeutsame Atmen, die aus dem göttlichen Pneuma geschöpfte Luft. Er hustete, das Kabel in seiner Hand knisterte. Er traf den Ton nicht. Es war schauerlich. Der Wind wurde heftiger, die Böen gebärdeten sich irr und eigensinnig, der Regen fiel schräg, und es war, als paßte es Allah nicht, daß dieses jammervolle Konzert seinen Namen heiligte. Ich verließ das Hotel.

Kurze Zeit später sah ich Hayrettin in einem anderen Teehaus ohne Namen und schob die Türe auf. Von den sechs Kumberlu-Brüdern war keiner zu sehen. Hayrettin mochte die Kumberlu-Brüder nicht. Sie mochten ihn genauso wenig. Er drehte die Gebetskette. Zehn Männer spielten Okey, einer las Zeitung. Sie spielten um den getrunkenen Tee, nicht um Geld. Hayrettin stand stets neben den Spielern. Er spielte nicht. Die anderen luden ihn nicht zum Spielen ein, obwohl im Spiel alle Menschen gleich waren. Im Fernsehen lief eine Live-Show mit türkischen Pophelden. Die Bilder hüpften sich vorwärts. Der Empfang war verzögert, dann gestört, dann verzögert. Es war so verraucht, daß kein Sauerstoffmolekül lange überlebte. Selbst Hayrettin mußte husten.

»Was machst du denn hier?«

»Nichts.«

»Und später?«

»Auch nichts.«

»Und deine Frau?«

»Die arbeitet.«

Im Hafen, sagte einer der Spieler, liege ein Schiff, das Waffen in den Irak bringen soll. Wirklich?, fragte ein anderer. Hab ich gehört, fügte der erste an und schnippte seine Kippe fort. Tssss, machte der andere und stieß das Kinn nach vorn.

Als ich ging, rochen meine Sachen nach Asche, nach Vergehen, Muff und Tod, und ich mußte anerkennen, daß die Kunst des Nichtstuns eine hohe war. Ich ging ins andere Teehaus. Auf einmal stand Osman vor mir. Ein großer, gutgebauter Mann Anfang Dreißig mit braunem Teint, kurzgeschnittenem Haar und etwas abstehenden Ohren.

»Willst du mein Schiff sehen?« fragte er.

»Wo ist es?«

»Es liegt in der Einfahrt zum Hafen.«

»Sicher«, sagte ich.

Wir schlurften durch den warmen Regen die Mole entlang, am Babanin Yeri vorbei, wo Licht brannte. Der Mercedes war nicht da, aber ich hörte Yüksels Stimme. Rechts folgten vier rosagestrichene Fischladen-Restaurant-Wohneinheiten, links lag, in der Schönheit ihres Verfalls, die mächtig bestrahlte Ruine von Sultan Selims Burg. In der Stille surrten die Stromleitungen. Das rundum mit grellleuchtenden Lämpchen bestückte Minarett, das so streng, schlank und spitz wie eine Rakete in den Himmel ragte und Allah in Yumurtalık sicher am nächsten kam, war von überallher sichtbar. Die Boote wippten. Fledermäuse quietschten. Grillen gaben ein Dauerkonzert. Der Pelikan rannte über den Platz. Er war vor einem Jahr verletzt ins Wasser gestürzt, als eine Schar übers Dorf hinweggeflogen war. Fischer hatten ihm das Leben gerettet und ihn seither jeden Morgen gefüttert. Seine Flügel waren geheilt. Einen Namen hatte er nicht. Er war zum Wahrzeichen von Yumurtalık geworden.

Wir betraten die Ladefläche und stiefelten durch Wasser- und Ölpfützen und über mehrere Haufen gelber Taue. Eng war der Weg nach unten, an den Wänden standen amerikanische Wörter. Osman ließ einen Freund Tee machen und erzählte. Augenscheinlich war es brisant, was er mitzuteilen hatte, doch wir konnten uns auf keinen sprachlich eindeutig vermittelten Sinn einigen.

»Warte«, bedeutete er mit erhobenem Finger, »warte!«

Er schickte einen Jungen los. Drei Minuten später hörte ich mehrere Männer die enge, dreimal ihre Richtung wechselnde Eisentreppe herabsteigen. Die Holztür ging auf, und dann stand er im Raum, und ich konnte es nicht glauben. Er war der Schnulzenpoet schlechthin. Er kam direkt aus den siebziger Jahren. Ich sah ihn in einem grobkörnigen Film: wie er auf türkisfarbenem Wasser vor der untergehenden Sonne in einem Ruderboot sitzend auf mich zukommt, das Hemd bis zum Brustbein geöffnet, eine Goldkette um den Hals auf der kraushaarigen Hänflingsbrust, die gelockte Mähne toupiert, als wollte er sich damit größer machen. Ich hörte ihn von der Liebe singen und den schönen Mädchen von Kreta und breit lachen mit von aller Bedeckung entblößten Zähnen, deren obere Reihe aparte Lücken hatte. Da kam jetzt dieser schmalbrüstige, ein Meter siebzig kleine, beindürre Mann mit Lederblouson und ungeheuer großen, fast wulstigen Lippen auf uns zu, baute sich mit dem breitesten Lachen des Orients vor mir auf und sagte in eingetürktem Englisch: »Ich bin der John Travolta des Südens!« Er hörte gar nicht mehr auf zu lachen, und im Kabuff des ehemaligen Transportschiffs der US-Navy herrschte an jenem Abend die beste Laune, die sich an einem verregneten Tag im Fischerdorf am Ende der Welt vorstellen läßt.

Der John Travolta des Südens hieß Metin Özaltun, kam aus Adana und war Fischhändler. Singen konnte er nicht, was sich erst am folgenden Abend schmerzhaft herausstellen sollte. Sein Sohn Mehmet sah aus wie ein verklemmter Internatsjunge mit Seitenscheitel und Pocken, der unter der Lässigkeit seines Vaters zu leiden hatte und dem etwas Vergleichbares entgegenzusetzen seine schlimme Steifheit unmöglich machte. Metin beschenkte uns sofort mit seiner Meinung.

»Die Leute in Yumurtalık sind Esel«, sagte er und fuhr sich breitgrinsend mit der Zunge über die leicht vorstehenden Zähne. »Diese Leute da draußen sind dumm, sie trinken literweise Raki, pennen den halben Tag und arbeiten nicht. Kein Wunder, daß sie arm sind. Kein Wunder, daß die Türkei nicht vorankommt!«

Er stand auf, packte meinen Arm mit seiner großen Hand und schleppte mich, seinen Arm um meine Schultern gelegt wie ein langjähriger Freund, in seine aprikotfarben gestrichene Fischladenbaracke, wo im Qualmnebel Ali, der Hafenpolizist, und zwei Freunde zu erkennen waren, die eine andere Art Skat spielten. Der eine der beiden hieß ebenfalls Ali, war bei der türkischen Air Force auf der NATO-Basis Incirlik stationiert gewesen, hatte Seite an Seite mit den Amerikanern gearbeitet und haßte nichts mehr als Amerika. Es dauerte genaugenommen zwei Minuten, und ich war sein bester Arkadasch und durfte bei einem Glas Tee ins heilige Ritual des Spiels einsteigen, wobei jeder den Trumpf reizte, wie er wollte, der andere Freund, ein junger Mann mit gegelter Modefrisur und dünnem Bartrahmen, jede einzelne Karte siegessicher auf den Tisch knallte und dennoch ständig verlor. Metin rauchte eine Schachtel *Pall Mall ultra lights*, hustete bei jedem Stengel etwa zehnmal, lachte nach jedem Husten und strich mit zwei Fingern die Haare seines schwarzen Schnauzers zu den Mundwinkeln herab. Um drei Uhr in der Nacht verließ ich Metins Bude. Der Pelikan schlief auf der Veranda. Es hatte zu regnen aufgehört.

Johnny holte die dickbäuchige Saz

Zu High-noon bei Kaiserwetter saß Mehmet in der Sonne und tat, als verstünde er etwas von Kuttermotoren. Von seinem Vater gab es keine Spur. Die Bude war verrammelt, die Fenster von innen verhängt. Ich plauderte mit Ali, der an seinem Revolver spielte und am Abend zuvor manches Geld verloren hatte. Unbeteiligt sah er Mehmet zu, der uns auf eilfertige Weise imponieren wollte. Wenn er seinen Vater doch nur einmal so beeindrucken könnte wie dieser ihn! Wenn ihm doch nur einmal etwas gelänge, wofür ihn die anderen lobten!

In soldatisch festen Schritten kam Osman von seinem Schiff, gab mir die Hand und küßte mich wie ein Bruder auf die Wangen. Er war ein Mann, dessen Hände gleichermaßen zu Zärtlichkeit und Brutalität in der Lage waren. Er war verheiratet und hatte einen Sohn. Trommelnd ging seine Faust auf die Türe nieder. Nach zwei Minuten stand Metin, die dürren Beinchen in Boxershorts, mit einem weißen T-Shirt da und rieb sich die Augen und den Schnauzer. Die Zähne wollte er noch rasch putzen, dann kam er schon in Jeans und Rollkragenpullover herausgestürzt. Eine Stunde später als verabredet tuckerten wir auf den Golf von Iskenderun und sollten exakt dort ankern, wo die Sonne stand. Wären wir hundert Meter weiter gefahren, hätte die Sonne eben hundert Meter weiter gestanden. Das war Metins Art von Humor. Das größte Geschenk war sein Lachen, und da er über seine eigenen Scherze am besten lachen konnte, war jeder Scherz recht, auch wenn er oft nicht als Scherz erkennbar war.

Draußen im Golf standen wir wie Jäger und Sammler mit Sonnenbrille am Bootsrand und warteten, bis es in der Tiefe zuckte. Dann zogen wir an und überlisteten auf diesem Wege fünf Ballonfische, zwölf Barsche, Brassen und Doraden mit einer um ein Stück Holz gewickelten Nylonschnur, auf deren jeweils drei Haken Krabbenkörperköder gespießt waren. Natürlich rief Metin für den Abend ein Fischbarbecue aus. Eigenhändig gefangener Fisch sollte beim Verzehr etwas Edles in der Seele bewirken. Metin scheffelte in der Woche nicht wenige Lira, da er günstig frischen Fisch erhandelte, billig lagerte und kompromißlos verkaufte. Neben den beiden Zimmern der safrangelbgestrichenen Baracke an der Mole befand sich sein Laden. Als wir einliefen, warteten bereits Großkunden auf ihn. Er ging lachend auf sie zu, schloß die Truhen auf, wog den Fisch und steckte die Scheine ein. Dann klatschte er in die Hände und lachte uns zu. Inwiefern er sich von den dummen Eseln aus Yumurtalık absetzte, die nicht arbeiteten, blieb bis auf weiteres dahingestellt und wollte an jenem Abend endgültig beantwortet werden.

Es gab Tomaten-Gurken- und Karotten-Rauke-Knoblauch-Salat, Oliven, Brot, Wasser, Tee. Während der Muezzin sang, unterbrachen wir unser Mahl, legten das Besteck hin und warteten. Dann schlugen die Gläser aneinander. Vor der Bude stand der Grill, und Mehmet legte immer neue Fische auf und brachte die fertigen herein. Kurz vor dem Eiweißschock lehnte sich Osman, der nie viele Worte machte, herüber und fragte, ob ich Fotos sehen wolle.

Wir gingen durch die Dunkelheit auf sein Schiff. Erst wollte er mir die sogenannte Leichenkammer zeigen und öffnete eine schwere Eisentür, hinter der sich ein kleiner Raum mit zwei Regalen auftat. Es waren die Eisenregale, die originalen. Osmans Schiff war eines jener D-Day-Boote der Navy, mit denen die Amerikaner 1944 in der Normandie in den Zweiten Weltkrieg eingegriffen hatten. Die Kammer war eine Kühlkammer, und in den Regalen waren die toten GIs transportiert worden. Irgend jemand hatte es ihm für billige Dollar angeboten, da hatte Osman es einfach gekauft, man mußte mal was wagen.

»Was transportierst du eigentlich?« fragte ich bei der Gelegenheit.

»Alles mögliche. Was so anfällt.«

»Und was fällt an?«

»Dies und das.«

»Und wo geht's hin?«

»Nach Syrien rüber, manchmal Südafrika. Auch türkische Westküste.«

Kisten, Container oder Säcke waren nicht zu entdecken. Das Schiff lag vor Anker, und ich fragte ihn, wieviel Liegekosten er im Hafen von Yumurtalık pro Tag zu entrichten habe. Osman wollte darüber nicht reden. Über Geschäfte sprach er mit Freunden nicht. Er wirkte wie ein Getriebener, steppte die Treppe hinauf in die Kapitänskajüte und holte eine Kiste aus dem Wandregal. Karten des Nahen Ostens lagen auf einem Arbeitstisch. Wir setzten uns wie kleine Jungs nebeneinander auf eine Bank, und Osman, dessen Haut nach Kraft und dem Odium des Meeres roch, schöpfte vier Packen Fotos aus der Tiefe der Kiste. Es waren kleinformatige Abzüge von mittelmäßiger Qualität, etwas vergilbt. Er gab mir jedes Bild einzeln. So gut wie alle zeigten ihn als Soldat der türkischen Armee in den ostanatolischen Kampfgebieten im Jahr 1997: Osman und seine Kumpels, wie sie einen PKK-Kämpfer gefangennahmen; Osman in Rambo-Pose; Osman und Kameraden beim Rasten mit nacktem Oberkörper und Tarnhose im Hochland.

Und dann zeigte er mir dieses eine Foto, das ihm vermutlich seit jeher den Stolz ins Gesicht trieb. Zu sehen war, wie Osman einem PKK-Kämpfer in den Kopf schoß. Ich spürte den Rausch, den dieser Augenblick auch jetzt für ihn hatte. Das nächste Bild zeigte den Toten, dessen halbes Gesicht fehlte, er lag in einer Lache aus Blut, und Osman hatte seinen Fuß auf die Reste des Kopfes gestellt und das MG in die Höhe gereckt. Der gutmütige Osman haßte die PKK, weil sie den türkischen Staat in Frage stellte und damit seine, Osmans, Identität.

Der Lautsprecher knackte, es piepste zweimal, und Hodscha Abdullah hatte einen guten Abend erwischt, sein Ruf war heldentenorhaft. Er pflanzte sich fort durchs Dorf, die Bucht entlang, wo die neuen Wohnhäuser der Pipelinemitarbeiter standen, und womöglich noch viel weiter, bis über den Golf von Iskenderun, gegenüber, auf die ehemaligen Schlachtfelder des antiken Issos, wo 333 eine mächtige Keilerei ausgetragen worden war und Alexander der Große den Perserkönig Darius geschlagen hatte. Grillen zirpten. Am klaren Himmel stand eine dunkelgelbe Mondsichel, und man konnte sogar den Sternenstaub der Milchstraße sehen. Die letzten Fischer tuckerten in den Hafen, eine Funzel am Gehäuse.

Als wir zurückkamen, hatte Metin bereits mehrere doppelte Raki getrunken. Er war begeistert von seiner eigenen Idee eines musikalischen Happenings, zerrte eine dickbäuchige Saz aus der Hülle und hieß seinen Sohn, zwei Trommeln aus dem Kabuff zu holen. Im privaten Reich des Fischladens von Metin Özaltun, an dessen Wandhaken ein lächerlicher Pyjama hing, hob von nun ab ein unerhörtes Ereignis an.

Ob er tanzen konnte, stand auf einem anderen Blatt – singen konnte der John Travolta des Südens nicht. Aber er sang. Und zweifelsohne hätte sich Metin, wenn er in irgendeiner Weise gläubig gewesen wäre, nicht einmal aus Ehrfurcht vor einem Gott für Sangeskunst und Muse vom Singen abhalten lassen. Seine Finger arbeiteten sich die vier Saiten auf dem schmalen Griffbrett der Saz auf und ab. Heraus kam die übliche Abfolge von Viertel- und Halbtonschritten, die bestens zum Ruf des Muezzins paßten. Es war die bewußte Integration der Disharmonien, des Bewegten und Bewegenden, in den ruhigen Fluß des meditativen Rhythmus. Auch wenn Metin Schwierigkeiten hatte, diesen Rhythmus zu halten, erlaubte sein Auftritt den grundlegenden Satz, die türkische Musik sei eine Partitur der Gegensätze.

Metin und Mehmet spielten alte Weisen. Osman und Ali sangen im Hintergrund. Metin schloß die Augen und litt mit seinen Tönen. Er beugte den Oberkörper, als wolle er mit der Saz verschmelzen. Die Ärmel seines grauen Rollkragenpullovers hatte er die Unterarme hinaufgeschoben. Er lachte Mehmet zu, der daraufhin zur Höchstform auflief. In diesem Augenblick war der Vater stolz, stolz, daß sein Sohn den Trommelwirbel beherrschte wie kein anderer im Zimmer und im Hafen und in Yumurtalık überhaupt. Mehmet merkte es nicht, er schlug sich in eine andere Dimension. Ich spielte die zweite Trommel, ließ manche Synkopen aus, sekundierte anerkennend dem flinken Schlag des Sohnes, und dann erhob sich der dürre John Travolta des Südens und begann nach Art der Bauchtänzerinnen die kaum vorhandene Hüfte zu wiegen. Sinan, der junge Fischer mit Ziegenbärtchen, zauberte eine Arabeske. Die anderen rauchten und tranken Raki. Ständig gab es neuen Fisch vom Grill. Dann reichte mir Metin die Saz, und ich imitierte ihn wie ein junger Held, während er den coolen Türkpopstar Tarkan parodierte.

Der Eros schiefer Töne, falscher Rhythmen und sinnloser Tänze kann durchaus magisch sein, wenn ein Mann wie Metin Özaltun den John Travolta gibt und die Welt mit der Musik seines Lachens beschenkt.

Der Dorffriede war eine große Lüge

Hayrettin war die Verkörperung des türkischen Traums vom kleinen Mann, der die Welt beherrscht, und wenn dem so war, dann war der türkische Traum erst einmal gescheitert. Hayrettin war jetzt einundfünfzig, und seine Wassermelonen verkauften sich nicht besonders gut, und der Strand von Yumurtalık war ohne Fünfsternehotel bei weitem reizvoller, was er nicht gern hörte, aber womöglich wußte, weil er durchaus Sinn für Schönheit besaß. In der Sakkoinnentasche hatte er einen Flachmann Raki versteckt.

»Wie hast du eigentlich Fatma kennengelernt?« fragte ich.

»In der Schule.«

»Bist du älter?«

»Sie ist fünfunddreißig, ich bin einundfünfzig.«

»Und deine Kinder?«

»Mein Sohn ist einundzwanzig, der ist Soldat, meine Tochter ist neunzehn und sitzt zu Hause.«

»Dann muß Fatma bei der ersten Geburt ja vierzehn gewesen sein.«

»Was meinst du?«

»Sie muß mit dreizehn schwanger gewesen sein …«

Er schwieg sich eine Pause zurecht.

»Sagte ich fünfunddreißig? Sie ist … fünfundvierzig.«

»Wann habt ihr geheiratet?«

»Sie war neunzehn, ich fünfundzwanzig.«

»Willst du, daß sie ein Kopftuch trägt?«

»Nein, Fatma trägt kein Kopftuch.«

»Geht sie mit dir ins Teehaus?«

»Ich würde mir das wünschen, aber dann wäre sie die einzige hier, und das ganze Dorf würde reden.«

»Deshalb bleibt sie zu Hause.«

»Sie wäscht und kocht für mich.«

Auf einmal war alles unklar: ob Hayrettin überhaupt Kinder hatte, ob es Fatma überhaupt gab, ob er überhaupt Melonen anbaute. In diesem Moment erschien mir Hayrettin wie ein Hochstapler, ein geltungssüchtiger Außenseiter, der immer nur irgendwo dazustieß und nie mittendrin war. Es war augenfällig, daß sie ihn auch im zweiten Teehaus ohne Namen neben der Moschee geradezu beiläufig behandelten. Woran konnte das liegen?

Entweder: Er kam mit der religiösen Struktur nicht klar und sagte öffentlich, daß auch Frauen und Mädchen das Recht hätten, ins Teehaus zu gehen und auf die Universität. Das zu sagen war in Yumurtalık schwierig, wenngleich nichts auf Gewalt oder Nötigung hindeutete und das Dorf zu jeder Zeit friedlich wirkte.

Oder: Er wäre gerne so einer wie der Patron Yilmaz, aber ihm fehlten Geburt, Stand, Klasse und Machtwille. Deshalb spielte er sich vor den anderen als etwas Besseres auf, das, sozial gesehen, mitnichten besser war und ihm nur das geborgte Gefühl einer kleinen Großartigkeit verschaffte.

Oder: Er wäre gern Hotelchef, denn wenn er das wäre, dann sprängen die Angestellten aus der Lobby heraus und begrüßten ihn, und immer wenn er käme, scharwenzelten sie um ihn wie die

Angestellten um den Patron, dann würde er, bei aufgesetzter Lesebrille, die *Milliyet* studieren und einen Mokka trinken: die Tasse zwischen den Fingern, das Handgelenk leicht kreisend, die Flüssigkeit begutachtend, dann einmal laut in die Stille hineinschlürfen und sich wie der sizilianische Leopard, wie Fürst Fabrizio Salina in den Sessel zurückfallen lassen. Er hatte den Fischern von seinem Traum berichtet, der bei Verwirklichung die Dorfstruktur völlig verändern und lauter Fremde und einen gewissen Adel nach Yumurtalık bringen würde.

Von Metin war zu erfahren gewesen, daß, was im Teehaus so friedlich wirkte, keineswegs friedlich war. Viele Interessengruppen kämpften im Verborgenen gegeneinander. Angeblich war der Bürgermeister, ein schlichter Bauer, korrupt und faul, und die Stadtverwaltung ließ die antiken Reste verfallen, und die Restaurantbesitzer beuteten die Fischer aus. Das war der Grund, warum sie Yüksel Kumberlu verachteten, weil er ihnen lausig wenig für ihre Barsche und Brassen bezahlte und sie im Babanin Yeri für unverschämte Preise verkaufte und nicht zu erkennen war, daß der Mann je so etwas gehabt hätte wie ein schlechtes Gewissen, weswegen sein älterer Bruder Salih, der sich mit den anderen Fischern verbrüdert hatte, Yüksel eines Tages die Bande kündigte.

Hayrettin saß in seinem Bus, und wir fuhren zum Restaurant Erzin, das direkt am Meer lag, um Granatapfelsamen zu essen und Raki zu trinken. Er spielte sich ein wenig auf und befahl dem Kellner, Salat und Fisch zu bringen. Acht Männer starrten auf den Fernseher und das Match Galatasaray Istanbul gegen Diyarbakır-Spor in der Süperlig.

»Wenn ich reich bin und ein Hotel besitze, werde ich Bürgermeister«, sagte Hayrettin zum Kellner, der ihn in seinem Traum bestärkte, bevor er den Salat brachte. Am Nachbartisch war keiner für Diyarbakır, und eine nicht genutzte Torchance von Galatasaray kam einem Verrat gleich, der jedesmal lautstark geahndet wurde, und das geschah an diesem Abend oft.

»Um Bürgermeister zu werden«, sagte Hayrettin nach einer kurzen Pause, »mußt du reich sein. Wenn ich das Geld zusammen habe, werde ich Yumurtalık endlich bekannt machen und vermarkten … an deutsche Touristen.«

»Welche ist deine Lieblingsstadt in der Türkei?« fragte ich.

Er überlegte nicht lange.

»Antakya.«

»Warum?«

»Keine Stadt in der Türkei hat mehr Geschichte.«

»Anatolische Geschichte …«

»Antakya ist die Wiege *eurer* Kultur.«

Dann stieg er betrunken in den Bus und fuhr heim, um zu schlafen. Am nächsten Morgen würde er gegen neun aufstehen und ins Teehaus ohne Namen gehen und später einen Raki trinken und dann noch einen und dann ins andere Teehaus ohne Namen gehen und Granatapfelsamen essen und Raki trinken und jemandem von seinem Hotel erzählen, das kurz vor dem Bau war, und abends wieder nach Hause fahren.

Während das Holzboot von Salih Kumberlu, Fatmas Vater, aufs Meer tuckerte, an Bord sieben Fischer, stand, einsam und verlassen, vom kunsthellen Licht der Hafenlaternen beschienen, der Pelikan vor einem schwarzen Renault 12 TX neben zwei bastgeflochtenen Netzkörben und putzte sein Gefieder.

Mehr geschah nicht.

Es war ein sehr zahmer Orient an diesem Abend am Ende der Welt.

Halleluja in Antakya

Eine Seele suchte man vergeblich

Die keilförmig ins Meer stechende Halbinsel der Çukurova, durch die die kurvenlose Asphaltstraße von Yumurtalık ins Landesinnere führte, hatte erst Züge einer westafrikanischen Buschsteppe, wirkte dann wie eine karibische Einöde und war letztlich nach Art des lateinamerikanischen Marschlands. Ihre Dörfer erfüllten spielend den Anspruch aller Dörfer dieser Welt an bukolischen Charme: Am Straßenrand lag ein überfahrener Hund, vor einem Haus schlief ein noch nicht überfahrener Hund, auf einer anderen Straße trottete kopfgesenkt von hier nach da ein bald überfahrener Hund. Und irgendwo lief gewiß ein Huhn umher und waren stierende Männer durch nichts zu erschrecken und schälte eine Frau ein Gemüse oder schlug eine Großmutter einen Teppich.

An der Stadt Ceyhan vorbei führte die Nationalstraße 817 nach Antakya an den abgeernteten Baumwollfeldern der Çukurova entlang nach Osten. Obwohl es Tag war, sah man den halben Mond hinter der Hügelkette aufsteigen, und ich fragte mich, wieso man in Anbetracht der türkischen Flagge »Halbmond mit Stern« zu sagen pflegt, da doch darauf nichts Größeres zu sehen ist als eine Sichel mit Stern. Die Frage, wie ein falsches Bild sich verselbständigen konnte, war in diesem Moment nicht wirklich befriedigend zu erörtern, aber sie konnte einen ohne weiteres kilometerlang beschäftigen.

Im Golf von Iskenderun, dessen Wasser im Gegenlicht wie eine mit Legionen von brillanten Juwelensplittern besetzte Haut aussah, ankerten die Tanker des globalisierten Handels. Die postmodernen Türme des neuen, von Siemens betriebenen Stromkraftwerks pumpten Qualmquanten in den Himmel, und einsam im Meer lag jenes Terminal, daß nötig war, um Kohle zu löschen, die in unglaublichen Mengen aus Südafrika herangefrachtert wurde, um das Kraftwerk mit Energie zu speisen, auf daß es Energie für die Çukurova produzierte, was neben dem erklärten Willen, den türkischen Südosten gigantisch aufzupäppeln, einigermaßen absurd war.

Eine Seele suchte man in der Beuge des Golfs von Iskenderun vergeblich, und wo der Mazedonier Alexander der Große 333 vor Christus den Perserkönig Darius III. vernichtet hatte, wo vierzigtausend abendländische Soldaten fünfhundert morgenländischen eine historische Schmach bereitet hatten, die ihren Ausdruck in der Ödnis eines gedemütigten Landes fand, brauchte man erhebliche Phantasie, um sich die Schreie der Getöteten vorzustellen, die schnellen, hellen Zischlaute aus Scheiden gezogener Schwerter, das Schnauben schwitzender Gäule, das Kampfgeschrei aufpeitschender Kommandanten, die Symphonie des Verhängnisses von Leid und Tod, die aus den Orangen- und Zitronenhainen, aus dem traurigen Gestrüpp der Sträucher und Häuser um die Stadt Dörtyol einfach nicht erklingen wollte. Fünfzig Kilometer südwärts entzog sich die kleinstädtische Großstadt Iskenderun mit ihrer sozialistisch bezeugten Armut, ihrer Ölraffinerieverstunkenheit und dem Stahlindustrieruin der Gefahr ästhetisch bedingter Begeisterung auf der Stelle.

Mit der Schnellstraße verwachsen waren zwei Moscheen, deren Minarette wie vereinsamte Pershing-II-Raketen vom doppelten Willen zur Demut kündeten, und an der palmenbestandenen Uferstraße folgte die obligatorische Beschwörung der Republik in Gestalt eines auf dem Pferde thronenden Atatürk. Dann wurde die Straße vierspurig und führte über die Berge in eine breit sich ergießende Tiefebene, wo auf einmal gelbe Schilder mit der schwarzen Aufschrift »Halep« nach Syrien zu weisen begannen und man kilometerlang keine Minarette sah, als sei das menschenmüde Land auch von Gott verlassen.

Die Tristesse von Grenzgebieten hat ja über ihre Trostlosigkeit hinaus oft etwas Vernichtetes an sich, als seien diese Regionen geflohene, abgetriebene, der Befruchtung unwürdige Niemandslandparzellen, für die kein Vernünftiger eine Hand ins Feuer legt oder die Stimme erhebt. Verhandlungsmasse, Pufferzone und Schwachstelle, weil die künstliche Naht zwischen den Nationen jederzeit reißen oder eingeschnitten werden kann und der Körper machtlos ist gegen das Hereinschwemmen fremder Organismen.

An Antakya konnte man ablesen, wie die strategischen Anforderungen an die Hauptstadt eines antiken Königreichs beschaffen gewesen waren. Die Stadt war geschützt durch die Ebenen des Orontes-Tals einerseits und die Ketten des Mount Silpius und des Amanos-Gebirges andererseits. Die einrahmenden Felsfronten waren so steil, daß von Norden und Osten niemand einfallen konnte, und die Ebene war so weit, daß jeder von Süden Kommende schon von Ferne erkennbar war.

Die Stadt Antakya trug die Last ihrer Geschichte mit leichtem Sinn. In ihr westen und verwesten Mythen. Im kranken Orontes floß das trübe Blut einer im Strom der Zeit ertrunkenen Metropole, die nach Rom und Alexandria die drittgrößte des Römischen Imperiums gewesen war. Die Kapitale der Provinz Syria, jahrhundertelang das intellektuelle Zentrum des Ostens, wo die hellenische mit der aramäischen Kultur verschmolz, eine edle Braut, um die Römer, Perser, Byzantiner, Araber, Kreuzfahrer und Mameluken gekämpft hatten. Nach dem Ersten Weltkrieg wurde sie dem französischen Protektorat Syrien zugeschlagen, bis sich die Bewohner 1939 per Volksabstimmung entschieden hatten, der Türkei angehören zu wollen.

Die drei Uhren über der Rezeption des Hotel Saray zeigten nicht mehr »Local-Istanbul-London« an, sie zeigten »Local-Istanbul-Riad«. Im ganzen Haus hing kein einziges Poster. Im kahlwandigen Speisesaal gab es ein verstimmtes Klavier, das spielte, wenn die Versprochenen sich verlobten, was nicht selten vorkam und die Kaufmänner und Buchhalter des Hotels freute. Morgens saßen Gestrandete und Verdammte an den Frühstückstischen und aßen wie jeden Tag Tomaten, Gurken, Schafskäse, ein Ei, Weißbrot und mit Glück etwas Marmelade. Natürlich lag nahe, daß die Chance, eine Spur von Ara Güler in Antakya zu finden, nicht größer war als jene, inmitten des angrenzenden Basars unbehelligt die amerikanische Nationalhymne zu singen oder eine Lobrede auf Israel zu halten, ohne im mindesten bespuckt zu werden.

Antakya war der Ort, an dem sich die Türkeireise verselbständigt hatte, und ich sprach mir die Ahnung nicht ab, daß die anatolische Seele in diesem Augenblick hier weitaus besser zu erkunden war als in einem Gespräch kurz vor der Eröffnung einer Ara-Güler-Retrospektive inmitten eifriger Kulturhonoratioren und beflissener Akademieabsolventen. Auf den Straßen kamen mir Horden junger Menschen entgegen. Die Männer rochen nach Verführung und Liebe. Die Frauen unter Dreißig waren sexy gekleidet, die über Dreißig um Sexyness bemüht. An den Schaufenstern der Boutiquen konnte man ihre Vorlieben ablesen: Jeans, Blusen, Dessous und der Hang zu einer Vorstufe von roter Reizwäsche. Die Schaufensterpuppen waren Pamela-Anderson-Klone mit zitronengelben Perücken, und die jungen Verkäuferinnen von Nachthemden und Strumpfhosen, die selbst hochhackige, schneeweiße Stiefel und poenge Jeans trugen, mühten sich um eine gelungene Verpuppung zur idolisierten Sexbombe.

In Antakya war eingetroffen, was die Welt Globalisierung nannte, die Türkei mit ihren fünfzig Prozent Menschen unter Dreißig war ein reizvoller Absatzmarkt. Ohne Scham machten sich die großen Namen des Westens breit, Levis, Benetton, Puma, Nike, und in den Schaufenstern der Schreibwarenläden, die zugleich als Büchereien dienten, waren allerlei Harry Potters, Dan Browns »Sakrileg« und der einheimische Bestseller »Crazy Turks«, ein Abenteurerroman, der vom heiligen Krieg Atatürks gegen den Imperialismus erzählte, ausgestellt.

Der einst legendär rebellische Orontes sah heute, durch eine Betonwanne frech und häßlich begradigt, aus, als könne in seinem Wasser kein Fisch welcher Robustheit auch immer länger als eineinhalb Minuten überleben. Und doch stand, während der Muezzin mit dem amerikanischen Martinshorn ausfahrender Feuerwehrwagen um Aufmerksamkeit kämpfte, ein einsamer Angler an der alten Brücke, wo Tausende Menschen auf die blauen Busse warteten, und ließ sich von der Hoffnung nicht abbringen, bald geschehe ein Wunder.

Die Frauen hatten in großer Zahl blondgefärbte Haare; die Note war, auf der naturschwarzen Unterlage, eher weizen- denn wasserstoffblond. Es gab zahllose gut besuchte Kuaföre für Frauen, die zugleich Maniküre anboten. Kamen die Frauen heraus, gingen sie entweder an der Hand ihrer Männer oder allein. So gut wie nie kam es vor, daß man sie in Dreier- oder Vierergruppen antraf. Wenn sie allein waren und den Fremden ansahen, stand der Blick niemals länger, als die Regeln der Anonymität es erlauben. Für eine Muslimin war jeder Blick auf einen fremden Mann unerhört mutig. Wenn die jungen Männer, meist in Vierergruppen, den Fremden anschauten, dann musterten sie ihn ausführlich von oben bis unten und diskutierten danach angeregt. Die jüngeren trugen Jeans, Sakko und Turnschuhe; die älteren Cordhose, Hemd und braune Lederjacke; die alten Sackhosen, Weste, Pullover und Kappe.

»Hello!« riefen Kinder, wo immer welche waren, und sie waren überall, »where are you from?« Vielleicht hatten sie nur gehört, wie andere das riefen, vielleicht hatte ihnen jemand erklärt, was es bedeutete, vielleicht war es auch nur eine im übrigen weitaus angenehmere Floskel, um mit dem Unbekannten in Kontakt zu kommen, als »Give me money!« Herkunft war kein Orts-, es war ein Persönlichkeitsmerkmal, womöglich das wichtigste, zumindest kulturgeschichtlich, in einer Region, die seit jeher mit Herkünften zu tun hatte, mit durchziehenden, marodierenden, missionierenden, besetzenden oder demütigenden Fremden. Die Herkunft zeigte die Richtung des Weges an, auf dem einer kam, um zu Allah zu gehen, und wer diesen Weg nicht ging, der war ein Feind.

Die Asirlik-Türk-Yurdu-Straße führte hangaufwärts in die im Nichts verlaufenden, aus dem Nichts auferstehenden Gassen des alten jüdischen Viertels zum dreieinigen Gott und zu Pater Domenico Bertogli mitten ins historische Antakya. Ein fliegender Händler pries in Plastikflaschen eingelegte Kleinpeperoni, Rettich, Gurken, Tomaten, Auberginen, Bohnen und Salat an, man sagte: »Salam aleikum«, und ein Alter fegte gemächlich das Kopfsteinpflaster. Ein Schulmädchen in blauer Weste und Schottenrock trottete gedankenverloren an einem im schräg einfallenden Licht der Morgensonne stehenden Zeitungsleser vorbei, der nicht einmal von der Kassettenstimme einer Arabesken kehlenden Sängerin, die aus dem Café Lades Mirioglu nach draußen weinte, zu beeindrucken war. Aus den Ofenrohren quoll unfreundlicher Qualm. Der Wille eines sich seiner anbrechenden Männlichkeit bewußt werdenden Schulbuben war von keiner Mutter und erst recht keiner Großmutter zu brechen. Rennende Kinder mit Büchern in den Händen schlugen auf die Motorhaube eines verratzten, hellgrünfarbenen Opel Rekord 1900 mit Wackelhund auf der Rückablage, den dumpfern Schlägen folgte ein Kanon aus acht klackenden Absätzen von vier jungen Männern, deren Hände sich lässig in den Hosentaschen aufhielten. Über jedem Türrahmen gab es arabische Inschriften, die größtenteils Bezug nahmen auf den Heiligen Petrus, das Holz der Erker war dunkel und verwittert, spänig und angefressen; die Fassaden der ottomanischen Häuser des 17. und 18. Jahrhunderts waren sand- und ockerfarben, hellrot, siena, eierschalweiß.

Plötzlich hörte man ein langes, helles, aber intensives Glockenläuten, das begleitet wurde vom Urschrei eines grundlos entsetzten

Hahnes, wie er im bayerischen Voralpenland geläufig war, und dann kam ein großgewachsener Mann um die Ecke, der nach sicheren Schritten suchte. Er war blind und ging ohne Stock, und in seinem grauweißen Trenchcoat sah er aus wie der junge Montgomery Clift. Er tastete sich vorbei an den mit antiquierten Maschinen gefüllten Kabuffen dreier Schuhmacher, die Gummisohlen schleiften und Pide aßen und ihm zunickten (der Kalender mit der Kaaba in Mekka hing immer an irgendeiner Wand). Geschmeidig fügte er sich dem erahnten Weg und bog ein in die Kurtulus-Straße, die unter Imperator Tiberus um 30 nach Christus ein kolonnadengesäumter Boulevard gewesen sein muß, zweigte ab in eine Seitengasse, in der die Saruniye-Moschee stand, setzte sich an den Brunnen und wusch sich geübt die Füße. Einen Steinwurf entfernt erhob sich aus den Kronen der Orangenbäume ein Glockengestühl, und um endlich die unscheinbare Eisentür mit dem in Stein geschlagenen Kreuz im Portal am Ende einer Sackgasse zu sehen, mußte man zum genauen Blick erzogen sein.

Domenicos Knie zitterten vor Erregung

Im Innenhof des Domus Ecclesia weste erhebliche Stille. Selbst die Fugen zwischen den Steinen waren sauber gefegt. Die Limonenbäume spendeten Schatten, und aus der Kapelle erklangen ein »Halleluja, Halle-hallelu-halleluja« und das Vaterunser auf türkisch. Ein adrett gekleideter alter Herr mit Zwirn und Stock und drei kurzhaarige Frauen, von denen eine mit Nasenring gepierct war, sangen Lieder in reinem Latein. Obwohl nur zwei Besucher gekommen waren und Pater Domenico und seiner jungen Mitarbeiterin Mariagrazia, auch wenn diese es sicher nicht so empfunden hätten, die Schmach ersparten, allein beten, predigen und singen zu müssen, mühte sich der Morgengottesdienst der katholischen Kirche in Antakya um die Weihe. Der adrette Herr empfing die Oblate und trank aus dem Kelch, dessen Rand der Pater sogleich mit einem Tuch polierte. Er bekreuzigte sich, nahm mit geschlossenen Augen den Segen entgegen, setzte die Sonnenbrille auf und ging, an den Füßen schöne, vielleicht handgenähte Schuhe, in altmodischem Stil durch die Eisentür in die schmale Gasse, wo in einem Nebenhauseingang arabisches Heckmeck erzeugt wurde und das Schnappen von Mündern und die Kußgeräusche herzlich geneigter Verwandter zum Abschied zu vernehmen waren.

Während der Muezzin nebenan zum Gebet rief und die zu spät Kommenden auf ihren letzten Metern zum Brunnen für die rituelle Waschung wahrscheinlich, wie es doch so oft zu sehen war, auf dem linken Bein hüpfend den Schuh vom rechten Fuß rissen, brühte Pater Domenico auf dem Gasherd einen doppelten Espresso auf und pfiff beschwingt das »Allahu ekber« mit.

Der kleingewachsene Kapuzinerpater war neunundsechzig und stand seit sechzehn Jahren der katholischen Gemeinde in Antakya vor. Er war gebürtig aus Modena in der Emilia, ein weißhaariger Mann mit schmalen Lippen und gutmütigen Augen unter einer großen, schwarzrandigen Brille. Als er nach Antakya gekommen war, hatte es in der Stadt zweitausend Christen gegeben, viele waren seither nach Istanbul gezogen oder nach Europa gewandert, und mittlerweile zählte man hier gerade noch neunhundert, davon siebzig Katholiken, und es gab sicher größere Anlässe zur Freude als die freudlose Größe dieser Zahl. Als hätte die islamische Expansion nicht stattgefunden, nannte Pater Domenico Antakya immer noch Antiochia, weil Antiochia die Wiege und das Herz des frühen Christentums war, weil die Apostel und Evangelisten und die Heiligen hier zu überzeugen und ihre Überzeugungen zu formulieren begonnen hatten; weil hier, im alten jüdischen Viertel, wo die katholische Kirche stand, die früher ein jüdisches Wohnhaus gewesen war, die gejagten Juden, die ans Evangelium zu glauben bereit waren, im Schutze der Kellergewölbe vor 1900 Jahren zusammengefunden und gebetet und Paulus und Petrus und Barnabas hier gepredigt hatten, in den Gassen mit den Ofenrohren und dem aufgesprungenen Asphalt, die die biblischen Legenden mit schöner, klarer Wehmut erzählten.

Es kam aber diese Kunde von ihnen vor die Ohren der Gemeinde zu Jerusalem; und sie sandten Barnabas nach Antiochien. Als dieser hergekommen war und sah die Gnade Gottes, ward er froh und ermahnte sie alle, daß sie mit festem Herzen an dem Herrn bleiben sollten … Barnabas aber zog aus nach Tarsus, Saulus zu suchen; und da er ihn fand, führte er ihn nach Antiochien. Und sie blieben bei der Gemeinde ein ganzes Jahr und lehrten viel Volks. Und es wurden die Jünger zuerst in Antiochien Christen genannt.

Domenicos Knie zitterten geradezu. Er schlug die Apostelgeschichte 11, 22–27 zu und legte die Bibel auf die Seite.

»Matthäus kam aus Antiochia, er hat hier sein Evangelium geschrieben«, sagte er.

»Sind die Quellen eindeutig?«

»Ja, ja, man kann sogar die damalige Situation in Antiochia herauslesen, die Probleme der Bauern und die Angst der neuen Christen vor der ständigen Verfolgung.«

»Das heißt, das Evangelium wurde zuallererst den Bauern von Antiochia verkündet?«

»Ja, ja. Lukas wurde auch hier geboren und schrieb das dritte Evangelium in Antiochia. Auch der Evangelist Markus lebte und arbeitete hier am zweiten Evangelium, und die Didache, die früheste Kirchenordnung der Christenheit …«

»… wurde auch hier verfaßt?«

»Ja, ja, man nennt sie die Zwölfapostellehre, es gibt nur eine einzige handschriftliche Fassung.«

»Geht es darin nicht um das richtige, das allgemeingültige, also katholische Verhalten in einer Gemeinde, in moralischen und liturgischen Fragen?«

»Ja, ja, und wußten Sie, daß auch der Heilige Ignatius in Antiochia geboren wurde?«

»Der große Bischof?«

»Ja, ja, er war im 1. Jahrhundert nach Christi Tod der zweite Bischof nach Petrus überhaupt.«

»Dann war die erste Kirche der Christenheit also in Antiochia.«

»Ja, ja, im 1. und 2. Jahrhundert gab es ja dann Tausende von Kirchen in dieser Stadt.«

»Und heute gibt es Tausende Moscheen.«

»Ob es so viele sind, weiß ich nicht.«

»Man sieht sie vielleicht nicht, aber man spürt sie, wenn der Muezzin nach Allah ruft …«

»Ich akzeptiere Allah nicht. Als Christ habe ich einen anderen Gottesbegriff. Und für Muslime ist unser Gottesbegriff Blasphemie.«

»Weil sie nicht akzeptieren können, daß Jesus der Sohn Gottes und also der lebendige Gott, also Gott selbst ist?«

»Ja, ja. Für Muslime kann Gott nicht Mensch werden, das finden sie anmaßend.«

»Also können sie die geistigen Grundlagen des Christentums in keiner Weise teilen.«

»Nein, sie akzeptieren Jesus als einen Propheten vor Mohammed, aber eben nur als Propheten und nicht als Sohn Gottes. Wir Christen glauben ja zudem auch an die Jungfrau Maria als Mutter Gottes.«

»Ebenso anmaßend, daß Gott eine Mutter haben soll. Wie soll man sich da je verstehen?«

»Es geht. Wir respektieren einander.«

»Und es gibt keinerlei Probleme, gerade heute?«

»Nein, Muslime und Christen in dieser Stadt sind sehr gut miteinander.«

»Ich dachte, die Christen würden drangsaliert in der Türkei …«

»Nicht in Antiochia. Wir besuchen die Muslime an Beyram und feiern mit ihnen, und der Müftü und die Imame kommen zu unserem Osterfest. Als Papst Johannes Paul II. starb, kamen alle hier in dieser Kirche zusammen: der Müftü und die Hodschas, der Patriarch und die Patres der syrisch-orthodoxen Kirche, und wir hielten gemeinsam einen Trauergottesdienst ab, Sie können die Fotos sehen, hier, bitte …«

Er zeigte mir die Ausgabe der Lokalzeitung vom 4. April 2005.

»Dann stimmt es also gar nicht, daß Sie als Christ benachteiligt werden.«

»Nein, nein. Seit drei Jahren gibt es in der Türkei täglich etwas Neues, es wechselt dauernd.«

»Wie meinen Sie das?«

»Der Bürgermeister von der AKP oder der Gouverneur laden uns zu einem Empfang ein, weil sie wissen, daß Minderheiten wichtig für die Republik sind. Sie tragen zum kulturellen Reichtum bei, und sie wissen auch, daß wir für die Türkei arbeiten. Tayyip Erdogan ist ein guter Mann, der hart dafür arbeitet, daß die Türkei nach Europa kommt, und er kann das schaffen, weil er Muslim ist und das Volk hinter ihm steht.«

»Paßt das aus religiöser Sicht zusammen: die Türkei und Europa?«

»Ich denke ja.«

»Was ist für Sie der größte Unterschied zwischen Türken und Europäern?«

»Die Türken sind sehr stolz auf ihre Kultur, sie lieben ihre Kultur. Aber sie respektieren den anderen. Die Türken helfen einfach anders, von Herzen, ich finde sie ehrlicher als Italiener, Franzosen oder Deutsche.«

»Aber in ihrer Kultur werden Frauen zwangsverheiratet, Schriftsteller angeklagt und Journalisten eingesperrt.«

»Ja, ja, so etwas tun machtgierige Dogmatiker aus nationalistischen Kreisen.«

»Das zementiert natürlich die Abneigung derer, die die Türkei nicht in Europa haben wollen.«

»Es gibt viele Türkeien ...«

Draußen weinte eine Katze.

»Wissen Sie«, sagte er, »Antiochia ist ein sehr wichtiger Ort, alle wissen das, und wenn Europa sich heute für einen Christenclub hält, dann muß man wissen, daß das Christentum *hier* seinen Anfang genommen hat, *hier*, auf dem Boden der heutigen Türkei, *hier* in Antiochia hat die Mission begonnen, Barnabas und Paulus sind vom Hafen von Seleucia Pieria aus, einem Städtchen, das heute Çevlik heißt, dreißig Kilometer Richtung Süden zu ihren ersten Missionsreisen nach Zypern und Westanatolien aufgebrochen und von den Reisen immer wieder in die Stadt zurückgekehrt.«

Je größer Antiochia ihm erwuchs, desto leiser wurde seine

Stimme. Es gab keinen Zweifel, daß er, was die kulturhistorische Bedeutung betraf, die Stadt gleich nach Jerusalem ansiedelte, weit vor Rom, denn in Jerusalem, so dachte Pater Domenico Bertogli, war das Christentum konzipiert, in Rom verwaltet, in Antiochia aber war es als Religion geboren worden.

Sie müssen durch den Fels gekrochen sein

Ich weiß nicht mehr, weswegen genau er gekommen war, aber der feine Herr Yurttas kam in der Tat mit einem Trenchcoat ins Hotel. Die schwarzen Schnürschuhe waren aufmerksam poliert. Seine Haut war von rotbraunem Teint, er hatte anthrazitweiße Haare und eine randlose Lehrerbrille an der Schnur. Das Auffälligste waren seine Hände. Die braune, wohlgenährte, fast kindlich straffe Haut war bislang jedem Flecken, jeder Narbe, jedem Zeichen des geführten Lebens entkommen, obwohl Herr Yurttas auf die Sechzig zuging. Jedes Fingerglied war schlank und in sich vollkommen, die Nägel waren perlmuttfarben und ohne Rillen, säuberlich gefeilt, als wären sie wertvolle Muscheln, die so mit den Kuppen verschmolzen, daß die Hände den Ausdruck hoher Eleganz vermittelten. Mehr noch, sie wirkten heilig, als ob sie segnend auf gesenkten Köpfen lagen. Niemals hätten diese Hände Arbeit verrichten können, überhaupt etwas verrichten oder richten, ihre Schönheit war Selbstzweck, sie waren lebendige Exponate aus einer Galerie imitierter Reliquien.

Herr Yurttas trug ein weißes Hemd mit breiter, rot-gold-blau gestreifter Krawatte unter einem tadellosen schwarzen Anzug. Zweckentfremdet steckte meist eine starke *Marlboro* zwischen Zeige- und Ringfinger der rechten Hand, und wenn sie dort nicht steckte, dann hing sie im Winkel seines Mundes, dessen Lippen ein wenig spitz waren, weil Herr Yurttas zahlreiche und große Zähne besaß und jeder menschliche Mund irgendwann an die Grenze seines Fassungsvermögens gerät, wenn die Zähne über ihr Ziel hinausschießen. Von Herrn Yurttas, der unentwegt mit der Zunge an diesen Zähnen zutzelte oder dieselben mit einem Stocher reinigte, war allerhand Lebenstüchtiges zu lernen: daß der Biß in eine Zitrone nach dem Essen die Zwischenräume reinigte und das Zahnfleisch stärkte, daß Minze in heißem Wasser alle Schmerzen beseitigte und Ayran, der flüssige, manchmal gesalzte Trinkjoghurt, nahm man ihn täglich zu sich, den Magen gegen Verstimmungen präparierte, das Leben verlängerte und für gesteigerte Schönheit zuständig sei. Ich hatte Herrn Yurttas über Zübeyir Yilmaz kennengelernt, den Chef der städtischen Touristeninformation, der mich eines Morgens mitten auf der Atatürk-Straße angesprochen hatte, »Where are you from?«, und mir nach einer netten Plauderei den feinen Herrn Yurttas, der pensionierter Gymnasiallehrer sei und mir sicher etwas zeigen könne, aufwendig ans Herz gelegt hatte.

Herr Yurttas wies mir meinen Sitz zu, entschied über die Stellung der Spiegel, den angemessenen Gang und die einzig vernünftige, nämlich zügige Fahrweise und leitete uns als Beifahrer zum Mount Stauris. Wir standen auf dem Parkplatz und sahen auf Antakya hinab. Herr Yurttas wollte hier warten, zündete sich eine *Marlboro* an und scherzte mit dem Gärtner, der auf der Mauer kleine, aus Stein geschnitzte Elefanten und Muttergottesköpfe ausgestellt hatte, die nicht die Welt kosteten.

Ein terrassierter Garten mit Olivenbäumen trennte die Plattform von einem Vorplatz, den man, nach Entrichtung eines Obulus, durch ein mit frischen Blumen behübschtes Häuschen gehend betrat und dann vor der Grotte zum Stehen kam. Es war so früh am Morgen, daß noch keine Individualpilger oder Bibelgruppen gekommen waren. Das aus Sandsteinquadern gemauerte Grottenportal deutete Dreischiffigkeit an und hatte über dem Rundbogeneingang eine Rosette nach Art der Kreuzfahrerästhetik aus dem Finale des 11. Jahrhunderts. Für einen im christlichen Kulturkreis geprägten Westeuropäer war es ein erhebender Moment. Die Wand des Kreuzfelsens Mount Stauris fiel steil ab, und es schien, als neigte sich der gesamte Fels nach vorn. Ich stieg drei Stufen hinauf, erreichte einen weiteren Vorplatz, setzte meinen Fuß über die

Schwelle und roch Weihrauch, Grottenmuff und Heiligkeit. Natürlich war es dunkel in der Grotte, aber finster war es nicht, eher hatte es die seltsame Düsternis einer heimlichen Geborgenheit. Der Fels, sieben Meter in der Höhe, neun in der Breite, dreizehn in der Länge, war von innen ausgeschabt, mit den Händen eifriger, beständig von Verfolgung bedrohter Menschen, und je genauer man hinsah und die Form dieses von Kerzenruß geschwärzten Steins in den Blick nahm, desto klarer wurde, warum die vier Kirchen Antakyas und überhaupt alle Kirchen dieser Welt aussahen, wie sie es taten: Die Grotte war in gewisser Weise dreischiffig, und der Versuch, zum Himmel zu ragen, auch wenn es nur ein geistiger war, ließ sich in einer Art Kuppel über einem Altar erkennen. In der großen Grotte gab es noch eine kleinere, tiefere, in der kein Mensch aufrecht stehen konnte. Man brauchte kein Übermaß an Phantasie, um sich vorzustellen, daß dies die heiligste Nische des neuen Glaubens war, die erste Apsis. Ich stand in der Grotte, der Urform der Kirchenarchitektur, und dachte, dies also ist der Fels, auf den Christus sein Königreich bauen wollte. Ich sah Petrus, den symbolischen Fels, auf dem, übertragen gesagt, die Kirche wohnte, am Altar stehen, dort, wo ich jetzt stand, und wenn er tatsächlich dort gestanden hat, kann er nicht größer als sagen wir ein Meter achtzig gewesen sein, ohne mit dem Kopf gegen die Felswand zu stoßen. Ich versuchte mir seine Stimme vorzustellen, den syroaramäischen Dialekt und die Predigt, die gehaucht war aus Angst vor den Häschern, die auf Pferden anrückten, um die Versammlungen zu stören, weil sich der Herrscher von Antiochia selbst für einen Gott hielt und auch er keinen anderen neben sich dulden wollte.

Vom Altarraum links abgehend führte ein tunnelartiger Gang durch den Felsen schräg nach oben, der Stein war durch unzählige Berührungen glatt poliert. Wer fliehen mußte und nicht mehr von mittlerer Schlankheit war, muß sich schwer getan haben, über die erkennbaren Stufen durch die engen Eingeweide des Felsens zu robben, bis er oben ankam, wo zwanzig Fenster eingehauen waren, aus denen die Späher die Ebene überblickten und nach unten riefen, wenn Gefahr heraufzog. Waren sie oben auf dem Plateau, konnten sie ins Land fliehen, um ihr Leben rennen und sich verstecken. Rechts des Altars war ein Becken in den Fels geschlagen, Wasser tropfte hinein. Es war das Baptisterium und sollte wunderheilend wirken; ob es bis zum heutigen Tag Wunder gewirkt hatte, war nicht bekannt. Überall waren Stellflächen und Löcher für Kerzen in den Fels geschlagen. Man sah Reste verblichener Mosaike im weißen Steinboden und die verblaßten Relikte von bunten Fresken an den Felswänden, und es waren byzantinische Ikonen in Blattgold und Blutrot zu erahnen.

Ich kam heraus, die Sonne stand über dem Fels, und man sah, wie Antakya unter einer zarten Dunstglocke lag und jene Luftschichten, die vom Meer hereinkamen, denen freundschaftlich begegneten, die bereits über der Stadt standen. Man hörte den Lebenslärm der Stadt, die häßlich war und verstunken, überfüllt und verlogen, viril und wunderbar. Man hörte das Sägenkreischen und Nägelhauen und Eisenschlagen, das überging in das Klopfen des Steins, das der 1960 Jahre rückwärts fliehende Geist zu vernehmen schien, wie sie mit primitivem Werkzeug ihre ersten Kirchen in den Stein schlugen.

Irgendwo dort in diesen Gassen schrieb, aus Jerusalem gekommen, der auf der Straße nach Damaskus bekehrte Paulus, der große intellektuelle Theoretiker des Christentums, Briefe an die Galater und predigte den Jüngern, daß der Mensch nicht durch des Gesetzes Werke gerecht werde, sondern durch den Glauben an Jesus Christus und das neue Gesetz der Gerechtigkeit, für das Jesus gestorben sei, damit sie alle, die sich in der Grotte sammelten, Gott den Herrn leben konnten. Hier also soll der Bibel gemäß zum ersten Mal der Begriff Christ gefallen sein, und ging es nach der Überlieferung, nach Herrn Yurttas und syrischen Archäologen, war die Grotte die erste Kirche der Weltgeschichte. Als erste Kathedrale der Christenheit war sie 1963 von Papst Paul IV. heiliggesprochen worden, und jedes Jahr am 29. Juni kommen hohe, manchmal auch die höchsten Vertreter aus dem Vatikan und aus Jerusalem in die Grotte, um den Todestag von Petrus zu feiern. Wer immer dann auf dem Priesterthron aus massivem, kaltem Stein Platz nimmt, kann durch das Portal über den steinernen Vorbau hinaus ein aufragendes Minarett sehen, das die intensive Sonne der Provinz Hatay in jenseitigem Weiß erscheinen läßt.

Ein Schweißtropfen rann die Schläfe des Muezzin hinab

Herrn Yurttas tiefe Stimme holte mich in die Gegenwart zurück. Er bevorzugte ein Lachen, das zu derb für Distinktion und zu hochnäsig für Gleichmut war, als gehörte ihm persönlich die Petrusgrotte und die Geschichte Antakyas und er ließe mich gern, aber gnädig teilhaben an seinem edlen Besitz. Mit seiner hinreißend sympathischen Art pädagogischer Bevormundung dirigierte er mich aus dem Tempelbezirk der Urkirche zur ältesten Moschee im Herzen der Altstadt, ein paar Schritte vom Basar entfernt, wo ein bulliger Schlachter einen kopflosen Rinderrumpf an einem Haken ins Schaufenster wuchtete und jedes Schlachterklischee spielend erfüllte.

Es war kurz nach elf, und Herr Yurttas war der Überzeugung, Künefe wäre zu dieser Tageszeit genau das richtige, was man in Frage stellen konnte, weil keiner außer uns schon jetzt Künefe essen wollte, und wenn es weder richtig noch falsch war, schon jetzt Künefe zu essen, hatte der feine Herr Yurttas gerade vielleicht nur Lust auf Künefe gehabt, das man normalerweise gegen zwei zu sich nahm oder gegen acht am Abend. Wir gingen in einen der zahlreichen, meist zweistöckigen Salons, in dem Herr Yurttas offensichtlich angestammter, im mindesten häufiger Gast war. Wir bekamen den in Sirup getränkten Reibekuchen mit der Zwischenschicht verlaufenen Käses, darauf eine Kugel Milch- oder Vanilleeis oder, wie im Falle von Herrn Yurttas, ein Berg süße Sahne, woraufhin er beim Verzehr für einige Zeit seinen ganzen Anstand verlor und nach kurzem für eine zweite Portion bereit war. Weil Süßes nur mit Süßem harmoniere, wie Herr Yurttas dozierte, kauften wir uns danach noch an einem der zahlreichen zweirädrigen Stände zwei Becher Salep, mit Nuß- oder Pistaziensplittern bestreuten Milchreis-Tee, der für ein paar Cent aus einem goldenen Samowar zu arabischer Volksmusik ausgegeben wurde.

Um zwölf gingen wir zur Ulu-Moschee hinüber und besuchten den Imam Süleyman Tuncer. Herr Yurttas klopfte an die Tür seines Kabuffs, und ein korpulenter Mann öffnete uns. Er war barfuß und trug einen selbstbewußten Schnauzer. Im Raum, den man mit drei großen Ausfallschritten durchmessen konnte, war es stickig und roch nach Minze. Vier ältere Männer saßen auf zwei Bänken, drei von ihnen links, einer rechts. Wir tauschten Hände aus. Der Korpulente war geschätzt Anfang Vierzig und trocknete sich die Füße mit einem Handtuch, wobei er jeden Zehenzwischenraum polierte.

»Willkommen in der größten Moschee Antakyas.«

Ich drehte mich nach rechts und sah den dünnen Mann im Schneidersitz. Der Korpulente lächelte, holte den linken Fuß aus der Gummilatsche und rieb sich die Fußsohle.

»Das ist mein Assistent, Muezzin Mustafa«, sagte der Imam, und der Korpulente nickte mehrmals devot, als fürchte er, der dem Imam körperlich hundertfach überlegen war, sich vor dessen geistiger Macht. Er kramte eine Bürste hervor und kämmte sich artig das kurze, volle Haar. Imam und Muezzin beredeten einige Dinge in geübter Eile, und Mustafa versuchte sich die Socken über die noch feuchten Füße zu ziehen, was Geduld erforderte, die er nicht ewig hatte. Es war fünf nach zwölf, und ich stellte dem Imam meine Frage, die Herr Yurttas zu seinem größten Leidwesen den ganzen Morgen nicht hatte beantworten können.

»Warum gibt es keine weiblichen Imame?«

Er lachte. Alle lachten. Selbst Mustafa lachte, als seien die fünf Männer Zeugen eines absurden Theaterspiels.

»Im Islam kann eine Frau kein Imam werden.«

»Das steht nicht im Koran«, sagte ich.

Der Imam schwieg. Alle schwiegen. Mustafa zog sich schweigend die Schuhe über.

»Aber die Bücher, die den Koran deuten, geben diese Interpretation.«

»Da ist ja meine Frage: Der Islam ist eine Religion, die sich stets wörtlich an den Koran hält. Wie kann es also sein, daß man in diesem Punkt abweicht?«

»Weil unsere Gelehrten es so festgelegt haben. Bei Ihnen haben die Bischöfe ja auch festgelegt, daß Maria die Mutter Gottes ist und Jesus der lebendige Gott.«

»Ich verteidige ja auch nicht das Christentum, abgesehen davon gibt es in Deutschland Bischöfinnen und Pastorinnen.«

Der Imam grinste sophistisch, als brüte er Schelmenhaftes aus.

»Sicher können Frauen Imame sein.«

»Auf einmal?«

»Ja, Imame für Frauen.«

»Was heißt das?«

»Das heißt, sie können Imame in separaten Moscheen für Frauen sein.«

»Steht das im Koran?«

»Nein, aber unsere Interpretation läßt es so zu.«

»Und? Gibt es solche Imaminnen für Frauen?«

»Noch nicht.«

»Die Imame in der Türkei werden auf staatlichen Imamschulen ausgebildet. Gibt es da Frauen?«

»Nein, ich habe keine gesehen.«

»Warum nicht?«

Frage um Frage bestimmter, hatte er die Perlen seiner Gebetskette verschoben, und dann hatte Imam Süleyman bei aller Liebe und beinahe allem Verständnis für den europäischen Gast leider keine weitere Zeit mehr. Mein Herzenswunsch sollte aber dennoch erfüllt werden, und so ging ich um 12.17 Uhr mit Mustafa zum Minarett. Er schloß die Eisentür auf, arbeitete sich in den Turm hinein, ein Schweißtropfen rann seine linke Schläfe hinab in die penibel gestutzte Kotelette. Wir standen nebeneinander, Schulter an Schulter. Er legte einen Schalter der alten Anlage um, es ward Licht. Er räusperte sich und legte den zweiten Schalter um, es rauschte körnig. 12.19 Uhr. Mustafa war aufgeregt, er hatte das Lampenfieber des Heldentenors. Dann mahnte er mich flüsternd zur Ruhe, nahm das Mikrophon meines Aufnahmegeräts, holte das der Anlage aus einem Kasten, steckte es auf ein Stativ, hielt beide in der rechten Hand, räusperte sich nochmals, schaute auf die Uhr, schaltete die Lautsprecheranlage ein, drückte auf einen Knopf, es piepste zweimal. Um 12.20 Uhr holte er tief Luft, und dann lief mir ein Schauer den Rücken herab, wie ich es noch nie erlebt hatte, als dieser grandiose Sänger das »Allaaaaaaaah« in die Welt Antakyas setzte und jedes Gerücht zerstreute, Gott sei möglicherweise tot. Er war der größte Meister des schwierigen Oktavensprungs vom leicht gekehlten L zum offenen A, das er solange wirken ließ, bis es, mahnend und gütig zugleich, dem Zuhörer in die Seele gekrochen war und sich dort eingenistet hatte. Alle anderen fünfzig Moscheen in Antakya waren über elektrische Leitungen mit der Ulu-Moschee verbunden und verteilten Mustafas zentralen Ruf über ihre Lautsprecher in alle Winkel der Stadt. Sein Ruf war Kunst. Er hatte die Erhabenheit des Seelischen und die Schönheit der klaren Stimme, es war ein akustisches Gedicht von großer Zartheit, ja Anmut.

Mustafa hatte in der Imamschule von Ankara gelernt, wie man betet, wie man die Toten wäscht, wie man zu den Menschen spricht, wie man das Allahu ekber singt, und er muß einer der Besten, wenn nicht der Beste in seinem Jahrgang gewesen sein, denn es gab hochtalentierte und schauerlich untalentierte Sänger, wie im richtigen Leben, und vielleicht ließ sich die Bedeutung einer Stadt oder eines Dorfs an der Qualität seines Muezzins ermessen.

Über den Bildschirm seines Computers schwammen Fische

Der feine Herr Yurttas kannte den Müftü von Antakya persönlich, besser gesagt indirekt persönlich, weil dessen Assistent früher Herrn Yurttas Schüler gewesen war. So war mein Anliegen leicht zu befriedigen und vor allem, wie es Herrn Yurttas Art war, sofort und ohne weiteren Zeitverlust, da hatte er westlichen Pragmatismus bestens verstanden.

Das Müftülügü der Provinz Hatay war wie alle Müftülügüs eine staatliche Einrichtung und unterstand dem Ministerium für religiöse Angelegenheiten in Ankara. Untergebracht war der Sitz des Obermüftü, des religiösen Oberhaupts einer Provinz, in einem jeder Repräsentationskultur spottenden Bürogebäude mit dünnen Scheiben und messinggerahmten Türen. Noch immer war die Ehrerbietung vor dem einstigen Lehrer groß, der Assistent verbeugte sich, und Herr Yurttas erinnerte sich an einige gute Zensuren des Assistenten. Er rauchte seine *Marlboro* zu Ende, und wir wurden in einen mit dicken Ledersesseln bestückten Vorraum gebeten, wo vier Beamte der staatlichen Religionsverwaltung Akten sortierten. Während wir warteten, malte ich mir aus, wie der Mann mit dem Namen Mustafa Varli, der über alle Imame, Muezzine, Moscheen und die Angelegenheiten des Islam in Hatay gebot, aussehen würde: groß, dachte ich, mit einem Kopftuch, natürlich einem Bart, in weißem Gewand mit vielleicht schwarzen Schuhen und mit kastanienbraunen Augen, die tief in ihren Höhlen lagen. Ich ging davon aus, daß er mich mit einer geneigten Handbewegung Platz zu nehmen hieß, aber weder aufstand noch den Handschlag pflegen und erst nach einer bestimmten Weile mit lauter Stimme zu einem endlosen Monolog ansetzen würde. Es war Ehre genug, daß der Müftü einen Ausländer empfing, spontan und ohne Termin (würde es eine solch terminlose Begegnung je in Europa geben?), und noch dazu in prinzipiellen, will heißen religionsphilosophischen, also politischen Angelegenheiten.

Schließlich wurden wir hineingebeten. Das Büro des Müftü sah aus wie das Chefzimmer eines französischen Kolonialoberst. Mit Holzpaneelen in Antikweiß, einem Ventilator an der Decke und den Raum durchziehenden Holzbalken vermittelte es einen fast fröhlichen Eindruck. Die Art der Aufgeräumtheit des Schreibtischs hatte etwas von verwaltungsamtlicher Ordnung. Links und rechts standen zwei Telefone und zwei Füllfederhalter aus Marmor, und über den Bildschirm seines Computers schwammen lustige Fische. Rechts erhob sich eine überdimensionierte Türkeifahne, dahinter hing das gerahmte Poster von Atatürk im karierten Dreiteiler, weiße Handschuhe haltend, weißes Einstecktuch, breite Krawatte, ein stilsicherer Bohemien der zwanziger Jahre.

Der Müftü erhob sich, kam auf mich zu, gab mir die trockene, umfangreiche Hand, wechselte nüchtern ein paar Sätze mit Herrn Yurttas, zog mir den schwarzen Ledersessel vor seinem Schreibtisch zurück, in dem ich, etwas ungelenk, da das Möbel tief war, Dank erweisend Platz nahm. Müftü Varli war großgewachsen, hatte kleine grüne Augen und wirkte mit seinem kurzgeschorenen Weißhaarkranz um die hellhäutige Glatze überaus europäisch. Schon in den ersten Sekunden war klar, daß ich es mit einem sehr kultivierten Mann zu tun hatte, der die Andeutung dem klaren Wort vorzog, stets leise, aber gut vernehmbar sprach, während des Sprechens nicht respektlos seine Brille abzog und die Gläser wischte, und seine stets wie eine osmanische Dienerschar um ihn herumscharwenzelnden Mitarbeiter auf zuvorkommende Art des Raumes mit seiner schalldämpfenden, mächtig gepolsterten Tür verwies. Und so begann wie ein journalistisches Interview das folgende Gespräch.

»Müftü, Sie sind ein mächtiger und einflußreicher Mann. Wie haben Sie es geschafft, daß in diesen aufgewühlten Zeiten des sogenannten Kampfes der Kulturen Muslime und Christen in Antakya in harmonischer Eintracht zusammenleben?«

»Das tun sie seit jeher. Weil Johannes, Barnabas, Paulus und Petrus und in gleichem Maße Habib-i Neccar hier wirkten, ist Antakya sowohl für Christen als für Moslems eine der wichtigsten Städte der Welt.«

»Sie sagen, Christen, Muslime und, das muß man ja anfügen, auch Juden leben in Brüderschaft. Sehen Sie Antakya als Modell für die Weltgemeinschaft?«

»Das tue ich. Es hat hier seit Jahrzehnten nicht einen einzigen Übergriff gegeben.«

»Glück oder Logik?«

»Weil jeder Führer der drei Religionen die Anweisungen, die er von seinem Gott erhält ...«

»... von seinem Gott? Also gibt es mehrere?«

»... die er von Gott erhält, den Gläubigen direkt und friedvoll zukommen läßt, so daß gegenseitiger Respekt entsteht.«

»Eine Gewähr für die Zukunft gibt es aber nicht.«

»Wir müssen die neue Generation zu Toleranz und religiösem Respekt erziehen. Die Menschen in Antakya glauben, daß die Regeln, die Gott uns gibt, sehr gut sind. Weil sie das respektieren, respektieren sie sich auch gegenseitig.«

»Verstehen die jungen Menschen den Islam heute besser als früher?«

»Ich stelle erhebliche Veränderungen fest. Unsere Religion hat heute einen viel größeren Stellenwert als noch in meiner Jugend vor vierzig Jahren. Vor allem die jungen Leute lesen den Koran wieder sehr ernsthaft, das war nicht immer so. Gehen Sie in die Ulu-Moschee oder die Habib-i-Neccar-Moschee, da werden sie sehr viele junge Leute beten sehen. Ich glaube, die jungen Leute sind heute kultivierter, zivilisierter, intellektueller als früher, sie glauben viel eher an die Regeln, die Gott uns gegeben hat.«

»Also an gegenseitigen Respekt.«

»In erster Linie, ja.«

»Sie meinen also, stärkerer Glaube radikalisiert nicht, sondern schafft mehr Toleranz?«

»Der Koran lehrt uns, daß jeder für seine Taten selbst verantwortlich ist. Für nichts anderes. Nur für sich.«

»Glauben Sie, daß sich eine muslimische Türkei in einem christlichen Europa wohl fühlen kann?«

Warum gerade in diesem Augenblick das rechte Telefon läuten mußte, kann nicht mehr genau gesagt werden, doch der Müftü war höflich genug, den Hörer abzunehmen, um den Anrufer zu vertrösten und seinen Gästen dann folgende Vision zu präsentieren.

»In Europa leben Christen und Atheisten miteinander. Warum sollten nicht auch Christen und Muslime miteinander leben können? Solange der gegenseitige Respekt gewahrt wird, sehe ich keine

Schwierigkeiten. Die Türkei ist sozial und intellektuell entwickelt genug, um Europa annehmen zu können. Schließlich will der Islam, daß alle Menschen der Erde Brüder und Schwestern sind und sich gegenseitig helfen ...«

»Unter seinem Banner aber!«

»... unser Prophet Mohammed lebte auch mit Menschen zusammen, die ihm nicht folgten. Es gab niemals Schwierigkeiten. Der Prophet wies die Menschen an, in Frieden und Glück zusammenzuleben, so wie die Muslime, Christen und Juden in Antakya es tun. Die ganze Welt sollte auf Antakya schauen und sich ein Beispiel daran nehmen.«

Ich flanierte von der Payas- in die Kelebek-Gasse, bis ich zu einem Schild mit der Aufschrift »Doktor Arife Kinay – Ultrasonografi« und einer Ruine aus biblischem Gestein gelangte. Die Gassennamen waren mit schwarzer Farbe und Richtungspfeilen auf Hauswände gemalt und fast immer schlecht zu lesen. Klingeln gab es nicht, die Türen hatten Klopfeisen. In den Gassen standen fein säuberlich verknotete Müllsäcke. In der abzweigenden Göksen-Gasse durfte man die Lebensverhältnisse ärmlich nennen, ohne den Stolz der Bewohner zu verletzen. In die alten Rundportale der osmanischen Häuser waren rechteckige Eisentüren eingesetzt, weswegen es überall offene Spalten gab. Wie viele feuer- und versicherungsrechtliche Verordnungen in Deutschland verletzt würden, wenn man, wie überall zu sehen, ein schief abgeschnittenes Rohr aus einer Hauswand ragen ließe, aus dem dauerhaft der ungefilterte Qualm verheizter Holzkohle und verbrannter Lammdärme entfleuchte, war nicht vorstellbar. In einem der vielen Innenhöfe waren zwei Kochstellen, dort standen leere Gasflaschen, darüber hingen im Nichts endende Leitungen. Selten schloß ein Fenster dicht, die Fugen waren mit Zeitungspapier gestopft. Es roch nach Vergorenem, als verdauten die Eingeweide der Stadt die Zumutungen des verlebten Tages. Polioopfer humpelten hüftverrenkt, Kinder rannten umher. Auf einer Treppenstufe saß eine junge Frau, die ihr schönes Gesicht verhüllte, bevor sie zwei Blechkanister packte, aus dem Hof eilte, die Treppe hinaufstieg, um irgend etwas zu holen. An der Ecke zur Alabay-Sokak, wo ein Rotzlöffel von der Mutter verprügelt wurde und um sein Leben schrie, standen vier verknotete Plastiksäcke mit Weizenmehl aus Saudi-Arabien. Bekopftuchte Frauen schleppten Taschen und Tüten mit Brot und Gemüse die Gasse auf, die Gasse ab. Männer waren nicht zu sehen.

Einige Häuser voran eröffnete sich hinter einem Rundbogen die Koranschule für Frauen. Als Mann war man bei der bulligen Lehrerin gar nicht gern gesehen, obwohl die Schülerinnen, im Schnitt fünfzehn, die ihre Schlüpfschuhe brav am Eingang abgestellt hatten und lange Kopftücher trugen, um die Wette giggelten. Ohne weiteres vor den körperlich interpretierten Wortsalven der Lehrerin fliehend, sah ich den blinden Montgomery Clift und seinen Freund durch die Gasse gehen, türkische Volkslieder singend, was eine große Zärtlichkeit besaß. Wo man auch hingeriet, sangen und summten vor allem junge Männer vor sich hin, ins Liedgut verloren, die Worte durchlebend und kein bißchen darauf aus, Beifall zu heischen oder sich im Kampf um Aufmerksamkeit billige Siege zu sichern. Vielmehr schien es ihnen in der Seele zu liegen, was die Volksmusik wirklich als Musik für das und aus dem Volk erscheinen ließ. Der junge Monty Clift und sein Freund hatten sich untergehakt, wie sich viele unterhakten und Händchen hielten und Schultern tatschten und sich über den ausführlichen Körperkontakt Verbundenheit versprachen.

Im Teehaus am Ende der großen Straße, das den Charme einer seelenlosen Bahnhofshalle um 1940 hatte, begegneten mir zum ersten Mal mißtrauische Blicke, die sagten: Fremder, was führst du im Schilde? Die acht jungen Männer, die unter Atatürks Aufsicht Okey spielten, hatten nichts von der üblichen, manchmal naiven Herzlichkeit. Über den Fernsehbildschirm lief ein Actionfilm, dessen primitiven Akteuren keiner zusah. Der Teekocher spülte unbeteiligt Gläser. Der Besitzer in Cordhose und beigem Rolli war eine kaurismäkisch lakonische Figur mit reizvollen Segelohren, kurzem weißen Haar, weißem Schnauzbart, fliehendem Kinn, hängender

Unterlippe, dickem Bauch. Er schlurfte und sammelte lustlos die Okey-Steine in einer Plastikdose ein. Eine Miene verzog er nicht. Dann schnitt und erhitzte er Schafswurst für einen Döner. Er war der einzige, der nicht rauchte. Die acht jungen Männer standen auf und gingen. Jeder sah mich an, und ich hoffte, es würde dabei bleiben. Auf dem Weg herunter in die Innenstadt kontrollierten zwei vermeintliche Zivilpolizisten meinen Paß und fragten, wo ich abgestiegen sei. Sie mahnten, die Altstadt abends nicht mehr zu betreten. Es gebe Banden und Diebe und PKK-Terroristen. Sie sprachen von Gefahr und drängten mich zu ihrem Auto. Ich fragte nach ihrem Ausweis. Sie hatten keinen.

Es war knapp.

Der Islamgelehrte dozierte fröhlich, aber streng

Ich zog meine Schuhe aus, drückte den schweren, mit Lederkanten gerahmten Vorhang aus grasgrünem Flanell zur Seite und setzte mich in eine Ecke neben dem Mihrab, der halbkreisförmigen, nach Mekka ausgerichteten Gebetsnische der Habib-i-Neccar-Moschee mit ihren sonnengelbgestrichenen Wänden, wo sieben acht- bis zehnjährige Buben im freiwilligen, außerschulischen Koranunterricht auf faszinierende Art versuchten, in sich zu versinken, was mindestens dreien nicht gelang. Sie saßen im Schneidersitz hinter kleinen Tischen oder ins Eck einer Fensternische gekauert und lernten Surenverse auswendig, während ein Alter mit Sackhose und kurzem weißen Bart hereinkam und sogleich ein Regal suchte, in das er seine Schuhe stellen konnte; niemals darf die Sohle eines Schuhs den Teppich berühren, der Teppich ist so rein wie der Glaube. Ein letztes Husten, Stille. Dann Niederfallen. Aufstehen. Niederfallen. Die Liturgie einer tiefen Verbundenheit mit einem Gott, der, nach Aussage des fröhlich dozierenden Islamgelehrten Ahmet, der gleiche ist, den die Christen anbeten. Nach erfolgreichem Augenkontakt nahm ich sein Angebot an und tapste zu ihm hinüber.

»Sehen Sie in die Geschichte«, sagte er, bevor einer der Buben zu ihm kam. »Was sehen Sie? Zu keiner Zeit haben die Christen uns Moslems akzeptiert, wir die Christen dagegen sehr wohl.«

Jeden einzelnen Schüler winkte sich der strenge, auf vierzig zu schätzende Mann aus den Ecken der Moschee heran. Dann kamen sie aufgeregt über den vergilbten Teppich gelaufen, den hölzernen Buchständer mit ihrem Koran in der Hand, stellten ihn vor dem Lehrer auf, der im Schneidersitz an einem Pfosten lehnte, zeigten ihm jene Stelle, die sie nun auswendig aufsagen wollten, richteten ihren Oberkörper auf, gingen auf die Knie, wippten sich in den Rezitationsrhythmus und versuchten die schwierige Sprechmelodie der deklamierten Sure zu treffen, wobei ihnen die Anerkennung durch den Gelehrten, der ihnen permanent ins Wort fiel, weil sie das Arabische nicht sauber kehlten und die Intonation nicht stimmte, meist versagt blieb. Einer, vielleicht der Primus, gab den Koran ab, er wollte es auswendig schaffen, und fast, während er seine Füße mit den Händen umfaßte und immer stärker zusammendrückte, wäre es gelungen. Man spürte den Ehrgeiz, der größer war als die Lust am Glauben. Für größere Fehler entschuldigte er sich und erhielt einen Schlag auf die Finger.

Bevor der nächste Schüler kam, fand der Gelehrte Zeit für eine seinem europäischen Besucher vorbehaltene Belehrung. Der größte Unterschied zwischen Christentum und Islam sei folgender: Im Islam vertrete jeder sich selbst. Das Christentum aber sei ein hierarchisches System mit Bischöfen und Priestern und einem unfehlbaren Papst an der Spitze. Der Gelehrte meinte durchaus, daß Europa ein Christenclub sei und seine Amtskirchen eine freie Religion wie den Islam niemals akzeptieren würden, weil das die Macht der Hierarchie in Frage stelle.

Daß die Türkei niemals eine Revision des Religiösen, eine Art Aufklärung aus der unverschuldeten Unmündigkeit, durchlebt hatte, war an dieser Stelle zu erwähnen nicht unwichtig, denn der Gelehrte sprach der christlichen Kultur im großen und ganzen wahre Religiosität ab. Ich warf die kulturellen Vorteile der privaten Religionsausübung und des staatlichen Rückzugs aus theologischen Angelegenheiten in den Raum, aber er blieb standhaft und hielt das Christentum in seiner jetzigen Verfassung für unfrei und dem Islam unterlegen. Die größte Freiheit des Menschen, fuhr der Gelehrte unbeirrt fort, bestehe darin, Sklave Gottes zu sein, was bedeute, daß niemand, der selbst denken wolle, Christ werden könne. Ging es nach dem Islamgelehrten der berühmten Habib-i-Neccar-Moschee, war es selbstverständlich möglich, daß Europa und die Türkei künftig einen Kulturkreis bildeten. Die Europäer müßten nur lernen, wahre Religion zu leben.

Draußen zogen drei dicke Kinder ein verzweifeltes Schaf an seinen Hörnern durch den Innenhof der Moschee, Obdachlose pennten auf Bänken in der Hoffnung auf ein rechtes Almosen, wie es die islamische Maxime vorschrieb; in der Nähe der Moschee war früher einmal eine Armenküche gewesen. Herr Yurttas und ich verabschiedeten uns von allen verfügbaren Menschen, gingen zum Basar, wo Leopardenleibchen sexylike um laszive Puppenkörper gebunden waren, kamen zuerst an einer Schreinerei vorbei, in der zwei ältere Tischler mit Riesenbrillen in Sägespänen versanken, während sie mit einem Stemmeisen Muster in einen Bettpfosten kerbten; im Hintergrund hing ein Atatürk-Poster, daneben ein vergilbtes Poster mit Koranversen. Der Tuchhändler Ibrahim Cemal gegenüber war einer von sechzig verbliebenen Juden in Antakya. In seinem Laden standen zwei Muslime und umarmten ihn. Einer von ihnen kam zu mir herüber und küßte mir die Wange, weil er annahm, als Europäer sei ich Christ. »Ein Gott«, sagte er, »ein Gott für alle, in guten wie in schlechten Tagen!«

Auf der Tanzfläche entlud sich dionysische Heiterkeit

Am Sonntag abend um 21.11 Uhr wackelten in einem fünfstöckigen Haus inmitten der Innenstadt von Antakya diverse Scheiben. Lärm ließ Lust vermuten. Eine Treppe führte nach oben in ein angedüstertes Restaurant, wo Asiaten den Boden wischten und mimisch zu erkennen gaben, es sei schon lange geschlossen. Das Nebengebäude hatte keinen Eingang, zumindest keinen begehbaren. Sich am Lärm zu orientieren führte zu völliger Orientierungslosigkeit. Nach einigen Minuten kamen aus einem Bürogebäude, das ich als Quelle des Lärms niemals in Erwägung gezogen hätte, zwei in schwarze Schale geworfene junge Männer, gefolgt von zwei unsportlichen Frauen mit Kopftuch und gemustertem Rock, in deren Gesichtern der Ausdruck eines Entsetzens festgefroren war, als hätten sie gerade etwas Widerwärtiges erlebt.

Auf den Stufen zwischen den Etagen saßen rauchende Teenager mit Krawatte und langen Mähnen, die eilig Platz machten, wenn ein Älterer vorbeikam. Je höher die Treppen führten, desto mehr saßen rauchend auf ihren Stufen. Im Vorraum der fünften Etage standen junge Männer, hatten einander die Arme umgelegt und verschworen sich wie Sportler vor dem Spiel. Es war noch nicht zu erkennen, daß Tradition und Spätmoderne gleich aufeinandertreffen würden – woran hätte man es ablesen können: an den Frisuren? Am Habitus? An der Kleidung?

Ich wurde von einer lebenslustigen Frau mit kleinen Augen, nährender Brust und einem von grünen Blumenmustern übersäten Kopftuch hereingebeten. Freisinnig grüßten mich vor allem die Männer mit Handschlag, Umarmung und Augenzwinkern, als sei ich der geheimgehaltene Überraschungsgast, der sich gleich anschicken würde, eine Rede zu halten. Die anhängliche Alte tat, als sei sie die Initiatorin dieses geglückten Coups und schickte mich auf die Tanzfläche, wo ein Mann, Mehmet, und eine Frau, Tugba, Fünfzig-Lira-Scheine entgegennahmen, die ihnen mit unter roten und blauen Seidenschleifen versteckten Sicherheitsnadeln ans Revers oder Kleid gesteckt wurden. Später stellte sich heraus, daß die Alte eine Art Tante von Tugba war und drei unverheiratete Töchter hatte, die mich mit großen Augen anlächelten, und jede Vorsicht meinerseits, ihnen mimisch nicht zu nahe zu rücken, war nicht nur ein Gebot kosmopolitischen Anstands, sondern sicherte meine körperliche Unversehrtheit und hielt die Möglichkeit aufrecht, unverheiratet nach Deutschland zurückkehren zu können.

Wie jedes andere Familienmitglied bekam ich ein Päckchen industriell abgefüllten Oguz-Gold-Pfirsichsaft in der Packung mit angeklebtem Strohhalm, dazu drei Kekse mit Hurma. Auf der Tanzfläche entluden sich folkloristische Form und dionysische Heiterkeit. Zwei Kameraleute von Alis Video filmten die Feier der Verlobten in einer bedeutungsschwangeren Halbprofessionalität, als stünde ein millionenschweres Film- und Fernsehproduktionsstudio dahinter. Dieses Video würde das ewig haltbare Dokument von Mehmets und Tugbas Glück am zweiten der drei wichtigsten Tage einer Beziehung werden. Es wäre undenkbar gewesen, daß Mehmet und Tugba sich geküßt oder an der Hand gehalten und sich als Paar bezeichnet hätten, bevor sie verheiratet waren. Die Begegnung von Mann und Frau konnte erst mit der Hochzeit Beziehung genannt werden, vorher war das Wort ohne ethischen Inhalt und kulturelle Erlaubnis, ein unnützes, ein verlorenes, ein europäisches Wort.

Mehmet war einundzwanzig, seine Tugba neunzehn. Sie kannten sich seit drei Monaten. An jenem Abend waren sie in ihrem Leben ganz oben angekommen, im fünften Stock eines schnöden Bürogebäudes, im Restaurant Basak, dem Salon für Verlobungsfeiern. Vor drei Monaten waren Mehmets und Tugbas Eltern zu der Überzeugung gelangt, ihre Kinder sollten heiraten. Die Feier der Versprochenen hatte es bereits gegeben, und man wußte für diesen Moment nicht zu sagen, ob es damals ein glücklicher Tag gewesen war. Nun aber folgte das Fest der Verlobung, da tanzten die Väter und Mütter, die Onkel und Tanten und Schwestern und Nichten und Cousins und hielten sich an den Schultern. Wenn Mehmet im nächsten Jahr seinen Militärdienst absolviert hätte und er den möglichen Einsatz im Kurdengebiet überlebte, dann würden sie endlich heiraten und die größte Hochzeitsfeier schmeißen.

Auffällig schien, daß die Gesellschaft zweigeteilt war in Familie, Herkunft und Moral: Links im Raum saßen mürrisch blickende, unberührbare Frauen mit Kopftüchern auf Bierbänken, rechts waren die Bänke leer, weil alle auf der Tanzfläche das Paar umschwänzelten. Mehmets Vater hielt eine Rede. Es flogen Geldscheine. Mehmet strahlte. Tugba zwang sich zum Strahlen. Ihre Augen waren traurig. Sie war stark geschminkt. Das Make-up war starr. Gerade ging ihre Freiheit zu Ende. Es war einer der letzten Abende, an dem die schöne Frau ihre braunen Haare, zusammengehalten von einer Blumenspange, offen zeigte. Nach der Hochzeit würde sie mit dem Schleier leben, sie würde ein verschleiertes Leben leben, ein Leben an der Seite eines Mannes, der sie nicht zum Strahlen bringen konnte und ihr bestenfalls Raum für stille Träume ließ.

Es war erstaunlich, welch höllischen Krach ein einziger Synthesizer zu produzieren imstande war. *Music by Bülent* stand auf dem Instrument, und der entfesselte Tastenkönig jagte Arabesken, Türkpop und Techno durch die vier Lautsprecher. Zwei junge Frauen mit Kopftuch, Ledermantel, Jeans und Stilettos tanzten auf großstädtische Art, packten ihre Handtaschen, küßten den ihnen fremden Mehmet auf die Wange, wuschen sich die Hände mit Limonenlikör und gingen. Alle Versuche der Alten, die beiden Familien tänzerisch zusammenzuführen, scheiterten an der Unlogik einer gespielten Harmonie. So gelangweilt die Frauen aus Tugbas Familie auf orangefarbenen Plastikstühlen saßen und den Abend über sich ergehen ließen, so cool langweilten sich die in ihrer Vitalität gebremsten Jungs aus Mehmets Verwandtschaft. Einzig die Eltern feierten ihren Beschluß und suchten den gemeinsamen Takt.

Es war vergeblich. Mehmet legte zum Abschied seine linke Hand auf meine Schulter und gab mir die rechte. Wenn er lachte, zeigte er seine Zähne. Tugba zeigte ihre nie. Es schien, als hätte sie vor drei Monaten zu lachen aufgehört, um ihrem Vater das Leben zu retten. Sie opferte sich für seine Ehre.

Der Hilfspriester trug eine Baseballkappe

Herr Yurttas war der Meinung, ein Besuch der Türkei ohne Vakıflı sei möglich, aber fahrlässig, also rauschten wir fünfunddreißig Kilometer von Antakya Richtung Meer über Samandağ in das berühmte Dorf am Hang des kargen Musa Dagh, wo fünfunddreißig Häuser für hundertfünfunddreißig Armenier klebten. Dazwischen duckten sich Lorbeerbäume; Muslime gab es keine. Ein Hund zerbellte die Stille, ein Traktor tuckerte zweitakternd, Kiesel spritzten zur Seite, man entkam dem Klischee der Idylle nicht. Vakıflı war wider Willen berühmt, vielleicht war es das berühmteste Dorf der Türkei, sicher aber das wegen seiner Berühmtheit traurigste. Wahrscheinlich war es das einzige Dorf der Türkei ohne Moschee. Stand man günstig, konnte man auf den antiken Hafen von Çevlik und das Mittelmeer sehen und Syrien erahnen, das hinter der südlichen Bergkette begann. In den levantischen Böen des Südens, die nach Jasmin rochen, flatterte eine türkische Fahne vor der armenischen Kirche.

Der Dorfälteste war nicht da, er war in Samandağ, unterwegs mit dem Einspänner. Der Mann war vierundneunzig Jahre alt und der letzte Überlebende des Massakers am Musa Dagh. Er war das kollektive Gedächtnis der armenischen Christen von Vakıflı.

Wann er zurückkomme.

Seine Tochter wußte es nicht. Es könne in einer Stunde sein oder in einem Tag.

Wohin er gefahren sei.

Runter nach Çevlik.

Wir versprachen unsere Rückkehr zu einem späteren Zeitpunkt.

Auf Wiedersehen.

Auf Wiedersehen.

Wir gingen die Straße hinab, als sie ein Traktor hinaufkroch. Der Fahrer grüßte nicht. Herr Yurttas steckte sich eine Zigarette an. Unter Pinien am Dorfplatz saßen sechs Christen beim Bürgermeister. Wir nahmen die Einladung zur kurzen Rast an und setzten uns auf Plastikstühle in die Runde. Der Schatten der Äste und Blätter gab ein skurriles Spiel auf den Wänden der Häuser, die in reinem Weiß erstrahlten. Zu hören war das Schlürfen von heißem Tee und das Scheppern der virtuos in den Gläsern herumwirbelnden Blechlöffelchen, die den Zuckerstückchen bei der Zersetzung behilflich waren. Das sehr männliche Schweigen wurde aufgehoben durch den Satz des kürzlich aus Kars zugezogenen, russisch sprechenden Käsehändlers Mikael, für die Christen im Osten werde es ja immer schlimmer.

»Gerade«, entgegnete ich, »habe ich etwas ganz anderes vernommen.«

»Wo?« fragte der Bürgermeister.

»In Antakya.«

»In Antakya, so.«

»Ja.«

»Die türkischen Beamten hassen uns«, sagte Mikael.

»Beamten?«

»Auf den staatlichen Ämtern. Wenn du Christ bist und Armenier, wirst du schikaniert.«

»Aber nicht in Antakya«, warf ich ein.

»Vor allem im Osten. Im Osten hassen die Türken die Armenier, weil sie Angst haben, daß wir ihnen das Land rauben.«

»In Kars.«

»Nicht nur in Kars.«

»Die Türken haben vor allen Angst«, sagte der Bürgermeister.

»Vor den Kurden am meisten«, fügte sein Stellvertreter an.

»Vor den Kurden, vor den Griechen, vor den Arabern, vor den Juden«, sagte der Bürgermeister.

Wir tranken Tee, und die Männer rauchten. In die Stille fiel das Zirpen einer verschreckten Grille. Ein Kleinlaster preschte die Straße hinauf, Kiesel splitterten. Aus dem nächsten Dorf echote der Ruf des Muezzin. Keinen in der Runde kümmerte es, weil sie alle an Jesus glaubten.

»Wo sind eure Frauen?« fragte ich.

»Zu Hause«, sagte der Bürgermeister.

»Wie bei guten Muslimen …«

»Hier ist Männertreff, da gehören Frauen nicht hin.«

Unter der Pinie in Vakıflı dämmerte die folgenschwere Erkenntnis, daß das Verhältnis zwischen Mann und Frau nicht notwendig eine Frage der Religion sei, sondern vor allem eine der Bildung. Ich behielt das gerne für mich und nickte, als der Bürgermeister sagte:

»Es sind doch nur Religionen. Mensch bleibt Mensch.« Das nur war entscheidend, zumindest, wenn man die Zustimmung der anderen zum Maßstab machte.

Der Hilfspriester Panus Caparian, ein Kartoffelbauer mit gutem Herzen, schloß die armenische Kirche auf und warnte vor dem ins Gebälk gebauten Nest angeblich aggressiver Wildwespen. Er trug eine Baseballkappe und spielte, obwohl er Angestellter der christlichen Gemeinde war, mit einer Gebetskette. Die Kirche war 1915 erbaut worden, in jenem Jahr, da alle Armenier des Osmanischen Reichs nach Hatay getrieben wurden, die meisten nach Musa Dagh, wo jene, die den Marsch überlebten, nach Art eines Konzentrationslagers interniert wurden und, na ja, man wisse ja …

Panus setzte sich auf einen Stuhl, schloß die Augen und sang in armenischer Sprache das Kyrie Eleison. Er war ein überaus schlechter Sänger. Wir applaudierten artig. Im Wohnzimmer des Hauptpriesters lag, neben einem antiquierten Computer, eine CD mit beliebten Kriegsspielen. An der Wand hingen Fotos des armenischen Patriarchen Mesrobb Mutafian, der in Istanbul lebte und hier schlief, wenn er gelegentlich nach Vakıflı kam. Panus begrüßte zwei kurzhaarige Christentumstouristinnen aus Amerika, schloß die Kirche wieder ab und begleitete uns zum Haus des Dorfältesten.

Wie gesagt, so seine Tochter unterm Mandarinenbaum, ihr Vater sei noch nicht zurück, man wisse nie, wann er komme und wo genau er sich aufhalte.

Die Geduld für weiteres Warten war nicht vorhanden, weil es nicht ausgeschlossen werden konnte, daß der letzte Überlebende des Massakers am Mosesberg doch erst am kommenden Tag wiederkehren oder vielleicht den Rest der Woche in Samandağ verbringen oder nach seiner Rückkehr den ganzen Tag schlafen würde. So kam es, daß wir nachmittags um halb vier drei Kilometer landeinwärts fuhren zu dem muslimischen Dorf Hidirbey, was übersetzt Heiliges Dorf bedeutet.

Kurz nach uns kam ein alter Renault Kombi zum Dorfplatz. Im

Fenster hingen Ikonen und Jesus-Bildchen, und im geöffneten Kofferraum saß ein Junge, der ein großes Gemälde des Messias präsentierte. Aus einem auf der Motorhaube angebrachten Lautsprecher schallte körnig christliche Musik und eine verzerrte Frauenstimme, die versprach, ein kleines Foto in drei Minuten zu vergrößern, was bei vielen Muslimen, die Bilder und Selbstbilder liebten, als Geschäftsidee bestens verfing.

Der Wagen fuhr am heiligen Musa-Baum vorbei, um den der Dorfplatz einst gebaut worden war. In unmittelbarer Nähe des Baumes stand die Bronzebüste eines gewissen Herrn Atatürk, dessen Antlitz man in Vakıflı nirgends zu sehen bekommen hatte, und drei, man mußte es so sagen, fleischige Männer, die auf Plastikstühlen im Schatten der Limonenbäume saßen, hatten die Hände vor der Bauchkugel gefaltet und taten nichts, weil es keinen Grund gab, etwas zu tun.

Der Baum war eine knorpelige Angelegenheit in monströsem Ausmaß, siebzehn Meter hoch und im Durchmesser fünf Meter vierzig. Nach Wunsch der Mythologie hatten sich an dieser Stelle vor dreitausenddreihundert Jahren Moses und der Heilige Hidir getroffen, und Moses hatte seinen Stock neben dem Bach auf den Boden gelegt, um einen Schluck des kristallklaren Gebirgswassers zu trinken. Danach war an der Stelle, wo der Stock gelegen hatte, der Baum gewachsen, in dessen Höhlen, Nischen, an dessen Vorsprüngen und Zacken Taschentücher, Schnürsenkel und Zettelchen gelegt und geheftet waren, die um die Erfüllung existentieller Wünsche baten.

Die drei Dicken mit fehlenden, schiefen oder gelben Zähnen waren Burhan, der ehemalige Beamte der Schulbehörde, Nihat, der Imker, und Mehmet, der Bauer. Sie rauchten und drehten die Gebetskette. Manchmal war Nihat es leid, zu rauchen und die Perlen zu drehen. Und was dann? Nichts dann. In der linken Hand hielt er eine Zigarette, in der rechten die Gebetskette.

»Habt ihr nichts zu tun?«

»Das Vieh ist draußen.«

Burhan war siebenundvierzig und pensioniert. Fünfundzwanzig Jahre und keinen Tag länger hatte er gearbeitet, solange es eben nötig war, um Rente zu beziehen.

»Und jetzt?«

»Ich habe einen schönen Garten.«

Bevor er Beamter in der Schulbehörde wurde, war Burhan Truckfahrer gewesen und hatte Istanbul, Ankara und Trabzon mit Wassermelonen, Orangen, Paprika, Salat und Gurken beliefert.

Der Renault kam zurück. Schulkinder rannten ihm hinterher. Zwei Jungs schlugen aufs Dach. Vier Lehrer kamen auf den Dorfplatz und spielten die Mittagspause über Backgammon. Die drei Dicken grüßten sie. Als wir das Dorf verließen, sprachen sie eine ewig gültige Einladung aus.

Auf der Straße von Vakıflı über Samandağ nach Harbiye, zum heiligen Hain der Daphne, bat ich Herrn Yurttas in der Angelegenheit Seelensuche um Assistenz, was zu tun nie ein Fehler war, und bekam zur Antwort, daß die Türken in erster Linie die Fähigkeit zum Stolz entwickelt hätten. Sie seien stolz auf sich, stolz auf ihre Nation, ihre Republik, auf das, was aus den Trümmern des Osmanischen Reichs aufgebaut wurde, was Atatürk aufgebaut hatte, der es vermocht hatte, den Türken, und vielleicht nur ihnen und nicht den Armeniern und Griechen und Tscherkessen, das Gefühl dessen zu geben, was Stolz bedeutet, wie sich Stolz anfühlt. Stolz könne die Quelle einer Identität sein, wenn andere Quellen versiegten. So waren die Türken nach Meinung des feinen Herrn Yurttas stolz auf das, was sie täglich schufen, im Namen Atatürks und Allahs und ab und an auch in ihrem eigenen. Araber hingegen, so der Privatdozent mit Zahnstocher im Mund, kennten keinen Stolz und hätten entsprechend keine Sensibilität für die Gefühle des Stolzes. Die Syrer seien Despoten und hätten keinen Anstand. Sie und Saudis oder Jordanier kämen nach Antakya, nach Çevlik, nach Harbiye, um Alkohol zu trinken, um ins Bordell zu gehen und türkische Frauen zu gebrauchen, um Pornofilme zu sehen und Partys am Strand zu feiern. Sie kämen, um unislamisch zu leben und dem Hedonismus zu frönen, um so zu leben wie die Muslime der Türkei, in Freiheit, Lebenslust und Respekt, was die Türken schließlich im Einklang mit dem Koran taten, worauf sie, so Herr Yurttas unwiderlegbar, mit Recht auch noch stolz seien.

Am offenkundigsten unterschied Herrn Yurttas von den Arabern, daß er deren Umgang mit Frauen in keiner Weise gutheißen konnte, und das nicht allein, weil er seine Tochter, die auf Türkisch-Zypern eine Art Lehramt studierte und vom Papa jährlich fünftausend Dollar verlangen durfte, die er, der pensionierte Lehrer, aus dem Töpfchen seiner Rente schöpfte, mehr liebte als seine Frau, wenn ich ihn recht verstanden hatte. In Antakya, beschied er mit einer lustig zwischen den Lippen tänzelnden Zigarette, könne man sehen, wie offen die türkischen Frauen seien, wie selbstbewußt, wie europäisch. Es war für ihn nicht erfindlich (und am wenigsten sinnvoll), warum eine Frau in der Öffentlichkeit nur in Begleitung ihres Mannes auftreten dürfe und warum sie mittags nicht allein auf einen Marktplatz gehen könne und warum sie einen häßlichen Ganzkörperumhang tragen solle und diesen auch noch in unerfreulichem Schwarz.

Herr Yurttas und ich waren uns einig, daß es absurd war, die Frau vor den Trieben des Mannes zu schützen, indem sie sich so maskieren ließ, daß Triebe erst gar nicht zur Entäußerung kämen. Wer eine und dieselbe Frau auch mit offenem Haar gesehen hat, weiß, daß ein Kopftuch niemals ihren erotischen Reiz zu steigern in der Lage ist, geschweige denn ein Geheimnis einzurichten. Im Prinzip hatte Herr Yurttas gegen den Kampf um Emanzipation also nichts einzuwenden, deshalb steckte er sich wie der Gigant James Dean eine neue *Marlboro* an und schüttelte noch Minuten später den Kopf über das im Prinzip merkwürdige Verhältnis zwischen Männern, Frauen und Allah.

Nichts war zu diesem Zeitpunkt passender, als dorthin zu gehen, wo der verliebte Apollo eine Nymphe gejagt hatte und das Versprechen auf Ausschweifung Kulturgut war. Die Nymphe hatte sich vor den gemeinen Lüsten des Gottes zu schützen und zu verschleiern versucht, indem sie zum Daphne, zum Lorbeerbaum, erstarrt war.

Wir traten in den berühmten Hain der Daphne, schlenderten an Brunnen mit kecken Wasserspielen vorbei, hinab in die Schlucht, wo Cleopatra und Markus Antonius angeblich geheiratet und in antiochischen Zeiten gelageartige Feste stattgefunden hatten. Wir kauften Lorbeerseife und Honig, am Straßenrand stand ein Einspänner mit einem Esel. Herr Yurttas machte auf die Klugheit dieses Tieres aufmerksam, und ich fragte mich, ob der einzige substantielle Unterschied zwischen Europa und der Türkei in der Tat nicht jener war, daß der feine Herr Yurttas aus Antakya, weil ihm das Wort Esel nicht einfiel, »A-i a-i a-i« machte, um denselben kenntlich werden zu lassen, wohingegen ein Europäer nach Lage der Dinge »Ia- ia- ia« bevorzugte.

Und Atatürk leuchtete über Antakya

Herrn Yurttas' tiefe, satte Stimme erhob sich, während er letztes Fischfleisch aus den Zähnen zutzelte, und teilte mit, man könne die Türkei niemals verstehen, wenn man nicht in Kappadokien gewesen sei. Kappadokien sei so etwas wie die urtümliche Türkei. Die Region der Konservativen. Die Region mit den größten Nationalisten. Eine der schönsten Regionen. Nicht weit entfernt von Konya, dem Zentrum islamischer Gelehrsamkeit, wohin zu kommen ich ohnehin hoffte, nach dem Umweg über Adana, der mich per Zufall nach Yumurtalık und Antakya geführt hatte, was, neben dem Charakter übersinnlicher Fügung, eine unerwartete, aber höchst willkommene Sehnsuchtserfüllung war.

Wir saßen auf der Terrasse eines Restaurants, und durch die Zwischenräume weißer Unterwäsche, die verführerisch an einer Leine unter der Weinranke vor der erdbeerroten Stadtvilla mit ihrem leprösen Putz hing, sah ich, vorbei an einer Horde verständnisvoller Ziegen, die Petrus-Grotte. Es dämmerte, dann rauschte es und piepste zweimal. Mustafa sang wie ein junger Gott, und sein heldentenorhafter Schmelz ergoß sich über die Talsenke. Gerade noch erwischten die blutroten Strahlen der Richtung Zypern versinkenden Sonne die Wipfel der Bergbäume, da drehte ich mich zum Felsen, um endlich aus der Nähe zu erkunden, was ich jeden Tag aus der Ferne gesehen hatte und nicht wirklich glauben konnte. In den Mount Silpius war mit hunderten von Glühbirnen ein Profil installiert, dessen Umriß von überall sofort erkennbar war. Es war ein Gott, ein anderer Gott, der Gott des gottlosen Staates.

Und Atatürk leuchtete über Antakya.

Liebe und Leid in Ortahisar

Reise ans Ende der Nacht

Der Tag, an dem mir die Tochter des Zitronenhändlers Ahmet das intimste Geständnis machte, das zu machen sie in der Lage war, begann um 9.05 Uhr mit dem Tod. Aus heiterem Himmel sprangen Sirenen an und hielten eine Minute Wehklage. Wer sich bewegt hatte, wurde sofort reglos. Der Gemüsehändler vom Manav Markt stapelte keine Kisten Salat mehr. Der Bauer in Sackhosen, der seinem Esel die Haare schnitt, stand wie angewurzelt. Ein buckliger Alter, der Äste kleinhackte und bei jedem Axthieb stöhnte, stellte sich habacht. Nichts war zu hören außer der Sirene. Die Sonne verwässerte den letzten Tau. Es wurde wärmer, und alles schien eingefroren. Keiner wagte zu sprechen. Katzen lauerten, Hunde meditierten. Die Grillen: wie ausgerottet. Ein Moment zu still für Haß. Gerade richtig für den Tod.

Dann polterte die Parade los …

Am Abend zuvor hatte der Himmel über Kappadokien gebrannt. Rechter Hand war arizonische Wüste; linker Hand alpine Grandezza. Die Silhouetten des Taurusgebirges waren Opfer der Unschärferelation geworden, entschwunden in die konservative Nacht. Die Fahrt durchs Märchenland endete für dreißig Minuten an der Tankstelle Energy. Auf dem Rastplatz standen ein Pick-up mit Golden Delicious und zwei Autos. Der halbe Mond entzündete erste Sterne. Vom röhrenden Benzinomat kam das asthmatische Röcheln eines betagten Diesellasters. Das Restaurant war das Imitat einer mit dunkelgelben Lichterketten bestückten Ranch. Neben dem Eingang schwänzelte die türkische Flagge. Vor der Tür stand ein beschürzter Kellner. Er war hübsch. Die verwehte Kälte aus den Bergen kam in gemeinen Böen. Das Land bot keine Verstecke. Obwohl es sich in Wellen fortbewegte, war es leblos. Es war der Geschichte überlegen. Inszenierung hatte es nicht nötig. In seinen Weizensteppen gedieh Ewigkeit. Menschen brauchte dieses Land nicht.

Die Straßen durch Kappadokien waren unbeleuchtet, ihre Grenzen mußte man erahnen, dann kamen Geröll und Schlaglöcher und irgendwann ein Canyon. Wenn sich Lkws ankündigten, waren mit großer Mühe ihre schwachen Scheinwerferchen zu sehen, wie zu eng stehende Augen, die einen verträumt ansahen. Rechnete man nicht jedesmal dreißig Zentimeter rechts und links der Motorhaube mehr mit ein, wäre das Ende nah gewesen. Alles, was zu sehen war, hatte die geheimnisvolle Düsternis eines unbelichteten Negativs.

Die Stille des Gebirges entsprach jener des Meeres. Im Gebirge war sie statisch, im Meer fließend. Seit Stunden war das flüsternde Meer abwesend, und schweigend sprach das Gebirge. Es intonierte eine Symphonie fantastique: Feen, Gnome, Elfen, das Getier der Unterwelt, Himmel und Hölle, der Fährmann und die Nymphe, die Apostel, der Prophet, sie alle hätten, würde es Zeit und Raum nicht geben, sich hier zugleich zusammenfinden können. Mythenvolk in Mythenland, nach eines langen Tages Reise in die Nacht, da die Sinne fein, reizbar, matt und erschöpft zugleich sind. Nicht weit entfernt thronte der mythenspeiende Vulkan Erciyes über den Umständen. Sein Haupt war auch im Sommer schneebedeckt wie das des größeren Bruders Ararat an der iranischen Grenze.

Um 9.06 Uhr am nächsten Morgen also schritten dreiundzwanzig Schülerinnen und Schüler im Alter von acht bis vierzehn Jahren vom Dorfplatz die geschwungene Straße hinab Richtung Zitronenhöhlen von Ortahisar und sangen Loblieder auf die Republik. Ortahisar hatte die zufällige Eigenschaft, zwischen Ürgüp und

Nevşehir zu liegen und dem Gestrandeten in der Nacht zuvor eine beheizte Herberge mit warmem Wasser geboten zu haben.

Der größtgewachsene Schüler trug die Nationalflagge mit einem Ausdruck pubertärer Gravität. Zwei Brillenträger flankierten ihn mit Atatürk-Fahnen und dem Versuch, männlichen Nationalstolz zu imitieren. Durch das schräg einfallende Licht warfen Fahnen und Kinder lange Schatten und nahmen das helle Rot verflüssigten Blutes an. An jenem Morgen war die Sonne aufgegangen, um den Schatten des Todes zu verdrängen. Um 9.05 Uhr vor siebenundsechzig Jahren war der Übervater aller Türken in seinem Gemach im prunkvollen Dolmabahce-Palast am Bosporus entschlafen. Um 9.06 Uhr begann in jedem Jahr in der ganzen Türkei die Atatürk-Woche mit einer Parade.

Die Sirenen von Ortahisar schwiegen jetzt. Um den Sockel der Bronzebüste auf dem Dorfplatz lagen Kränze, die die Stadtverwaltung und manche Honoratioren gespendet hatten. In den Marmor eingraviert war Atatürks Satz: *Ich bin stolz, ein Türke zu sein.* In großen schwarzen Buchstaben sprachen die Zeitungen an diesem Tag zu IHM. *Bügün*: »Wir folgen deinem Weg.« *Sabah*: »Du kannst ruhig schlafen, die Türkei ist auf einem guten Weg.« *Tercümar*: »Was du uns gesagt hast, befolgen wir.« *Cumhuyriet*: »Wir passen auf unsere Türkei auf!«

Die Delegation der Volksschule paradierte geübt, eifrig und erreichte den Schulhof. Die Mädchen kicherten albern und rannten zu ihren Kameradinnen. Die Jungs rotteten sich zusammen und warteten gespannt, was geschehen würde. Ein ob aller Begeisterung für den fremden Europäer hilfloser Lehrer in glänzender Jogginghose und Trillerpfeife stellte seine fehlende Autorität fest. Im Hof stand auf einem hohen Sockel eine Atatürk-Büste, dahinter war die türkische Fahne zu sehen und ein Transparent mit dem Spruch: »Wir lieben die Republik.« Im Schulfoyer hing ein Atatürk-Gemälde in realsozialistischem Strich: der Staatsgründer in blauem Anzug mit weißem Einstecktuch, der im Kreise mit Sonnenbrillen bestückter Generäle türkische Wörter auf eine Tafel schreibt und dem begeisterten Volk das arabische Alphabet austreibt. Zwei müde Flaggen Halbmond mit Stern flankierten das Gemälde. An einer Art schwarzem Brett gegenüber war eine Collage von Kinderhand über Atatürks Leben geheftet, daneben hingen prämierte Atatürk-Bilder und Gedichte über Atatürk von Zweit- und Drittkläßlern. Auf dem Holzbalken unter dem flachen Dach war in Goldbuchstabenschrift Atatürks Erkenntnis zu vernehmen, Lesen und Schreiben seien das Wichtigste. Von Beten war nichts zu lesen, weshalb die Islamisten den Staat bekämpften und mit dem Staat den Laizismus und den Kemalismus. Erstkläßler konnten Atatürks Leben auswendig. Sie schwärmten von seinen Taten in heldenhaftem Ton. Ihre Schulbücher buchstabierten die Geschichte der Republik. Die Geschichte der Republik war eine Geschichte der strikten Trennung von Religion und Staat. Kein Mädchen durfte je mit Kopftuch in eine staatliche Schule gehen. Das Gesetz duldete keinen unlaizistischen Willen. Das Gesetz war stärker als der Koran. Das war türkische Freiheit. Historisch betrachtet, hatte Atatürk Allah ersetzt.

Das Lächeln der Hatice

Die Nichte meines Hotelbesitzers hatte eine gute Freundin, die Hatice hieß und morgens gern zum Frühstück kam. Sofort fiel mir ihr Lächeln auf. Es dauerte fünf Minuten, und dann war deutlich, daß Hatice eine ganz besondere Person zu sein versprach.

In Ortahisar trug keine Frau außer Hatice die Haare offen. Keine Frau außer Hatice ging ins Bozaci'nin Yeri mitten auf dem Dorfplatz. Keine Frau außer Hatice rauchte und trank Raki im Bozaci'nin Yeri, das seit fünf Jahren dem gutmütigen Hüseyin gehörte. Er war groß, massig, hatte einen dunkelschwarzen Schnauzbart, ein warmes Herz und liebte Hatice. Sie wußte das, und er wußte, daß sie es wußte, und daß er wußte, daß sie es wußte, wußte Hatice ebenso. Hüseyins Frau wußte es nicht. Sie war Hatices Freundin. Wenn sie anrief und von der Tochter berichtete, wenn sie wieder endlos plapperte und abschweifte, sprach Hüseyin verständnisvoll ins Telefon und sah dabei Hatice an. Hatice ließ Hüseyins Frau grüßen. Sie zog an der Zigarette und lächelte ihn an. Er setzte Tee auf und holte drei Kohlestückchen für die Wasserpfeife mit Apfeltabak. Auf der anderen Seite der Straße standen Jungmänner und sahen zum Bozaci'nin Yeri herüber.

»Sie tuscheln über mich«, sagte Hatice.

Sie setzte sich so um, daß ein Holzpfeiler zwischen ihr und dem Fenster die Sicht auf sie verdeckte. Es war einer jener Momente, in denen Hatices Lächeln zum Betrug ansetzte. Dieses Lächeln war eine Geste der Selbstverachtung. Sie war eine schlechte Frau. Sie hatte die Haare offen. Sie trug enge Jeans. Sie rauchte. Sie saß bei Hüseyin, der innerlich seine Frau betrog. Sie spielte mit seinen Gefühlen, seit fünf Jahren ließ er das zu. War das ihre Schuld? Hatice war auch eine schlechte Türkin, denn Atatürk war ihr gleichgültig. Sie dankte ihm nicht ihre Freiheit, denn frei war sie nicht. Sie lebte in Ortahisar. Wer war schon frei in Ortahisar? Sie lebte im Haus der Eltern und träumte von Istanbul. Warum ging sie nicht nach Istanbul? Warum verließ sie das von der Geschichte vergessene Ortahisar nicht? Warum lebte sie ihre Träume nicht?

Hatices Lächeln kam zu schnell. Es entstand nicht. Es setzte sich auf. Es täuschte Freude vor, wo Leid war. Es war der Versuch, das verdrängte Gewissen zu kontrollieren. Es war maskiertes Weinen.

Sie war fünfundzwanzig und nicht größer als 1,64 Meter. Ihr Haar war kastanienbraun und hatte bronzeblonde Strähnen. Manchmal fiel es befreit zu beiden Seiten des Mittelscheitels auf die Schultern und noch ein Stückchen weiter. Die Brauen ahmten die Mandelform ihrer Augen nach; ihre Fingernägel waren lang und geduldig gefeilt. Wenn Hatice lächelte, biß sie sich mit den oberen Schneidezähnen sanft auf die Unterlippe. Vielleicht war es diese Keckheit, der Hüseyin nicht widerstehen konnte. Vielleicht konnte er ihren Lippen nicht widerstehen. Sie waren voll und hatten einen schönen Schwung und verliehen Hatice große Sinnlichkeit. Wer für die Sinnlichkeit üppiger Lippen empfänglich war, mußte sie küssen wollen.

Sie ließ sich von Hüseyin drücken, lächelte, und wir gingen aus dem Bozaci'nin Yeri. Die Jungs gegenüber sahen ihr nach. Sie grüßte nicht, obwohl sie jeden von ihnen kannte. Vielleicht war jeder einzelne in Hatices Lächeln verliebt, und sie alle verziehen ihr nicht, daß sie im Bozaci'nin Yeri saß und rauchte und mit Hüseyin flirtete. Vielleicht hätten sie sie am liebsten geheiratet und geküßt oder verstoßen und umgebracht, weil sie Haram betrieb. Haram war das Schlimmste. Es war der Verstoß gegen Gottes Verbot und den Geist des Koran. Gegen die Buchstaben verstieß sie ohnehin. Hatice trug nie ein Kopftuch, obwohl Gott empfahl, die Frau möge sich verhüllen. Sie wußte nicht, warum sie kein Kopftuch trug. Ihre Mutter trug eines.

»Warum soll eine Frau ein Kopftuch tragen?«

»Weil es im Koran steht.«

»Ist das der einzige Grund?«

»Ja.«

»Steht es da wirklich genauso: Eine Frau soll ein Kopftuch tragen?«

»Ja. Man darf nur Hände und Gesicht sehen.«

»Zeigst du mir die Sure?«

Sie rief ihre Cousine an.

»An-Nisa ... hmm ... an-Nur, ja, 31, 33, 60 ... Küßchen!«

Sie lächelte.

»Vor allem Sure 24, Vers 31, 33 und 60.«

»Das will ich sehen. Hast du einen Koran bei dir?«

»Nein.«

»Wer könnte ...«

Hüseyin war überrascht über die schnelle Rückkehr. Natürlich besaß er einen Koran. Wir tranken Apfeltee, Hatice rauchte. Mit der Zigarette zwischen den Fingern schlug sie das Buch auf, Sure 4, *Die Weiber*. Doch Eindeutiges war nicht zu finden. Sie blätterte vor, Sure 24, *Das Licht*.

»Hier, Vers 31: ›*Und sprich zu den gläubigen Frauen, daß sie ihre Blicke niederschlagen und ihre Scham hüten und daß sie nicht ihre Reize zur Schau tragen, es sei denn, was außen ist, und daß sie ihren Schleier über ihren Busen schlagen und ihre Reize nur ihren Ehegatten zeigen oder ihren Vätern oder den Vätern der Ehegatten oder ih-*

ren Söhnen oder den Söhnen ihrer Ehegatten oder ihren Brüdern oder den Söhnen ihrer Brüder oder den Söhnen ihrer Schwestern oder ihren Frauen oder denen, die ihre Rechte besitzt, oder ihren Dienern, die keinen Trieb haben, oder den Kindern, welche die Blöße der Frauen nicht beachten. Und sie sollen nicht ihre Füße zusammenschlagen, damit nicht ihre verborgene Zierat bekannt wird. Und bekehret euch zu Allah allzumal, o ihr Gläubigen; vielleicht ergeht es euch wohl.‹ Das ist eindeutig, oder?«

»Wann hast du den Koran zum ersten Mal gelesen?«

»Als ich neun war, auf türkisch.«

»Und auf arabisch?«

»Mit sechzehn, aber nicht alles.«

Hatice schaffte es nicht, ihre Zerrissenheit zu zerlächeln. Im Grunde war sie des Lächelns müde. In Ortahisar aber konnte sie sich diese Müdigkeit nicht erlauben. In Ortahisar wollte sie stolz sein. Den Männern von Ortahisar wollte sie keinen Triumph gönnen. Die Männer gingen nicht in die Schule, sie arbeiteten auf dem Land. Was sollten ihr diese Männer schon erzählen? Der von Maultieren gezogene Pflug war weitverbreitet, man erntete Kürbisse und Aprikosen. Die Väter waren auf dem Feld oder im Teehaus, die Brüder bei der Armee oder auf dem Feld oder im Teehaus. Die Männer seien dumm, sagte Hatice, und die Frauen smart. Die Frauen gingen in die High School und auf die Universität. Sie kannte zwei, die Ärztinnen und Anwältinnen werden wollten und es geworden waren. Sie kamen aus Nevşehir . Ihre beiden besten Freundinnen aber waren den ganzen Tag zu Hause in Ortahisar. Hatice konnte sie nur in deren Wohnung besuchen. Die Freundinnen strickten, kochten und wuschen mit ihren Müttern. Hatice litt darunter, daß ihre Freundinnen nicht Ärztinnen oder Anwältinnen waren oder werden wollten.

Hatice war eine moderne Frau. Sie war Geschäftsfrau. Sie betrieb eine Teppichweberei in einem Haus nicht weit vom Dorfplatz entfernt. Es lag in einer schmalen, gebogenen Gasse. Hatices Vater Ahmet hatte es zusammen mit einem Onkel restauriert. Man ging durch ein Eisentor in den Hof. Hatice entwarf Muster und ließ dann die Teppiche weben, drei in der Woche. Teppiche aus Kappadokien waren berühmt. Hatices Chefin Barbara war Amerikanerin und lebte in New York, wo sie eine psychotherapeutische Praxis unterhielt. Bei einem Urlaub in Kappadokien hatte Barbara Hatice kennengelernt und beschlossen, etwas für die Freiheit der Frauen Kappadokiens zu tun. Barbara war siebzig und hatte Hatice zur Geschäftsführerin der neugegründeten Weberei gemacht, vier ältere Frauen eingestellt, und zahlte jeder 262 Dollar im Monat und eine bestimmte Summe Geld für den monatlichen Arztbesuch und die Lebensversicherung. Manchmal war Hatice morgens sehr müde, weil sie die Nacht über wieder E-Mails mit Barbara ausgetauscht oder an den Legenden der neuen, von ihr entworfenen Muster geschrieben, den Weg des Geldes erklärt und diese Erklärungen ins Netz gestellt hatte. Wer einen Teppich bei ihr bestellte, zahlte dreihundertfünfzig Dollar aufwärts auf eine Bank ein und bekam ein Zertifikat zugeschickt. Hatice hatte die Handwerksschule besucht, war gelernte Schneiderin und ungelernte Kostümdesignerin, und mit Ahmets Segen hatte sie im vergangenen Jahr ein Fernstudium der Mathematik an der Universität Nevşehir aufgenommen, weil dies die Chancen auf eine gute Zukunft angeblich erhöhte, was durchaus im Interesse Allahs sei.

Sie gähnte und mußte erst eine Zigarette rauchen. Mehr als fünf am Tag rauchte sie nicht. Warum nicht? Das wußte sie nicht. Vielleicht wegen Allah. Daß die Strafe nicht so schlimm ausfiel.

»Zeigst du mir die Weberei?«

»Es ist nur ein Raum«, sagte sie.

»Um so besser«, sagte ich.

Vom Dorfplatz ging links eine Gasse ab, das dritte Haus rechts war die Teppichweberei, die man von außen für ein mittelalterliches Wohnhaus aus kompaktem Stein halten konnte. Die Finger der Weberinnen waren grüngefärbt. Neben ihnen standen Körbe mit gelber, grüner, weißer und hennaroter Wolle. Sie arbeiteten in der überheizten Gewölbezelle von etwa zwanzig Quadratmetern. Sechs Tage webten sie an einem Teppich. Lütfiye und Naile waren dick und lustig. Beide trugen ein Kopftuch, ärmellose Strickwesten und Sackhosen. Lütfiye hatte Temperament und blaue Augen, Naile war zurückhaltend. Sie saßen nebeneinander am Webstuhl auf großen, bestickten Polsterkissen, die ihre Hüften gerade noch aufnahmen, und sprachen über das Tragische im Leben.

»Wie alt sind Sie?« fragte ich Lütfiye, weil ich von Hatice wußte, daß man es fragen durfte.

»Was glauben Sie?« Die beiden Frauen kicherten.

»Wie viele Jahre auch immer dafür kommen müssen: Sie werden hundert.«

»Oh«, machte sie und winkte ab.

»Warum winken Sie ab?«

»Das Leben ist hart. Arbeit, jeden Tag Arbeit, und kaum Geld.«

»Aber jetzt haben Sie Arbeit, vorher waren Sie von Ihrem Mann abhängig.«

Über ihren Mann sprach Lütfiye nicht ohne weiteres, denn sie haßte ihn. Hatice flüsterte, Lütfiye sei fünfundfünfzig und Naile neunundfünfzig. Lütfiye und Naile hatten geheiratet, ohne ihren Mann vorher auch nur einmal gesehen zu haben. Lütfiye hatte den Namen ihres zukünftigen Mannes von der Tante erfahren, und dann war sie losgerannt und hatte versucht herauszufinden, wer er war. Damals versprach das Leben noch etwas, es hätte ja gutgehen können.

»Können wir über die Männer reden?«

»Natürlich«, sagte Hatice.

Lütfiyes Mann war Gemüsehändler, und weil das Geld ausging, begann er Raki zu saufen. Oder er soff Raki, und dann ging das Geld aus. Jedenfalls war er kein Gemüsehändler mehr. Wer nicht arbeitete, hatte nichts zu sagen. Lütfiyes Mann konnte seine Tochter nicht mehr zwingen zu heiraten, weil die Tochter arbeitete, und Lütfiye konnte er nicht mehr schlagen, weil sie arbeitete und er abhängig war von ihr.

»Ein furchtbarer Kerl«, sagte Naile, und Lütfiye lachte. Nailes Mann war seit vielen Jahren tot. Sie lebte mit ihrem Sohn allein. Das Leben geschah.

Durch die Anwesenheit von vier Körpern und das regelmäßige Atmen des Ofens, dessen Rohr mitten im Raum abbog und durch die Wand nach draußen lief, hatte die Gewölbezelle den Charakter eines Treibhauses angenommen, und mit dem Grad an äußerer Wärme stieg, so schien ein psychophysisches Gesetz nahezulegen, auch der Grad an Enthemmung. Es war der Moment gekommen, in die Tiefen der Intimität zu steigen.

»Welche Haarfarbe habt ihr?«

Lütfiye schob das Kopftuch ein paar Millimeter nach hinten. Zum Vorschein kamen weiße Haare. Früher sei sie blond gewesen, sagte Naile.

»Früher, früher, das ist lang vorbei«, sagte Lütfiye.

»Es sieht schön aus«, sagte ich.

Die beiden Frauen waren verlegen.

»Warum tragt ihr die Haare nicht offen, wenn ihr keine Männer mehr habt?«

»Weil Gott es nicht will«, sagte Lütfiye.

»Woher weißt du das?«

Sie schnitt einen Faden ab, drehte sich um und schwieg.

»Früher mußten in Ortahisar alle Mädchen ab zwölf ein Kopftuch tragen«, sagte Lütfiye.

»Wer wollte das so?«

»Die Familie«, sagte Naile.

»Also der Vater?«

»Gott sagt es«, sagte Lütfiye.

Am Nachmittag würden Hatice und ich die beiden Weberinnen nochmals aufsuchen und unerhörte Dinge zu hören bekommen. Jetzt aber war Mittag, und Lütfiye und Naile aßen Äpfel und selbstgebackenes Brot und verabschiedeten uns mit einem süßen Winken, weil sie beten wollten.

Hatice lächelte immer weniger. Sie wurde ehrlicher. Sie litt darunter, mit den Regeln der Tradition leben und gleichermaßen diese Regeln brechen zu müssen. Wir hatten über das Rauchen gesprochen, über den Raki, über ihre Besuche bei Hüseyin, ihre offenen

Haare, die Jeans, das Internet, die Versuchungen der Freiheit. Es konnte nicht sein, daß eine schöne junge Frau von fünfundzwanzig Jahren nicht begehrt werden wollte. In ihr rang das Leben mit dem Grad seiner Veräußerung. Hatice war im Zwischenreich. Einsamer als im Zwischenreich konnte ein Mensch nicht sein.

Ich spürte, wie sie mir zu vertrauen begann. Noch war der Zeitpunkt für ihr intimstes Geständnis nicht gekommen. Als wir im verwilderten Garten der Teppichweberei sitzend auf den jenseitig wirkenden Erciyes blickten, dessen Schnee im oberen Drittel die Mittagssonne reflektierte, zündete sie sich die vierte Zigarette des Tages an und kratzte etwas Rinde vom Olivenbaum.

»Ich weiß, daß ich einen Fehler mache, daß ich das Kopftuch tragen sollte …«

Sie nahm einen tiefen Zug und blies den Rauch ganz weit hinauf in den Himmel.

»Aber ich faste an Ramadan, und ich bete fünfmal am Tag. Um 5.30 Uhr fangen wir an, wir wecken uns gegenseitig zu Hause, und dann beten alle zusammen zehn Minuten, jeder für sich in seinem Raum. Ich bin in diesen Momenten sehr glücklich.«

Sie redete, als müsse sie sich rechtfertigen vor Allah, am meisten aber vor sich. Vor Stunden hatte sie das letzte Mal gelächelt. Ihre Stimme war leiser geworden. Im Gespräch über das Beten zeigte sich die Kraft ihrer Erziehung. Mit sechs Jahren hatte sie zu beten begonnen, weil alle Mädchen mit sechs zu beten begannen. Wer mit sechs zu beten beginnt, kann sich ein Leben ohne Allah später nicht mehr vorstellen.

Als sie achtzehn wurde, hörte sie zu beten auf. Es ging nicht mehr. Ihre Mutter bat vergeblich, aber Herz und Verstand wollten nicht. Es gab keinen Grund zu beten. Sie betrog Allah. Mit seinen Geboten tat sie sich schwer. Sie war traurig geworden. Sie hatte einen Freund, der eifersüchtig war auf die Freiheit. Er mochte nicht, daß sie Jeans trug und sich Strähnen machte und die Haare offen ließ. Sie weigerte sich, die Jeans nicht zu tragen. Der Freund wollte sie zum Beten zwingen und zum Kopftuch, und sie konnte nicht mehr lachen, obwohl sie das Lachen so liebte wie das Leben.

Sie entschied sich gegen das Kopftuch. Daß sie von ihrem damaligen Freund als Freund sprach und eine Beziehung meinte, war unerhört. In Ortahisar hatte kein Mädchen einen Freund, wenn es nicht verheiratet war.

Heiraten war für Hatice bislang nie in Frage gekommen. Sie torkelte ins Unglück. Die Lust zu leben schwand. Auf einmal war dann dieser Gedanke dagewesen, wenn sie sich zu Gott bekenne, werde sich alles ändern. Gott hatte zu geben, wonach sie sich sehnte: ein gutes Leben. Sie trennte sich von ihrem Freund, und der Verlassene raste vor Eifersucht auf die Freiheit. Als das Leben vor lauter Freiheit keinen Sinn mehr machte, fing sie wieder zu beten an, und die Freude kehrte zurück und mit der Freude das Lächeln, sie konnte nicht erklären, wie das geschah, was da geschehen war, vor vier Jahren.

»Ich bin glücklich«, sagte sie, »ich habe jetzt alles, was ich brauche.«

Wir gingen über den Dorfplatz in die namenlose Gasse, in der das nummernlose Haus der Eltern war, das schon das Haus der Großeltern gewesen war und das der Urgroßeltern. Zwei Stockwerke, fünf kleine Zimmer, ein unscheinbarer Eingang. Gegenüber hatte der Bruder des Vaters eine Schneiderei, da hatte Hatice gelernt. Schräg rechts war das Teehaus am Eck, in dem Männer taten, was sie immer tun. Morgens saßen sie auf einem Stuhl, rauchten, tranken Tee und spielten mit den 99 Kugeln der Tesbeh; schoben die ersten dreiunddreißig Perlen und beteten das Sübhanallah, das ihnen Allahs Hilfe versichern sollte; schoben die zweiten dreiunddreißig und beteten das Alhamdulillah, mit dem sie sich für Allahs Beistand für die Zukunft bedankten; schoben die dritten dreiunddreißig und beteten das Allahu ekber, auf daß Allah alle Schuld von ihnen nehmen möge. Mittags waren sie einen Stuhl weiter gerückt, auf dem sie abends immer noch saßen, als seien sie im Wachsfigurenkabinett.

Hatices Vater kam aus dem Teehaus und roch nach Rauch. Er hatte nichts dagegen, daß ein fremder Mann mit seiner Tochter in sein Haus kam. Ahmet war Zitronenhändler und ein ruhiger

Mann. Hatice liebte ihn, weil er sie respektierte. Kein Mann hätte je eine Chance gegen Ahmet gehabt. Es gab nur noch einen Mann, der wichtiger war als ihr Vater, den sie mehr liebte, sie würde mir seinen Namen später sagen, obwohl sie dieses Geständnis niemals für möglich erachtet hätte.

Hatices Mutter Kamile, die immer weinen mußte, wenn Fernsehbilder aus Mekka gesendet wurden, hatte die Hoffnung auf eine baldige Hochzeit ihrer Tochter ohnehin aufgegeben. Und nun kam Hatice mit einem fremden Europäer nach Hause – ach, gab es je Grund zur Hoffnung für Hatice?

Hatices Schwester Sultan war schon lange verheiratet. Sie war einundzwanzig und hatte seit einem Jahr ihre Ceyda. Hatice legte den braunen Mantel ab, begrüßte Sultan und Ceyda und entschuldigte sich. Sie zog ein Kopftuch auf, band eine lange Schürze über die Jeans und verschwand im Schlafzimmer. Während sie betete, rief der Muezzin der alten Moschee am Dorfplatz, und es hallte durchs Märchenland der Tuffsteinhöhlen und Feenkamine, und das Echo kroch in die Spalten der aufgeworfenen Erde. Ich saß neben Ahmet auf einem grotesk kleinen Plastikschemel wie sein künftiger Schwiegersohn – die bekannten Hemmungen, das intensive Schweigen, die sehr männliche Einladung zum wortlosen Verständnis. Eine Zigarette lehnte ich ab. Wir blickten nach Westen, wo die Sonne hinter den Hügeln versank.

»Sieben Millionen Zitronenkisten kommen im Jahr von Mersin an der Südküste hierhinauf nach Ortahisar«, sagte er, ohne seine Kopfhaltung zu ändern.

Mein Nicken signalisierte Interesse.

»Zitronen, Orangen, Grapefruit, alles eben.«

Ich nickte abermals im toten Winkel.

»Ende März sind die Bäume abgeerntet, die frischen Zitronen werden in unseren Höhlen gelagert und die gereiften nach Aserbaidschan, Griechenland und Saudi-Arabien exportiert.«

»Wie viele Höhlen haben Sie?«

»Zwei, Nummer 22 und 23, dort oben …«

Er zeigte Richtung Volksschule.

»Fünftausend Boxen kann ich lagern. Das macht zweitausend Euro Verdienst im Jahr, die Hälfte geht für die Steuer drauf.«

Die großen Händler machten bis dreißigtausend Euro Verdienst im Jahr. Ahmet war ein kleiner Händler. Zum Glück für die Familie war Ali, Hatices Bruder, gerade vom Militär zurückgekommen, denn erstens würde Ali Ahmet jetzt in Buchführung und Organisation helfen, und zweitens war bisher die gesamte Rente des Vaters, viertausend Euro im Jahr, an Ali gegangen, als er Rekrut war, weil ein Rekrut der türkischen Armee nur sechs Euro im Monat erhielt, es sei denn er hatte ein abgeschlossenes Hochschulstudium vorzuweisen, dann bekam er achtzigmal so viel, aber Ali hatte kein solches Zertifikat.

Die Wohnung hatte fünf kleine Zimmer. Selbst wenn die Familie betete, lief der Fernseher. Der Fernseher war das Zentrum der Wohnung. Er lief von morgens an. Es war egal, was kam. Es rauschte vorbei. Aus hundertdreißig Kanälen war zu wählen. An Nachmittagen spielten sie einen historischen Film nach dem anderen, abends kamen Serien, Daily soaps, in denen mutige Detektive verirrte Bedrohte retteten. In der Wohnung gab es kein einziges Buch. Es gab keine Regale. An den Wänden hing kein einziges Bild.

Hatice war mit Beten fertig, die Mutter auch. Jetzt wusch sich Ahmet Hände, Arme, Füße und Gesicht, ging ins Schlafzimmer und fiel auf dem Teppich nieder. Hatice hatte Lust auf eine Zigarette. Natürlich durfte Ahmet auf keinen Fall wissen, daß sie rauchte. Sie hatte mir ihr Wohl anvertraut und in gewisser Weise ihr Leben. Wenn Ahmet erführe, daß Hatice ... – nein, es war nicht auszudenken. Ahmet verqualmte eine Schachtel pro Tag, er roch es nicht, wenn Hatice geraucht hatte.

Hatice, ihre Freundin Behice, Sultan, der Schwager Baris, Ahmet und Kamile saßen auf der Decke, die jeder zum Schutz der Röcke und Hosen ein wenig um seine Knie gewickelt hatte, am Boden um einen flachen Stelltisch. Die Portionen aller Gänge wurden auf dieselben Plastikteller aufgetan, die jedesmal mit Weißbrot saubergewischt wurden. Es gab Nudeln in Tomatensuppe, dann Nudeln mit

Knoblauch in Hackfleischtomatensauce, dann Reis mit zähem Lammfleisch, dann schrumpelige Weintrauben aus dem Garten der Familie außerhalb des Dorfes.

»Iß!« sagte Ahmet und drängte mich zur Eile, dann lud er mich wortlos ein zu einer Zigarette, auf der Terrasse, wegen Ceyda. Irgendwann kam die Sprache immer auf ein besseres Leben, und dann ging es schnell um Europa.

»Wenn die Türkei in die EU kommt, wird alles besser«, sagte Ahmet.

»Das ist ein Trugschluß.«

»Wieso? Dann darf ich täglich drei oder vier Kilo Zitronen nach Deutschland schicken statt ein Kilo nach Saudi-Arabien oder Griechenland.«

Von der Dachterrasse konnte man auf die Terrassen der anderen Häuser sehen, die terrassenartig die Hügel hinabgebaut waren. Es war ein schönes Schauspiel, als blickte man in viele verschiedene Puppenhausbühnen, auf denen zur gleichen Minute Einakter stattfanden. Als wir ins Wohnzimmer zurückkamen, nahm Ahmet die Fernbedienung, wies mir einen zentralen Platz auf dem Sofa zu und zappte. Nach BBC kam das ZDF über Satellit. Wir sahen »Leute heute« und Naomi Campbell, wie sie eine neue Dessouskollektion präsentierte, und Ahmet sah unbeeindruckt auf den Bildschirm, und Kamile strickte emotionslos an einer gelben Weste für Ceyda, während Hatice, Behice und Sultan den Abwasch machten. Baris verabschiedete sich und ging ins Teehaus, Okey spielen. Seine Tochter küßte er zum Abschied nicht.

»Was arbeitet Baris?« fragte ich Sultan, die errötete.

»Im Sommer handelt er mit Zitronen.«

»Und wenn nicht Sommer ist?«

»Schlafen.«

»Schlafen?«

»Ja.«

»Was heißt Schlafen?«

»Nichts tun.«

»Und du?«

»Schlafen.«

Sie hatten vor vier Jahren geheiratet, als Sultan siebzehn war. Sie wohnten über die Straße rechts. Sultan wollte bald ein zweites Kind, möglichst bevor Hatice überhaupt ihr erstes kriegen könnte.

Alle saßen vor dem Fernseher und sahen auf den Bildschirm. Ein Kommentar fiel nie. Ahmet zappte von einem zerzausten Spaßmacher zu einer Serie über Intrigen, dann kam die Meldung eines angeblichen PKK-Anschlags in Hakkari. Eine Sprecherin überschlug fast die Stimme, man sah Bilder aufgebrachter Männer und Frauen, und Ahmet warf den Kopf zurück und machte »Tsss«. Dann sah man Erdogan.

»Guter Mann für die Türkei, sagen die Leute …«

»Tsss!«

Diese Regierung, Ahmet zeigte vier Finger, vor vier Jahren konnte man Pampelmusen noch für vier Euro rüber nach Kayseri verkaufen, er zeigte vier Finger, heute durfte man es nur noch für einen Euro. Er reckte den Daumen. Alles sei reglementiert worden. Die Gesetze der AKP schränkten den freien Handel ein. Die Menschen könnten kein Geld mehr verdienen. Die Läden müßten schließen.

»Wir verarmen«, sagte er und zappte in den Kanalregionen 80 bis 90 hin und her, ohne etwas Passendes zu finden.

Es dämmerte, und Hatice rauchte. Wenn es dämmerte, durften die Frauen in Ortahisar weder auf die Straße noch in eines der beiden Restaurants der Stadt gehen. Die Dämmerung war für sie das Ende des Tages.

»Warum dürfen die Frauen nicht mehr raus?«

»Die Männer trinken viel Wein und Raki.«

»Na und?«

»Dann reden sie schlecht über uns.«

»Und wenn …«

»Das Getuschel.«

»Ich verstehe.«

»Und irgendwann verlieren sie die Kontrolle über sich.«

»Die Männer.«

»Ja, die Männer.«

Um viertel nach neun ging das orangegelbe Licht der Laternen aus. Hatice hatte sich der Bürokratie zu widmen, und wir vertagten uns auf halb elf. Schwaden schwach geräucherter Luft verflüchtigten sich; irgend jemand verheizte etwas Holzfremdes. Nur der Manav Markt am Beginn des Platzes hatte noch geöffnet. Paletten mit Granatäpfeln, Kohl, Kürbissen, Äpfel, Birnen und Auberginen waren aufgebahrt. In einem Ständer klemmten fünfmal zehn verschiedene Sorten Chipstüten. In den fünf Teehäusern um den Platz brannte Licht. Sonst herrschte Dorfdunkelheit. In allen Teehäusern standen Rundtische für vier Personen mit geblümten Decken. An den Wänden hingen Atatürk- und Kappadokien-Poster. Es schien, als hielten sich alle zweitausend Männer Ortahisars in einem der Hinterräume eines der Teehäuser auf. Die Fenster waren beschlagen. Bis nach draußen waren auf den Tisch geschlagene Karten zu hören, aufs Brett geklackte Tavla- und in den Sichtschutz gestellte Okey-Steine. Ein junger Mann ließ sich für einen Euro bei Kuaför Beyit einseifen, rasieren und pflegen. Nebenan kämmte Kuaför Sevil seinen Gast beidhändig und reinigte ihm mit einem Wattebausch die Ohren. Bei Kuaför Aran, ein Haus weiter, fläzten sich vier Männer in drei abgelebten Ledersesseln mit präpariertem Handtuch über den Kopflehnen und starrten auf den Bildschirm. Der Laden mit zwei Friseurstühlen und einer Spiegelfront war neonhell erleuchtet. Lederbejackte Jugend ging über den Platz. Man hörte das harte Klacken der Absätze auf dem Kopfstein. Auf das weiche Schlurfen weiblicher Schlappen zu warten war sinnlos. Selbst Hatice brauchte Mut, abends über den Dorfplatz zu gehen. Einmal, das war Jahre her, wollte sie mit einer amerikanischen Bekannten in einem der beiden Restaurants unterhalb des Burgfelsens essen. Der Besitzer war nicht unfreundlich gewesen, aber er hatte ihnen den Zutritt verweigert. Frauen, hatte er gesagt, seien nicht gern gesehen. Frauen sollten abends zu Hause sein. An eine Geste des Bedauerns konnte sich Hatice nicht erinnern.

Nun geschah minutenlang nichts. Das Dorf blieb gefangen in

einer diffusen Unsinnlichkeit. Dann deutete heftiges Absatzklakken ein Schwergewicht an. Ein Mann mit schwarzem Umhang, der sich im Gehen eine Zigarette anzündete, steuerte auf das Teehaus gegenüber von Kuaför Sevil zu. Er öffnete die Tür des stickigen Raums und ging ins Hinterzimmer. Ich folgte ihm in unauffälligem Abstand. Vorne saßen drei alte Männer auf einer Bank unter dem Fernseher, das Teegläschen vor sich stehend. Der erste schnitt sehr pedantisch mit seinem Fingernagel einen Glücksspielschein aus der Zeitung aus. Der, der neben ihm saß, schielte und besaß einen schlecht imitierten Wilhelm-Zwo-Schnauzer. Er hatte nur noch vier Eckzähne und verblüffte mit erheblichen Segelohren. In seinen gichtkrüppeligen Fingern krümmte sich eine Zigarette. Der dritte war hager, groß, trug einen überaus bekannten schmalen Oberlippenbart, fragte nach meiner Herkunft, bot mir sofort freundschaftlich die Hand und sagte in einem Satz: »Hitler ist sehr gut! Ich liebe ihn. Er killte die Juden!«

Der an die Wand geschraubte Fernsprechapparat klingelte, und Hisar, der junge Teehausbetreiber, nahm eine Bestellung Tee auf. Kuaför Aran hatte angerufen. Ein Glas Tee kostete in Ortahisar zehn Cent. Hisar stellte vier Gläser aufs Tablett und sprang aus der Tür. Plötzlich stiegen fünf junge Frauen mit langen, offenen Haaren, nicht älter als dreißig, direkt vor dem Teehaus aus einem Mercedes. Die Aufregung schwoll. Die Frauen gingen hundert Meter weiter, da kam Hüseyin in ottomanischer Tracht mit bestickter, bordeauxroter Weste aus dem Bozaci'nin Yeri und begrüßte jede einzelne. Sie stolzierten durch das Café in den zweiten Raum, der, mit Teppichen aus Hatices Weberei ausgekleidet, das kitschig dekorierte Imitat einer Höhle war, weiter durch den Hintereingang, durch den Hatice immer gekommen war, bevor sie den Mut hatte, den vorderen Eingang zur Straße zu benutzen, stöckelten eine steile Treppe hinunter in ein Separée, wo bereits vier andere Frauen mit Highheels und offenen Haaren saßen und mit dem Handy an einer Unterhaltung arbeiteten. Dann ging die Tür zu. Von den Frauen war nichts mehr zu sehen.

Als Hatice etwas blaß von der Computerarbeit zurückkam, schlug ich ihr eine wagemutige Feldstudie vor, und sie willigte aus einem ganz bestimmten Grund ein. Empirisch zu untersuchen war folgende Frage: Wie reagieren vorbeigehende, stehende oder im Teehaus sitzende Männer an einem Freitagabend um zweiundzwanzig Uhr dreißig, wenn eine junge Frau mit offenem Haar allein über den Dorfplatz geht, und das durchaus gemütlich?

Hatice zog sich einen Ledermantel über, eine Sonnenbrille auf und ging betont weiblich von der Atatürk-Büste an den fünf Kuafören vorbei zum majestätischen Burgfelsen, auf dessen Spitze wie immer die türkische Flagge schwänzelte. Eine Dreiergruppe kam ihr entgegen. Die Männer, mit akkurater Nackenkante, die Haare prinzipiell kurz und kein bißchen weiblich, hatten sich untergehakt. Als sie Hatice sahen, blieben sie fassungslos stehen. Aus dem Teehaus gegenüber dem Bozaci'nin Yeri kamen zwei Honoratioren im Anzug, von denen einer ausspuckte. Zwei der vier Teetrinker bei Kuaför Aran starrten auf Hatice. Die jungen Drei drehten sich nach ihr um und stierten. Sie erreichte den Krimskramsladen am Ende der Hauptstraße, vor dem ein Ständer mit Postkarten von Ara Güler stand. Der Besitzer ignorierte Hatice angestrengt, als vergehe sie sich mindestens an jeder Art von Sittlichkeit. Wenn man seinen Blick richtig deutete, zeugte dieser von moralisch erlaubtem Abscheu, als sei Hatices Gang über den Platz sogar ein Verbrechen am Koran.

Sie wußte, daß sie die Sittenbrecherin von Ortahisar war, und sie wußte, daß sie ihr fahrlässiges Leben nur führen konnte, weil Ahmet hinter ihr stand. Im eigentlichen war er es, der die Traditionen des dörflichen Islam in der konservativsten Region der Türkei unterhöhlte, indem er über alles, was sie tat, Bescheid wußte. Er ließ zu, daß seine Tochter unverheiratet war, daß sie mit offenen Haaren über den Dorfplatz lief, daß sie Jeans trug und fremde Europäer nach Hause brachte. Es hatte den Moment gegeben, da Kamile einen Mann für Hatice im Auge hatte, doch Hatice hatte nicht ein Quentchen Gefühl für den Erwählten gehabt. Da war Ahmet aufgestanden und hatte gesagt, daß es Hatices Leben sei, daß sie, wie der Islam es vorsah, für ihr Leben verantwortlich sei, weil der Prophet gesagt hatte, daß jeder für sein Leben verantwortlich sei, und daß sie nicht heiraten müsse, wenn sie es nicht wolle. Vor Glück hatte sie geweint und Ahmet dann erzählt, daß sie oft zu Hüseyin ins Bozaci'nin Yeri gehe, weil der ihr einen Apfeltee und schöne Augen machte. Sie gehe durch die Hintertür, damit sie der Familie keinen Schaden bereite. Da hatte Ahmet sie gefragt, warum sie nicht durch die Vordertür gehen würde. Von diesem Tag an ging Hatice durch die Vordertür und ertrug das Getuschel, weil sie wußte, daß Ahmet zu ihr halten würde, auch wenn er im Teehaus den Spott der anderen zu ertragen hätte.

Hatice war die stärkste Frau, die mir auf der Türkeireise bisher begegnet war, und in ihrer Stärke war sie zugleich schwach. Am Tag, wenn der Schutz der Dunkelheit fiel, war sie dem bösen Blick direkt ausgeliefert. Selten wirkte sie entspannt, und selten wanderte ihr Blick nicht umher auf der Suche nach möglichen Angriffen männlicher Augen. Es gab Stunden in Ortahisar, da man nicht eine einzige Frau zu Gesicht bekam. Es waren lange, viele Stunden. Eine von Männern geprägte Struktur hat Selbsterhaltung zum Ziel, und man konnte die gewollte Entweiblichung des öffentlichen Lebens durchaus als Verlust an Sinnlichkeit empfinden. Die Entsinnlichung des Öffentlichen ließ die Männer das Sinnliche unter sich suchen. Sie gingen Hand in Hand, hakten sich unter, streichelten sich. Ihr Leben war eines in ständiger gegenseitiger Berührung, die zart zu sein schien. Je mehr Hatice über ihren Kampf für die Sinnlichkeit sprach, desto mehr setzte ihr dieser Kampf zu. Ihr Lächeln war dann nur noch eine Fratze des Schmerzes. Am Mittag klagte sie über Magenschmerzen. Sie roch übersäuert und ging schlafen.

In der Zitronengrotte brannten Glühbirnen

Ahmet legte größten Wert darauf, daß ich vorne saß, weil der alte Murat 131, der eigentlich Ali gehörte, die Schläge der Wellen und Löcher in den Straßen zu den Zitronenhöhlen schlecht abfederte.

Auf der Hinterbank hoppelten Hatice und ihre Cousine Behice, eine dürre Frau von vierundzwanzig Jahren mit dioptrinreichen Brillengläsern, die jede Möglichkeit nutzte, von zu Hause wegzukommen, hin und her. Regelmäßig schlugen die Köpfe der beiden Frauen an die Decke des Murat. Die Straße führte an Hunderten mit Eisengittern verschlossenen Höhlen vorbei. Dann kam Nummer 22. Es roch modrig. Ahmet hatte diese unterirdische Lagerhalle seit vier Jahren gemietet, zweihundert Quadratmeter für ein paar Lira von einem Freund, dem viele andere Höhlen und ein Hotel gehörten. Ortahisars siebenhundert Höhlen waren, seit die großen thermischen Fähigkeiten des Tuffsteins vor dreißig Jahren entdeckt worden waren, als natürliche Lagerräume bei den Plantagenbesitzern in Mersin und Adana sehr begehrt, weil die Temperatur bei konstant acht Grad lag, was Zitronen zu lieben schienen. Im vierzig Grad heißen Sommer lagen sie kühl, im bis zu minus fünfundzwanzig Grad kalten Winter erfroren sie nicht. Luft kam permanent durch zwei Belüftungsschächte, die von außen schmalen Schornsteinen glichen. So erhielt die unterirdische Lagerstättenwelt eine außerirdische Anmutung.

Das ganze Dorf lebte seit dreißig Jahren vom Exil der Zitronen. In den Höhlen 22 und 23 war die Leere schwarz, weil alles fort war und nicht einmal die Glühbirne funktionierte. Die Saison war vorbei. Jetzt mußte Ahmet sich und seine Familie vom verbleibenden Gewinn und der eintröpfelnden Rente ernähren. Konkurrenz unter den Zitronenhändlern gab es nicht. Konkurrenz war Sache der Ungläubigen, und ohnehin wurde Ahmet von allen geschätzt, denn er hatte ein ausgleichendes Gemüt und sprach stets im Namen einer höheren Weisheit. Wir fuhren weiter zur Großhöhle eines Bekannten etwas außerhalb von Ortahisar, Richtung Kavak, wo an just jenem Nachmittag die letzten Zitronen für den Weitertransport präpariert wurden.

Aus dem Eingang kamen Araber und schleppten auf dem Rükken drei Kisten, die sie auf die Ladefläche eines roten Lkws stellten, der am Abend nach Istanbul aufbrechen würde. Sie grüßten Ahmet und Hatice, und Behice nickte verschüchtert mit dem Kopf. In der

Höhle war es acht Grad kalt, das zeigte ein vormodernes Thermometer, und vier mit einem langen Kabel verbundene, an schlichten Schnüren aufgehängte Glühbirnen spendeten funzeliges Licht, wann immer der dieselbetriebene Generator es für nötig hielt. Zwölf Arbeiterinnen saßen in Wolljacken und Sackhosen nebeneinander im Schneidersitz auf hohen Polstern und mit Polstern belegten Holzkisten. Ihre Finger waren flink und wund vor Kälte. Jede einzelne Zitrone wurde aus der alten Kiste herausgenommen, geprüft, gereinigt und einer der drei Güteklassen zugeteilt: A für Europa, B für Türkei, C für Saudi-Arabien. Dreimal wurden die Zitronen nach Qualität sortiert: im März nach dem Pflücken auf der Plantage, im Juni während der Zwischenlagerung in der Höhle und im Oktober vor der Verladung.

Die Arbeiterinnen waren Schwestern, Töchter und Cousinen, die Arbeiter Männer, Väter und Brüder derselben Familie. Sie arbeiteten neun Stunden am Tag. Dafür bekamen sie siebzehn Euro. Am Abend erhielten sie einen Teil des Lohns, den großen Rest am letzten Tag. Deshalb waren sie an jenem Freitag so glücklich, denn am Tag darauf würden sie endlich nach Mersin und Tarsus zurückfahren, nach einem halben Jahr in Ortahisar, mit dem ganzen Geld im Gepäck. Seit sieben Jahren kamen sie im Hochsommer von der Südküste in die kappadokische Märchenwelt, bezogen die schlichten Zimmer der Zitronenarbeiterhotels, die Frauen in einem Stock, die Männer im anderen, bis das halbe Jahr absolviert war und sie genügend Lira zusammen hatten.

Schnell und mechanisch griffen sich die gerissenen, geschwollenen Hände die letzten Zitronen. Die von der ständigen Dunkelheit gereizten Augen begutachteten Größe und Zustand, dann wurden sie mit einem Lappen gereinigt, weitergereicht, von der Nachbarin in ein Spezialpapier eingewickelt und in eine Kiste gelegt. Es gab Kisten mit 100, 125, 150, 180, 210 und 250 Stück. Alle Kisten hatten die gleiche Größe. Waren es 210er, so waren es kleine, waren es 100er, so waren es prächtige Zitronen. Während der einjährigen Lagerzeit gewannen die Zitronen an Saft und konnten ihre Größe verdoppeln. Achtzig Kisten schaffte eine engagierte Arbeiterin pro

Tag. Am Abend mußten tausend Kisten fertig sein, wenn der Lkw nach Istanbul auf den Großmarkt fuhr, der die gesamte Türkei belieferte und die Ware nach Europa verkaufte. So hing das Leben im Süden der Türkei ab vom weltweiten Bedürfnis an A-, B- oder C-Zitronen.

Manche der Arbeiterinnen, die zehn Jahre älter aussahen, als sie waren, lebten ein halbes Jahr lang in der Hoffnung, nicht am nächsten Morgen zu sterben. Sie hatten keine Sozial- und keine Krankenversicherung. Wenn sie krank wurden aufgrund des fehlenden Lichts oder der ständigen Kälte oder der schlechten Ernährung, dann konnten sie nur hoffen, daß manches Geld aus dem letzten Jahr von den Männern noch nicht versoffen war. Die Ärzte waren teuer, und sie waren ja nicht in der Heilsarmee.

Manches hatte sich verändert

Als der Muezzin zum vierten Gebet rief, schloß Ahmet den Murat 131 ab, obwohl es undenkbar schien, daß irgend jemand dieses Auto hätte stehlen wollen können. In Ortahisar kannte man ja nicht mehr jeden. Früher hatte niemand seine Wohnung abgeschlossen. Alle waren Brüder und Schwestern gewesen. Heute aber wußte man eben nicht mehr, ob Araber aus dem Süden kämen oder Kurden aus dem Osten, und wer es war, der da in den Zitronenhöhlen die Kisten schleppte, es gab viele Fremde im Dorf, Europäer und Amerikaner, die die alten Felswohnungen Kappadokiens aufkauften und daraus schöne Häuser oder Hotels machten. Der Stolz auf sein Land ließ auch den besonnenen Ahmet zu einem echauffierten Kämpfer gegen den angeblichen Ausverkauf der Türkei werden. Auch er kannte die Gerüchte, daß »die Juden« angeblich den Osten der Türkei einzustreichen begonnen hatten, und auch er war nicht mit den Finessen der Skepsis gesegnet, diese Gerüchte erst einmal auf ihren Wahrheitsgehalt hin zu prüfen. Gerüchte waren bequem. Skepsis und Differenz konnte in den Teehäusern Ortahisars nicht gedeihen, die eher Treibhäuser der Ragen und Übertreibungen waren, und die Saat der Minderwertigkeit fand immer einen, der daraus einen Komplex zu entwickeln vermochte.

»Unser Land hat Geschichte«, sagte Ahmet, »wir haben gutes Wasser, gute Luft ... und gute Menschen mit großen Herzen!«

»Sind Sie so stolz wie Atatürk, ein Türke zu sein?«

Wie konnte ein Schwiegersohn so etwas fragen!

Hatice hatte uns bei Behice eingeladen, und Behices Vater Osman saß auf einer hochgestemmten Matratze vor dem Fenster. Er hatte eine große Brille, rauchte und sah über Satellit die Sendung »Chasse et Pêche« auf einem französischen Privatsender. Gern zappte er zwischen den Kanälen 80 und 90, dann hielt er einmal inne, und man sah Tausende in weißer Djellabah vor der Kaaba in Mekka, wo um 11.14 Uhr Ortszeit der Muezzin das Allahu ekber verkündete. Behices Großmuter Remziye, die auf der Matratze an der Wand wie auf einer Chaiselongue lag, hatte Tränen in den Augen. Sie mußte immer weinen, wenn sie Mekka sah. Osman zappte zurück auf »Chasse et Pêche«, wo eine Jagd live übertragen wurde. Wir sprachen über tote Tiere und darüber, daß das Dorf sich in den letzten Jahren verändert habe, daß es so viele Araber gebe, weil die billiger arbeiteten, »die Hälfte des Lohns!«, flocht Behices Mutter Emine ein. Wir sprachen darüber, daß es in diesem Jahr keinen Regen gegeben habe und keinen Schnee und daß alles besser werde, wenn die Türkei in der Europäischen Union sei und daß es ihn, Osman, mit Stolz erfülle, wenn er die türkische Flagge sehe, weil Abertausende türkische Soldaten für dieses Land gefallen seien, deshalb sei das Blutrot der Flagge eine so wichtige Farbe.

»Es hat sich ja alles verändert«, sagte Remziye. »Früher bin ich völlig verhüllt durchs Dorf gelaufen und habe automatisch weggesehen, wenn ein Mann kam.«

Als Zehnjährige hatte Remziye sich zu verhüllen begonnen. Sie mußte es wollen. Sie hatte nur verhüllte Frauen gesehen. Siebzig Jahre war das her. Hatice lächelte.

Wann hatte das aufgehört?

»Was?«

»Das Wegsehen.«

Remziye wußte es nicht zu sagen. Hatte es je aufgehört? Sie sah zu Osman. Der justierte seine Brille und hielt die Fernbedienung wie einen Schatz.

»Haben Sie den Koran gelesen, Remziye?«

»Nein.«

»Sie haben das heilige Buch nicht gelesen?«

»Ich habe immer im Garten gearbeitet und war auf keiner Schule.«

»Können Sie lesen?«

»Nein.«

»Aber Sie wissen, was der Koran verbietet?«

»Ich kenne die entscheidenden Suren aus den Predigten des Imam.«

Es war Remziye gewesen, die gewünscht hatte, Osman möge Emine heiraten. Sie hatte Emine gesehen und war zu ihrer Familie gegangen, ein paar Häuser weiter. Osman hatte Emine einmal zuvor gesehen, Emine Osman nie. Als Emines Vater ihr eröffnet hatte, Osman würde ihr Mann, hatte sie nichts gesagt. Sie hatte genickt. Dann hatte sie gedacht, tamam, meine Familie hat das beschlossen. Sie hatte es hingenommen. Tamam. In Ordnung. Osman war damals siebzehn, Emine zwanzig. Tamam. Ein Jahr später wurde Behice geboren und bekam schon früh eine Brille.

»Lieben Sie Osman heute immer noch?« fragte ich Emine, die sich hinter ihren Mann zurücklehnte, um nicht in Remziyes Blickfeld zu sein. Osman hantierte mit der Fernbedienung. Emine lächelte verschüchtert, und doch kam irgendwann so etwas heraus wie ein Nicken, dann ging sie in die Küche und kam nach ungewöhnlich langer Zeit mit neuen Nüssen wieder.

Emine war eine schüchterne Person. Immer wenn Osman fertiggeraucht hatte, stellte sie fast beiläufig einen sauberen Aschenbecher auf die Matratze.

»Warum ist die Heirat so wichtig?«

»Allein zu leben ist sehr, sehr hart. In der Türkei kriegt man als Frau keine Arbeit«, sagte Osman.

»Finden Sie das richtig?«

»So ist es eben.«

Hatice lächelte und schwieg. Vielleicht hatte sie in diesem Augenblick ein Gefühl der Genugtuung, fühlte einen Gran Stolz auf sich, auf Barbara, ihre Chefin, auf ihr Projekt der Teppichfrauen, die Geld bekamen und einmal im Monat kostenlos den Arzt besuchen durften. Die Sittenbrecherin aß Hasel- und Erdnüsse aus kleinen Schälchen, ab und zu griff auch Behice hinein, die vielleicht nie einen Mann bekommen würde.

»Bei uns sagt man, Gott will, daß der Mensch heiratet. Und wenn Gott das sagt, muß man es tun. Man soll einen Menschen finden und heiraten«, sagte Remziye.

»Aber heute heiraten die Menschen immer weniger, und sie sind viel älter, wenn sie heiraten. Und es gibt viele Scheidungen.«

»Das ist in den großen Städten, da werden die Traditionen mit Füßen getreten. Das ist schlimm.«

»Aber wir wissen, daß die jungen Leute auf dem Land die Traditionen noch kennen und achten«, sagte Osman.

War das der Grund, warum Hatice in Ortahisar blieb – weil die Tradition einerseits Sicherheit gab und andererseits die schiere Möglichkeit, sie zu brechen, Freiheit bedeutete?

Immerzu drängte Remziye, Nüsse und Trauben aus dem Garten zu essen, und Behice wurde angehalten, Brot zu besorgen und Tee aufzugießen. Im Haus roch es nach Seifenlauge. Behices Schwester Sevgi hatte den Boden gewischt. Sie wischte ihn jeden Tag. Behice holte Tee, verdünnte ihn mit heißem Wasser, während sich Osman eine Zigarette ansteckte. Es gab kein Regal und kein Buch im Wohnzimmer, nur weiße Wände und eine Uhr über der Tür. »Chasse et Pêche« lief ohne Ton, da fiel ein Reh, und Osman war nicht mehr ansprechbar. Er hatte eine emotionale Nähe zu toten Tieren. Sein Leben lang war er Koch gewesen. Jetzt war er dreiundvierzig und pensioniert. Er hatte mit Lämmern und Schafen und Rindern zu tun gehabt, und er haßte Schweine. Warum aber haßte ein Koch, der aus religiösen Gründen mit Schweinen niemals Umgang hatte, dann gerade Schweine? Er hätte Schweine ablehnen oder häßlich finden oder als minderwertig ansehen können. Aber hassen?

»Ein Schwein ist ein unreines Tier.«

»Wie kommen Sie darauf?«

»Ein Schwein frißt tote Tiere, es frißt seine Exkremente, es frißt Müll und stinkt.«

»Kühe stinken auch.«

»Die fressen aber nur Gras.«

»Menschen fressen auch tote Tiere«, sagte ich.

»Schweine stinken nach unreinem Blut!« sagte Hatice empört.

»Wenn du Schweinefleisch berührst, stinken deine Hände noch Tage später«, sagte Osman.

»Dann haben Sie also schon einmal Schweinefleisch berührt?«

»Nein. Ich habe davon gehört.«

Lütfiye und Naile hatten einen Traum

Seit sie die Teppichfrauen waren, färbten Lütfiye und Naile ihre Fingernägel mit Henna. Abends tauchten sie sie zur Hälfte in den Tiegel, am nächsten Morgen waren sie rot. Etwas Schönheit im Leben war nie verkehrt. Drei Monate dauerte es, bis die Farbe rausgewachsen war. Lütfiye und Naile waren in Ortahisar geboren, und sie würden hier sterben, und wenn es nach ihnen ging, war es nicht der schlechteste Ort zu sterben, denn das Dorf war hübsch und von Allah gesegnet.

»Wir haben alle Angst, in die Hölle zu kommen!« sagte Lütfiye und rückte ihre Halskrause zurecht, die sie seit Wochen vorsorglich trug, weil die Arbeit so anstrengend war. Abermals saßen wir auf dem gepolsterten Sims der Gewölbezelle ihrer Teppichweberei. Hatice rauchte eine Zigarette zu Ende und ließ einen Raum der Stille zu, in dem man nur das Abreißen der Fäden hörte und das Lodern des Ofenholzes. Sie zog ihr rechtes Bein heran und legte das Kinn auf dem Knie ab. Niemand sprach. Draußen dämmerte es, die Felsen leuchteten honiggelb, und ich wurde mir des unerhörten

Privilegs bewußt, allein mit drei Frauen in der Stille einer Gewölbezelle im Haus eines der konservativsten Dörfer des Landes ungestört über Männer, Propheten und die Liebe reden zu können. Da bereitete sich der Moment vor, daß Hatice etwas sagen würde, was sie vorher noch zu niemandem gesagt hatte. Dieser Moment schuf sich seine Voraussetzungen. Seine Stille barg eine Ungeheuerlichkeit in sich, die Anlauf nahm, endlich gesagt zu werden.

Mit aller mir zur Verfügung stehenden Diskretion begann ich, indiskret zu werden. Schon am Tag zuvor hatte ich die Frage stellen wollen, die Stimmung aber nicht einladend genug gefunden. Abends war die Stimmung gut, aber Hatice hatte Magenschmerzen.

»Ist dein Herz vergeben?« fragte ich also.

Sie lächelte und vermied Augenkontakt. Ich sah sie direkt an. Die Angst vor dem Verderben verlieh ihr etwas Unverdorbenes. Ihre Haut war rein und gerötet.

»Wenn du darüber nicht sprechen –«

»Ich habe vor kurzem einen Mann kennengelernt«, sagte sie.

»Hier im Dorf?«

»Nein, er lebt in Istanbul.«

»In Istanbul, wie schön.«

»Er will, daß ich zu ihm komme und ihn heirate.«

»Aber du liebst deine Familie mehr …«

»Familie ist immer das Wichtigste.«

»Ist dir dein persönliches Glück nicht wichtiger?«

»Meine Familie ist mein persönliches Glück.«

Ihr Lächeln war gezwungen, und ihre Stimme wurde immer leiser.

»Ist er dein erster Freund?«

Sie lächelte und kramte in ihrer Handtasche nach der Zigarettenschachtel, ließ die Kippe aber stecken, weil Naile hustete.

Es war deutlich zu spüren, daß in Hatices junger Brust die Dämonen rangen und auf ihren Schultern Allahs Wächter saßen. Sie wollte gestehen, ja, aber sie wollte nicht noch tiefer in die Hölle sinken. Daß sie in die Hölle käme, daran war nicht zu rütteln, das wußte sie. Aber jetzt noch alles schlimmer machen? Sie schüttelte den Kopf und biß in gedrückter Haltung an einem ihrer gepflegten Nägel.

»Er ist nicht dein erster Freund.«

Sie schüttelte den Kopf und biß weiter. Lütfiye stöhnte: Ach, der Rücken.

»Ich …«

Sie sah im Raum umher, ob der Erzengel da sei.

»Der fünfte.« Mein Verständnis beruhigte sie. Es gab ihr Mut, daß ich nicht aus allen Wolken fiel. Sie war fünfundzwanzig Jahre alt, unverheiratet, kinderlos und hatte vier Freunde verschlissen. Der Erzengel führte Buch über ihre Verbrechen. Er saß auf der linken Schulter, und manchmal spürte sie das Gewicht des Buches, in das er schrieb, um es nach ihrem Tod beim Jüngsten Gericht Allah vorzulegen, dem nichts anderes übrig bliebe, als sie angesichts der Liste ihrer Harams in die Hölle einzuweisen.

»Mit allen vier anderen habe ich Schluß gemacht.«

Ich nickte ihr zu.

»Zwei Heiratsanträge habe ich abgelehnt, aber bitte –«

»Von mir wird Ahmet kein Wort erfahren!«

Sie sah mich direkt an.

»Auch Sultan und Ali nicht. Niemand weiß es. Nicht einmal Behice.«

Einige Sekunden vergingen, ehe Lütfiye sich mühsam drehte und nach meinem Ehering fragte.

»Auch keine Kinder?«

»Auch nicht«, sagte ich.

Naile schien über soviel Einsamkeit den Kopf zu schütteln, was aber auch einem störrischen Wollknäuel geschuldet sein konnte.

»In Europa seid ihr eben einfach anders«, sagte Hatice.

»Verzeih mir, aber hattest du schon einmal Sex?« fragte ich sie.

Wie empört dieses schöne Gesicht sein konnte!

»Um Gottes willen!«

Ich fürchtete, einen nicht gutzumachenden Vertrauensbruch begangen zu haben. Sie griff nach der Schachtel und steckte sich die elfte oder zwölfte oder dreizehnte Zigarette an, setzte sich plötzlich aufrecht hin, und ich merkte, daß das Wort Sex auch ihren Körper beschäftigte.

»Mein Familie sagt … na ja, der Koran … also der Koran sagt, Sex vor der Ehe ist Haram.«

»Der Koran sagt auch, daß ein Freund vor der Ehe schlecht ist.«

Es war, als blätterte der Erzengel den entsprechenden Eintrag herbei. Das Lächeln der Hatice. Sie zuckte. Und dann brach der Damm.

»Sex ist überhaupt nicht wichtig, ich werde das niemals vor meiner Hochzeit tun. Es ist das Wichtigste, daß man verheiratet ist, bevor man das erste Mal Sex hat, wir müssen doch auf unsere Seele achten …«

Lütfiye und Naile woben fort.

»… Allah weiß, was schlecht ist.«

»Was hast du mit deinen vier Freunden gemacht?«

»Was gemacht?«

»Na, habt ihr euch berührt?«

»Natürlich, man hält sich an der Hand.«

»Und küssen, hast du deine Freunde geküßt?«

Sie lachte auf.

»Allah will nicht, daß man sich vor der Ehe küßt.«

»Ja, aber was willst *du*? Küssen ist doch etwas Schönes …«

Sie stand auf und verließ die Gewölbezelle. Lütfiye und Naile sahen ihr hinterher. Es vergingen zwei Minuten in stiller Scham. Hatice telefonierte mit dem Handy. Dann kam sie zurück, setzte sich auf ihre Hände und atmete einmal durch. Ob sie mir etwas sagen dürfe.

»Wenn ein Mann und eine Frau zusammensitzen«, hob sie an, »dann denken sie an Sex. Deshalb ist es verboten für zwei unverheiratete Menschen, eng zusammenzusitzen.«

»Und drei?«

»Drei dürfen ohne weiteres zusammensein.«

»Und dann denken sie nicht an Sex?«

»Wie soll das denn gehen, zu dritt?«
»Es geht ja um den Gedanken.«
»Es ist nicht gut.«
»Wir sitzen hier zu zweit nebeneinander auf dem Sims. Denkst du jetzt an Sex?«
Sie suchte nach einer Ausflucht.
»Wer mich heiratet, muß Muslim sein.«
»Ist der Glaube wichtiger als die Liebe?«
»Natürlich.«
Es gab in Hatices Leben einen Mann, den sie mehr liebte als jeden anderen, an den sie mehr glaubte als an jeden anderen. Da war an Sex nicht einmal zu denken.
»Ich kann mir Sex vor der Ehe vorstellen, ja. Aber ich kann es nicht tun, weil ich Muslimin bin.«
»Und wenn du keine Muslimin wärst?«
»Dann würde mir das vielleicht gefallen.«
»Du akzeptierst also dein Begehren?«
»Wenn ich keine Muslimin wäre: ja.«
»Aber du gibst ja in diesem Moment zu, daß du auch als Muslimin sexuelles Begehren hast.«
»Aber ich mache es nicht vor der Hochzeit.«
»Warum nicht?«
»Weil Allah es für schlecht hält.«
»Was würde denn passieren?«
»Vielleicht wird mich der Mann dann nicht heiraten, weil alle Männer immer nur an Sex denken.«
»Frauen auch.«
»Niemals!«
Sie beschwor dieses Niemals! dreimal, als wäre es die schärfste Waffe, mit der sie sich gegen jede Form der eigenen Verführbarkeit zur Wehr setzen konnte, gegen die Macht des linken Erzengels, eine Waffe, mit der sie für den Propheten und die Wahrheit in die Schlacht gegen Eros und Diane und all die üble Verkommenheit des Körperlichen zog.
»Wenn es einmal passiert ist …«

»… Sex vor der Ehe?«

»Ja, dann bin ich nichts mehr wert, und der Mann sucht sich eine andere Frau, und meine Ehre ist zerstört.«

»Und wenn Sex erst nach der Hochzeit geschieht: Ist der Mann dir denn dann für immer sicher?«

»Es ist sicherer für die Frau.«

»Das heißt, alles, was Gott will, ist, daß die Frau sicher und vor der Einsamkeit geschützt ist?«

Das Lächeln der Hatice war eindeutig.

Wir mußten gehen. Zum Abschied gab ich Lütfiye einen unverschämten Kuß auf die Wange und Naile die Hand. Die beiden Alten hatten ihre Freude am Spiel mit dem moralischen Feuer.

»Habt ihr Träume?« fragte ich, als Hatice schon draußen war.

Sie sahen sich lächelnd an.

»Wovon träumst du?« fragte ich Naile.

»Ich will«, sagte sie, »daß mein Sohn eine gute Arbeit als Elektriker findet und endlich eine Sozialversicherung bekommt.«

»Und du, hast du einen Traum, der in Erfüllung gehen soll?«

Lütfiye überlegte lange, während sie den Kelim kämmte.

»Ja.«

»Kannst du ihn sagen?«

Sie tat etwas verschämt.

»Ich habe ihn noch nie einem Mann erzählt …«

»Einmal nach Istanbul oder ein schönes großes Haus vielleicht oder einen großen Garten?«

Sie drehte ihren Kopf in der Krause.

»Ich will einmal in meinem Leben nach Mekka.«

Naile applaudierte mimisch.

»Auf die Hadsch?«

»Wir wollen einmal in unserem Leben bei Mohammed sein und an seinem Grab beten.«

»Gott will es«, sagte Naile.

Das verschämte Zwitschern eines Spatzes

Über den Verwerfungen, den Gräben, Furchen und Spalten, den Rücken, Graten, Fingern und Pyramiden, den Naturbühnen der kappadokischen Selbstinszenierungen, dort, wo die Feenkamine aufragten wie mythologische Phallussymbole, fauchten am jungen Morgen bereits die Heißluftballone, mit denen schwäbische Touristen das Märchenmondland von oben per Digicam in Augenschein nahmen. Uchisar sah aus wie Breughels Turm zu Babylon, und seine Minarette muteten an wie die Sendemasten von Türkcell. Zwischen den Felsen gediehen in winzigen Gärten lilafarbene Trauben und gaben eine Ahnung auf das mohammedanische Paradies. Die Häuser der Dörfer waren mit dem Fels verwachsen, in den Fels gewachsen, waren dem Fels entwachsen, es waren Höhlen, Gräber und Wohnungen, Diaspora-Behausungen in den ersten Jahrhunderten der neuen Zeitrechnung, als verfolgte Christen hier dem dreieinigen Gott huldigten.

Vier Stunden Fahrt waren es von Uchisar nach Konya, wo ich nach telefonischer Ansage von Orhun einen Kurator treffen sollte, der mir einen persönlichen Zugang zu Ara Güler verschaffen konnte. Ich fuhr die highwayähnlich sturen Straßen durchs Canyonland von Göreme über Nevşehir Richtung Westen, lauschte im Radio den eunuchenhaften Koloraturen von Ibrahim Tatlises und war, während mir auf der Straße zwei wankende Alte an der Seite eines vom Gewicht vieler Kartoffelsäcke würdelos stapfenden Esels entgegenkamen, mit Hatices Seele beschäftigt. Als am Abend zuvor die Sonne in die Furchen gesunken war, hatten wir uns, nach dem intimsten Geständnis, das zu machen sie in der Lage war, mit einem Kuß auf die Wange voneinander verabschiedet. Lange dachte ich über diese Szene nach und rief sie mir in den Kopf zurück.

Wir waren über den Dorfplatz spaziert, verschämt hatte ein Spatz gezwitschert, und Hatice wußte, daß sie mir eine Antwort schuldig war. Es hatte gedämmert, die Laternen waren angesprungen, Katzen hatten sich um eine Maus gestritten. Auf den Stuhllehnen von Kuaför Aran hatten dieselben geblümten Handtücher wie schon am Morgen gelegen. Das Bozaci'nin Yeri war geschlossen, Hüseyin mit seiner Frau über den Basar von Ürgüp geschlendert. Die Männer waren in die Teehäuser eingelaufen, und die halbstarken Tuschler hatten sich schon vor den Granatäpfelkisten am Manav Markt postiert. Nicht weit von der Atatürk-Büste entfernt war Hatice plötzlich stehengeblieben. Und dann hatte sie allen Mut zusammengenommen, mich angesehen und gesagt:

»Ja, ich habe schon einmal geküßt.«

Der Damm war gebrochen. Sie hatte es noch niemandem erzählt. Sie hatte es niemandem erzählen können. Wortlos waren wir weiter in Richtung des Elternhauses gegangen. Der Schneider hatte gegrüßt, und der Alte, der seinem Esel die Haare geschnitten hatte, war auf einem Berg von Wurzeln gesessen und hatte nichts getan.

Sie hatte zu lächeln aufgehört, und ihr Schweigen einen unglaublichen Ernst intoniert. Sie war noch nicht am Ende mit ihrem Geständnis. Etwas Schwerwiegendes würde folgen, etwas ihre gesamte Existenz Durchzuckendes. Ihr Körper war unruhig gewesen, sie hatte sich verschluckt. Wir waren langsamer spaziert, ein Einspänner war vorbeigekommen, der Fahrer hatte die Hand gehoben. Endlich hatte Hatice den Mut gehabt, von ihrer großen Liebe zu erzählen.

Es gab einen Mann, den liebte sie mehr als ihren Vater Ahmet. Es war eine erfüllte Liebe und eine unerfüllte zugleich. Nie würde sie diesen Mann berühren können, nie mit ihm sprechen, ihn niemals küssen können. Seit sie sechs war, dachte sie täglich an ihn. Sie hatte ihn noch nie gesehen, aber er war alles, was sie hatte, was ihr Halt und Schutz gab. Nur er wußte, wer Hatice wirklich war. Er würde sie leiten. Er würde sie ins zweite Leben nach dem Tod führen, ins Paradies, wo es alles gab, was man sich wünschte, wo es Honig gab, wo jeder fünfunddreißig Jahre sein würde und ewig leben. Niemanden liebte Hatice so sehr wie den Propheten Mohammed.

»Jeden Tag lebe ich in der Angst, in die Hölle zu kommen«, sagte Hatice.

Als Europäer hatte man in diesem Augenblick kein Recht zu widersprechen.

»Ich werde brennen«, sagte sie, »aber ich habe ein gutes Herz« – es klang wie eine Beschwörung – »und irgendwann werde ich dann aus der Hölle in den Himmel kommen.«

Es war nicht schwer zu erkennen, daß sie trotz Magenschmerzen, trotz des Getuschels der Halbstarken und Honoratioren, trotz durchgearbeiteter Nächte und ihrer immer tiefer sich grabenden Augenringe und der fahl gewordenen Haut es niemals abgelehnt hätte, mich die ganzen Tage durch Ortahisar zu begleiten, obwohl uns der Zufall an irgendeinem Sonntag morgen zusammengespült hatte. Und es war klar, daß sie die Gelegenheit unserer Begegnung nutzte, um die Erzengel milde zu stimmen, daß der gute Engel, der auf ihrer rechten Schulter saß, ihre Hilfsbereitschaft vermerken und in das Buch eintragen würde und daß, wenn Allah die beiden Bücher eines Tages lesen würde und gegeneinander aufrechnete, ihre Zeit in der Hölle nicht allzulange währen würde, bevor sie ins Paradies überführt würde.

Ja, so war es, und so war es gut. Wie erschöpft war Hatice nach ihrem Geständnis! Wie gelassen war ihr Lächeln.

Wie wahr endlich.

Konya-Krieger

Lust und Leichtsinn waren abwesend

Beklemmung ist ein diffuses Gefühl für die Macht des Unstimmigen. Mehr noch, es ist die Ahnung einer Unübersetzbarkeit, als sei eine Synchronisierung zwischen dem eigenen Inneren und dem Äußeren der Welt nicht herzustellen, als sei das eigene Ich nicht verzahnbar mit dem Subjekt einer Stadt. Jede Stadt hat ein Subjekt, genaugenommen ist sie ihr Subjekt. Sie hat einen subjektiven Nukleus und einen eigenen Willen. Gewissermaßen besitzt jede Stadt ihre urtümliche Grammatik, die zu dechiffrieren für einen Anreisenden lösbare Aufgabe und lehrreiche Last zugleich ist. Wie mit fremden Sprachen, in deren Sinngewebe der eine ohne weiteres einzudringen vermag und der andere beim besten Willen nicht, ist die Einfühlung in die Syntax einer Stadt bisweilen Begabungssache.

Man spürte sofort, daß Konyas berstende Vitalität nur vorgetäuscht war. Es war eine betäubende Vitalität um ihrer selbst willen, um das Diesseits besser ertragen zu können, ehe das paradiesische Jenseits mit Milch und Honig, Wein, Weihrauch, Myrrhe, Zimt, Moschus, Gold, Perlen, Parfüm und ewiger Jugend für den Gläubigen seine Pforten öffnen würde. War man Allah in Konya näher? Und hatten die Priester und Prediger hier, in einem der ältesten Siedlungsgebiete Anatoliens, einen direkteren Bezug zum mohammedanischen Elysium mit all den vermutlich erlesenen Jungfrauen?

Zwar trieben die Fahrer der unzähmbaren Mercedes- und der türkisfarbenen Isuzu- und Peugeot-Kleinbusse aus den sechziger und siebziger Jahren den Verkehrswahnsinn voran, doch immer war es, als hinderte sich das Leben selbst an seiner irdischen Entfaltung, weil es sich einer höheren Aufgabe verschrieben hatte. Nicht nur, daß eine neblige, feuchte Kälte über der Stadt lag und der Concierge des Hotel Ankara partout nicht ansprechbar sein wollte, weil er in Bugs Bunnys Abenteuer auf Kanal 7 versunken war. Viel grundsätzlicher verstimmend war die Abwesenheit von Lust und Leichtsinn bei gleichzeitiger Steigerung von Strenge und Heiligkeit. Obwohl sich die Temperamente in den Straßen und Gassen im Wechselspiel auf- und entluden, zirkulierte Konyas Körper in einem Schaltkreis negativer Energie; zusätzliche Generatoren schienen installiert worden zu sein, um sittlichen Starkstrom in seine Adern zu pumpen, auf daß die Stadt ihre Seele in Spannung halte. Es gab Türken, die Konya für den konservativsten Fleck ihrer Republik hielten, und andere, die die Stadt genau dafür verabscheuten. Und es gab Menschen, für die Konya fast so bedeutend war wie Mekka. Ohne Zweifel lag hier das Zentrum islamischer Gelehrsamkeit.

Nach den Tagen in Ortahisar, im Eifer der kappadokischen Gemüts- und Sittenlehre, war es nicht vermessen, Konservatismus mit dem Einfrieren koranischer Strukturen männlicher Macht und Selbsterhaltung gleichzusetzen. Je konservativer, so die Vermutung, desto selbstverständlicher schien es, die Buchstaben der Offenbarung, obwohl sie vor etwa 1350 Jahren von wem auch immer zu Papier gebracht worden waren, eins zu eins ins alltägliche Leben umzusetzen. Die Suren 24 oder 31 waren, wenn auch keine Paragraphen der staatlichen Verfassung, so doch ethisches Gesetz. Vor allem Sure 4, *Die Weiber*:

»*Die Männer sind den Weibern überlegen wegen dessen, was Allah den einen vor den anderen gegeben hat, und weil sie von ihrem Geld (für die Weiber) auslegen. Die rechtschaffenen Frauen sind gehorsam und sorgsam in der Abwesenheit (ihrer Gatten), wie Allah für sie sorgte. Diejenigen aber, für deren Widerspenstigkeit ihr fürchtet – warnet sie, verbannet sie in die Schlafgemächer und schlaget sie. Und so sie euch gehorchen, so suchet keinen Weg wider sie; siehe, Allah ist hoch und groß.*«

Verhüllte Weiber weinten vor Glück

Es war ein ungeheuerlicher Moment, als ich, den gerühmten Alaettin-Hügel im Stadtzentrum hinaufflanierend, am ersten Abend kurz nach neun Dutzende junger Weiber, bedeckt mit Kopftüchern, Turban, die Körper unter dunklen Mänteln verborgen, entfesselt oder weinend über den Platz zu einem Konvoi von zwanzig Bussen rennen sah, die genau darauf warteten. Die Fahrer standen vor den geöffneten Stauräumen, lachten und riefen sich Parolen zu. Dem ersten Dutzend Weiber folgte ein zweites und dem immer weitere. Zufall und Eingebung führten mich nach hundert Metern zum Eingang des Kongreßzentrums, für dessen betonplumpe Häßlichkeit trotz tröstlichem Apricot kaum poetische Worte aufzutreiben waren. Humpelnde Dicke arbeiteten sich die Treppe herunter, überholt von flinken Schlanken. Der Grad ihrer Verhüllung war unterschiedlich, wobei auch Mädchen nichts weiter frei gelassen hatten als ihr Gesicht zwischen Augenbraue und Unterlippe. Am Treppenabsatz standen Männer in dunklen Anzügen und rauchten; ihr Altersschnitt lag geschätzt bei dreißig. Obwohl gerade etwas zu Ende gegangen sein mußte, herrschte, wie nach einer geglückten Masseninspiration, ein Gefühl des Aufbruchs. Ankündigungen oder Plakate waren nirgends zu finden, im Vorraum stand ein Tisch mit Büchern und Broschüren, auf deren Umschlagseiten das Gesicht eines weißhaarigen, bärtigen alten Mannes zu sehen war.

Ein Schrei gellte, man drehte sich um, nichts geschah. Als gäbe es keine Zeit zu verlieren, strömten Weiber aus einem großen Saal, in dem für Hunderte gestuhlt war; eifrige Helfer mit weißen Hemden und Krawatte trugen eine Sitzreihe nach der anderen ab, eine Großleinwand wurde eingerollt und die Türkei-Flagge unter der Bronzemaske Atatürks aufgehängt, was nahelegte, daß das Gebäude ein staatliches sein mußte und für kurze Zeit zweckentfremdet worden war. Erstaunlich blieb, daß ausnahmslos junge Männer und Frauen anwesend waren und mit einer organisierten Beflissenheit zu Werke gingen. Am Bühnenrand versuchten zwei Techniker einen

Monitor zu entkabeln. Ich fragte nach dem Profil der Veranstaltung, und dann wurde Göksel herbeigerufen, der so etwas war wie ein Sprecher. Ein hagerer, zartgliedriger, junger Mann, der, hätte er sich nicht vorgestellt, keinerlei Aufmerksamkeit auf sich zu ziehen vermocht hätte.

Ja, es hatte einen, so sagte er, »bewundernswerten« Vortrag gegeben. Nein, ein Vortragender sei nicht anwesend gewesen. Doch, es habe den Vortrag über Video gegeben. Nein, das Video sei eine Aufzeichnung aus dem Jahr 1980 gewesen. Ooooh! – gesprochen habe Mehmed Zahid Kotku, neununddreißigster Nachfolger des Propheten. Ein weiser Mann mit weißem Haar und vollem Bart, spitzen Lippen und erkennbaren Schlupflidern. Göksel wurde mehrfach verlangt, also verabredeten wir uns für später im Vorraum.

Er zog sich einen dunklen Mantel über, umarmte zwei Helfer, legte sich einen Schal um, klemmte sein Toshiba-Notebook unter den Arm, dann gingen wir die Stufen des Alaaddin Kongres Salon hinab auf den weiberlosen Vorplatz und spazierten von dort durch den Stadtpark auf dem Zitadellenhügel nach unten. Im Teegarten mit Blick auf die Alaaddin-Straße, an deren ein Kilometer entferntem Ende die Mevlana-Moschee, deren im Spotlicht erstrahlende Kuppel in den Himmel über Konya ragte wie eine türkisfarbene Mahnung zur ewigen Demut, stand, spielten junge Männer Tavla und Okey. Göksel gestand eine gewisse Müdigkeit ein, so daß wir unser folgenschweres Gespräch über Mehmed Zahid Kotku Khawaja Effendi aus Bursa für den kommenden Tag, dreizehn Uhr, in ebenjenem Teehaus ansetzten.

Sie sangen den elegischen Refrain eines Liebesliedes

Es wurde, während der Westen in der Ferne noch glühte, ganz plötzlich dunkel und mysteriös still, da stolzierte mit festen Highheel-Schritten und rosafarbener Schmetterlingshaarspange eine junge Frau an einem Blumenladen mit Sträußen aus Kunstnelken und Plastikrosen vorbei, während sich, wie gewohnt leidenschaftlich, der Muezzin der Alaettin-Moschee Gehör verschaffte. Die Frau mit der auffälligen Haarspange ging vom Burghügel nach Westen auf die Kazim-Karabekir-Straße, dorthin, wo in Konya die Moderne Fuß gefaßt hatte, wo es Kosmetik-Boutiquen und Werbeplakate mit langhaarigen Schönheiten gab, wo die Kopftücher der Weiber modisch waren, unifarben, rot, flieder, wo sie Stiefel trugen und Röcke mit Blumenmuster und über den Schultern eine schicke Stola, wo Tochter und Mutter gemeinsam flanierten und erstere einen weißen Ledermantel und ein schwarzes Kopftuch trug, zweitere eine sehr graziöse Art zu gehen wählte und, das schöne Gesicht vom grünglitzernden Seidentuch gerahmt, ein Talent zur kalkulierten Laszivität ausstellte. Irgendwo am Fuß des Hügels, wo sich Internet-Cafés, DVD/CD-Shops mit amerikanischen Action- und Gewaltfilmen in eingeschweißten Raubkopier-Sets, Dönerbuden, Fotogeschäfte und Buchläden mit Werken von Max Weber, Susan Sontag, Michel Foucault, Kafka, Marx, Hesse, Wittgenstein, Baudrillard, Levinas, Tolstoi, Eco, Beckett und der Zeitschrift über Poesie und postmoderne Theologie aneinanderreihten, wies ein gar nicht unwesentliches Schild auf den »Salon Mehtap, Kosmetik für Frauen, Epilieren, Maniküre, Pediküre« hin. Auf einem Plakat im Schaufenster sah man eine unverhüllte Schöne mit Gurkenmaske. Nebenan warb eine Parfümerie, in der hundert Milliliter L'eau d'Issey-Essenz für zwölf Euro zu haben waren, um neue Kundinnen. Tausende numerierter Glasfläschchen steckten in flachen Kisten. Eine brombeerrotlippige, lidbeschattete, wimperngetuschte, lockengegelte Verkäuferin in enger Girbaudhose und hellem Rolli unterließ es nicht, dem sprachlosen Gast ihren Lieblingsduft auf den Unterarm zu streichen, der, ob er es gedacht hätte?, Emporio Armani sei, *Armani she*. Wenig später schloß sie ihren Laden ab und zog sich auf der Treppe das Kopftuch über.

Ich bewunderte die Cleverneß der Weiber, das Regelwerk des Koran geschickt dadurch auszuhebeln, indem sie ihm gezielt nachkamen: nämlich Sure 24 heilig zu halten und jedes Quentchen Haut zu bedecken, dies aber so sexy, erotisch oder verspielt zu tun und dazu powackelnd in weißen Schaftstiefeln zu gehen, daß erst recht jeder Mann nach ihnen schaute. Auf diese Weise führten sie den Sinn der Offenbarung mit deren eigenen Mitteln ins Absurde; sie hielten sich an die Form und bewirkten das Gegenteil.

Die junge Nacht alterte, und die Straßen waren nicht nur leer, sie waren unbeseelt. Das Wüten in neapolitanischer Hektik wenige Stunden zuvor, das vulkanische Prinzip der mit sich selbst verkehrenden Stadt – wie abgeschafft. Die Beklemmung wuchs. Kraftvoll hatte sich Konya zur Ruhe genötigt und war total vermännlicht. Weiber waren nirgends zu sehen. Vom Tage übriggebliebene Händler huschten die Trottoirs hinauf, Nußverkäufer standen stumm und stierten oder schoben kraftlos ihren Wagen. Ständig sah man wartende Polizisten; die Signallampen der Autos leuchteten blau und rot. Sinn ergab das Leuchten nicht. Es war Selbstzweck. Der Staat kündigte Wachsamkeit an, und die Wächter machten auf sich aufmerksam.

Von der boulevardähnlichen Alaaddin-Straße zweigte linker Hand eine Seitengasse ab, in der schäbige Hotels neongrell auf ihre Existenz hinwiesen. Ein einsamer Kuaför sah fern, die Gasse war offiziell lichtlos. Verlockend blieb einzig die Ankündigung des Sultan Nargile&Cafes im zweiten Stock, weil das Wort »Cafe« dem Europäer viel Sinnliches versprach, was es bislang an keinem Ort des Landes einzuhalten vermocht hatte. Wer einen Kaffee bestellte, bekam, abgesehen vom türkischen Mokka, Nescafépulver und heißes Wasser, und wer Glück hatte, ein wenig frische Milch dazu, was unter der Erwägung möglichen Genusses wenig Grund zur Freude war.

Im Sultan Nargile&Cafe brachte der Kellner in Jeans und Sneakers sogar einen Cappuccino. Großäugig stellte er die Tasse auf den Tisch und powackelte davon. Niemand sah ihm nach. Das Sultan bestand aus zwei séparéeartigen Nebenräumen und einem Hauptraum mit Tischchen und Tischen, um die herum sich alle flätzten. Ausschließlich Jugend war vorhanden, nach Lage der Dinge ausschließlich männliche, niemand älter als fünfundzwanzig. Die Jungen machten es den Alten nach und trugen schwer am Erbe: Sie sogen abgeklärt am Schlauch der Wasserpfeife, daß die Kohlestückchen lange glühten, und atmeten, als täten sie seit Jahrzehnten nichts anderes, bei geschlossenem Mund den Rauch aus der Nase, während sie sich auf den nächsten Spielzug konzentrierten. Andere tranken Tee oder sitzlagen in- und umeinander auf der Bank. Nach ihrem Äußeren zu urteilen waren es Söhne des gehobenen Konyater Bürgertums, entweder mit poliertem, brav gescheiteltem Haar, sauber rasiert, bartlos, in schwarzen Slippern und hellbrauner Feincordhose, mit Siegelring, Handgelenkkettchen und dicken Uhren oder feinfrisiert mit Jeans und blauem, in die Hose gestecktem Hemd unterm Strickpullover mit offenem Kragen. Sie inszenierten einen Kodex des jungmännlichen Verhaltens und zelebrierten Posen der Selbstgerechtigkeit, auf daß die lange Tradition ausgeübter Männlichkeit keineswegs an ihnen und ihrer Generation zu Schaden ginge. Zu studieren gab es folglich verschiedene Phänotypen: der Unbedarfte, der Anschmiegsame, der Große-Bruder-Typ, der Kleine-Bruder-Typ, der Flirter, der Gesten-Angeber, der Uhren-Angeber, der Gesprächsführer, der Bedarfte, das Alphatier.

Ein Zwerg mit wulstigen Lippen stellte eine Wasserpfeife samt Tabak, der nach Orangen roch, neben den Tisch. Auf den Monitoren unter der Decke schmolzen türkische Liebes- und Klagelieder dahin, benetzten die leidenschaftlichen Herzen der jungen Männer mit süßen Sehnsüchten und fanden sich in Anklängen als Klingelton auf ihren Handys wieder. An den Wänden hingen Fotografien des bukolischen Konya der 1920er und von Fischern aus Istanbul-Eminönü der 1950er Jahre, am rechten unteren Rand der letzteren Bilder eine allzu bekannte Signatur. Ein Teppich, auf dem tanzende Jungfrauen aus Tausendundeiner Nacht zu sehen waren, zierte die gelbe Wand. Darunter räkelten sich zwei hübsche junge Männer auf dem Polster und sahen sich tief in die Augen, wobei der eine die geöffnete rechte Hand des anderen hielt und deren Linien interpretierte. Eine Sitzbank weiter mühte sich ein Dickbäuchiger um die Deutung des Mokkasatzes in der Tasse und las dem Freund sehr ernsthaft eine Levite, und von den vier bourgeoisen Knaben gegen-

Beim Mevlana-Kloster, Konya

Wohnzimmer, Diyarbakir

Tanzplatz, Adana

Ruinenfeld, Ani, Grenzregion zu Armenien

Kartoffelfeld, Region Konya

Wohn-, Schlaf-, Eßzimmer, Region Urfa

Hinterhof, Region Kars

Baumwollfeld, Region Adana

Parkplatz vor Uchisar, Göreme Kirchental, Kappadokien

Baumwollpflückerküche, Cukurova

Hauptstraße von Siverek, Kurdengebiet

Antike Hafenstraße, Ephesus

Istikal-Straße, Istanbul-Beyoglu

Moschee, an der Schnellstraße zwischen Artvin und Kars

Koranschule Habib-i-Necaar, Antakya

Einkaufstraße, Istanbul-Kadiköy

Wohnhaus, Istanbul-Fatih

Dorfplatz, Yeniköy, Region Cukurova

Teehaus, Yeniköy, Cukurova

Hotel Can, Trabzon

Dorf Yeniköy, Region Cukurova

Galata-Brücke, Istanbul-Karaköy

Mittagstisch, Yumurtalik

Basar, Ürgüp, Kappadokien

über zündeten sich zwei mit fast ergreifender Coolneß gegenseitig eine Zigarette an, während die beiden anderen den elegischen Refrain eines Liebesliedes sangen, als völlig unerwartet ein Mädchen die Treppe hinaufkam, ohne Kopftuch, mit offenem Haar, enger Jeans und großem Selbstvertrauen, und unter Anleitung des schwitzenden Besitzers schnell im abgelegenen »Frauenraum« verschwand. Der reizend mit seinen Hüften wackelnde Kellner spazierte, ohne weitere Blicke auf sich zu ziehen, zwischen den Tischen herum und besprühte, den kleinen Finger abgespreizt, die Luft mit parfümiertem, nach billigem Eau-de-Cologne riechenden Duft; der Zwerg tänzelte hinterher und goß hier und da neuen Tee nach, was vorbildlich war, denn das, was man in Deutschland mühsam einzufordern hatte, war hier Kulturgut: Gastgeberlust und Dienstleistungsfreude.

Ich fragte den reizend näselnden Kellner, ob es um diese Zeit in der Stadt Vergnügliches gebe.

»Disco?« Sein Gesicht: eine Fratze.

»Ja, Disco.«

»Nicht in Konya!« Sein Gesicht: ein Spielfeld des Entsetzens.

»Bauchtänzerinnen?«

In den großen schwarzen Augen: ein Ausdruck höchster Verachtung.

Ich machte mich auf den Weg, die keineswegs abwegige These kultureller Kompensation zu prüfen, derzufolge gerade in Horten stark bewachter Sittlichkeit die Dichte an subversiven Verstößen am höchsten ist, und suchte nach erklärten Symbolen der Sünde, nach weiteren Schwulen, nach Prostituierten und dem Laster der körperlichen Lust.

Konya blieb auch nach Tagen noch seltsam unspektakulär, selbst an ihren erhabensten Stellen hatte die Stadt wenig Erhabenes, es sei denn, man würde Plattenbauten und die Abwesenheit von Plätzen und Blumen neuerdings erhaben nennen. Konyas Grammatik besetzte den Begriff »erhaben« anders. Erhaben war ja nicht das Materielle. Das Materielle wurde gleichgesetzt mit Egoismus und westlicher Geistlosigkeit. Erhaben war allein das Geistige. Wer sagen konnte: »Ash-hadu en lâ ilâha illallah, wa ash-hadu enne muhammeden abduhû wa rasûluhû – Ich bezeuge, daß es keinen Allah außer Allah gibt und Mohammed sein Diener und Prophet ist«, der war Muslim. Das Äußerliche spielte für einen überzeugten Muslim keine Rolle. Also war die Gestaltung des öffentlichen Raums für die von Design und dessen Raffinesse verwöhnten Augen des westeuropäischen Großstädters furchterregend anspruchslos. Auf Formprinzipien wurde zuletzt Wert gelegt. Die spätsozialistische Pastellfarbentristesse der Mehrfamilienhäuser konkurrierte mit dem frühsozialistischen Interieurdesign der Geschäfte, Lokale und Hotels um den Titel der stärksten Einbuße von Feinsinn. Die Schönheitsvergessenheit der Fassaden legte nahe, daß sich das Leben in der Tat im Inneren abspielte und die materiellen Dinge des Diesseits, bis auf Kühlschränke, Heizstrahler und Öfen, entbehrlich zu sein schienen.

Überall wurde gewischt, geputzt, gefegt, Fenster, Trottoirs, Böden. Nirgendwo roch es nach Urin. Hundekot auf den Straßen gab es nicht. Kippen auch nicht. Erbrochenes war undenkbar. Die Insignien des globalen Lifestyles, H&M, Starbucks, Nike und Ikea, waren in Konya noch nicht angekommen (lag darin nicht auch etwas Wohltuendes?). Vom Alaettin-Hügel ging die Alaaddin-Straße auf der Höhe der Gouverneursbehörde nach etwa einem Kilometer in die Mevlana-Straße über, die auf den Platz mit der Selimiye-Moschee und ihren zwei schlanken Minaretten führte, an die das Mevlana-Kloster grenzte. Hier war der Tempelbezirk des Konservatismus oder andersherum: der konservativste Bezirk des heiligen Tempels. Das islamische Zentrum der Stadt. Hier war, konnte man sagen, theoretisch der religiöse Nukleus der Türkei.

In ganz Konya gab es Legionen von Moscheen und viele mehr im Umland. Die meisten aber, klassisch-barocke, rokokohaft-verspielte, ottomanisch-eitle, seldschukisch-schlichte, waren zwischen Alaettin-Hügel und Mevlana-Straße errichtet worden, der Bastion muslimischer Geistigkeit, die rein gehalten werden sollte von Verderbnis und Verführung. Dreimal die Woche mittags gegen halb zwölf sprangen in allen Häusern Allahs die Lautsprecher an, und der Großmüftü, neben dem staatlich entsandten Gouverneur der mächtigste Mann der Stadt, las erst einige Suren auf arabisch, predigte, interpretierte und referierte danach fünfzehn Minuten lang auf türkisch. Anschließend tremolierte der Zentralmuezzin aus dem Müftülügü an der Mevlana-Straße mit den langgezogenen, im Hals gekehlten Lauten das Allahu ekber, und die Betenden in den Moscheen wurden allein gelassen mit sich und Gott, um alles Materielle, alle Egoismen, Wünsche, Begierden, Sehnsüchte hinter sich zu lassen. Sie standen aufrecht, hielten die Hände hinter die Ohren und gingen dann den Anweisungen gemäß zu Boden, so daß sieben Knochen zugleich den Teppich berührten (Stirn, zwei Hände, zwei Knie, zwei Füße).

Grundsätzlich immer zu Boden gingen die Blicke der Weiber. Auf der Mevlana-Straße wurde man als Fremder so gut wie nicht wahrgenommen. Im Vergleich zu Istanbul, Adana, Yumurtalık, Antakya oder Ortahisar hielt sich jede denkbare Art weiblicher Neugier in Grenzen, was nicht weiter schlimm war und eigentlich eine Einladung zum Staunen, als wäre man bislang ein exotisches Käferchen gewesen, das auf den Objektträger islamischer Überzeugungen gelegt und inspiziert worden war. Wo Allah das Leben regelte, brauchte man keine Fremden, und man brauchte keinen Atatürk. Gelegentlich war dessen Konterfei in Schulen und Behörden zu sehen, aber es gab weder Büsten noch Statuen, nur das obligate Reiterstandbild »Kemal auf dem Pferde« am Eingang der Weststadt. Die Atatürk-Freiheit des Zentrums deutete auf die spirituelle Gegenmacht hin.

Nicht einmal Konyas berühmte Moscheen besaßen eine besonders große Magie. In ihrer ganzen Arroganz hatten sie nichts über sich Hinausgehendes nötig, keinen Verweis auf poetische Energie oder den Zauber versöhnlicher Kachel-Ornamentik. Sie waren abweisende Machtburgen des klerikalen Konservatismus, auf daß nichts die Gläubigen vom Glauben abhalte. Tempel der gelungenen Entsagung.

Konya hatte es sich seit Jahrhunderten zur Aufgabe werden lassen, seine Frauen zu verstecken, wofür sich die Männer hinter dem Koran versteckten. Die Stadt hatte sich ihr eigenes Sittengesetz geschrieben und übersetzte es von Generation zu Generation mit der gleichen Meditationstechnik. Das Kopftuch des Weibes war Ausdruck des Respekts für die islamische Religion. Ob es ein schlichtes Kopftuch war oder der Turban, machte wenig Unterschied. Wichtig war, daß kein Haar zu sehen war. Für die Männer waren Haare ebenso Sexualsymbol wie Brüste. Gab die Frau ihnen Gelegenheit, auf Haare oder Brüste zu starren, war dies, dem Koran zufolge, nachteilig für die psychische Gesundheit des Mannes, weil Begierden entstanden. Ebenso verhielt es sich mit Bikini oder Minirock, die beide darauf ausgelegt seien, den männlichen Blick auf weibliche Haut zu ziehen, was nur behaupten kann, wer die eigene Verführbarkeit zum Maßstab aller Dinge macht.

Wenn man Konyas Männer fragte, was genau sie gegen weibliche Haut einzuwenden hätten, die ja doch von Allah gemacht worden war, dann wußten sie nicht zu sagen, was sie stören sollte. Dann sagten sie: Der Koran verbietet es. Und setzte man nach: Dürfen Männer kurze Hosen tragen? Dann sagten sie: Ja. Aber warum Männer? Weil, so sagten sie weiter, der Koran das nicht verbietet. Es spielte keine Rolle, daß männliche Haut vielleicht weibliche Blicke auf sich ziehen könnte? Nein, sagten sie empört. Also war es nach Ansicht der durchaus auskunftsfreudigen Männer in Konya der Wille Allahs, daß Männer kurze Hosen tragen und Frauen keinen Flecken Haut zeigen durften.

Wer den Koran anzweifelte, galt nicht als Muslim. Und wer der Bibel den Vorzug vor dem Koran gab, war ungläubig, weil Muslime das Neue Testament nicht akzeptierten und nur das Alte mit dem Koran für vereinbar hielten, da dies direkt von Allah gesandt worden war, das Neue hingegen von Päpsten und Bischöfen erfunden. Dabei war die islamische Frauenverachtung, die die Männer und manche Weiber als Frauenschutz umdeuteten, keine andere oder schlimmere Form der Fleischverachtung als die der Juden in Tora und Talmud oder des Paulus im Christentum, weil die Frau in allen drei Religionen zum Symbol erhoben wurde für Versuchung und Erkenntnis, für die Lust, den Körper, die Begierde, das Blut, das Materielle und Anti-Geistige, welches das Paradies auf Erden leben wollte und sich, wie es der europäische Atheist sagen würde, nicht auf den Himmel vertrösten und also von Priestern beherrschen ließ.

Wer im an der Mevlana-Straße gelegenen Sifa-Restaurant auf die Frauen-Toilette wollte, mußte durch das WC der Männer, die sich dort die Hände wuschen, wo die Frauen in der Kabine saßen (merkwürdigerweise hatten die Eigentümer vor dem Frauen-WC einen Spiegel aufgehängt, in dem sich die Männer betrachteten). Im ganzen Innenstadtbezirk gab es keinen Alkohol, in keinem der Restaurants, nicht in Cafés, nicht in Teehäusern, nicht einmal im Sultan, an keinem Kiosk, wo die Besitzer lieber Legionen Kaugummis und Schokoladenriegel stapelten. Wenn man sie freundlich nach Raki fragte, warfen sie, »Tsssss!«, den Kopf zurück, als hätte man wirklich wissen können, daß in Konya das Wort des Propheten etwas gelte im Gegensatz zum lausig ungläubigen Istanbul.

Das strikte Alkoholverbot galt ohne Wenn und Aber und wurde auch, so weit zu sehen war, nicht von renitenten Studenten oder lebensmüden Pennern gebrochen, wenn ihnen brüderliches Erbarmen einmal ein paar Lira in die Hand spielte. Es war in der Stadt auch kein sittlicher Spitzeldienst unterwegs, um den Hodschas potentielle Harams zu melden. Vielmehr beruhte die Selbstbeschränkung auf dem allgemeinen freien Willen oder dem sozialen Druck einer überzeugten Gemeinschaft: Es gab keinen Alkohol und keine Laszivität, weil die Bewohner Konyas es genau so wollten, und sie wollten es, weil der Koran es verbot, und der Koran verbot es, weil der Prophet die Erkenntnis empfangen hatte, daß Alkohol schlecht für die Gesundheit und weibliche Haut eine Gefahr für die Enthaltsamkeit sei, was Berichte aus dem 7. Jahrhundert in der arabischen Wüste nahe legten, in denen der Alkoholkonsum enthemmte und die Ungläubigen sich im Rausch die Köpfe einschlugen und die Frauen vergewaltigten.

So war die Deutung von Mehmet, einem pensionierten Lehrer, der mich am späten Morgen auf der Mevlana-Straße angesprochen hatte und nicht akzeptieren wollte, daß ebenso wie Alkohol auch das Rauchen der Gesundheit schaden solle. Mehmet qualmte filterloses Kraut und begründete seine tiefe Koranverbundenheit damit, nicht zwei Schachteln am Tag zu rauchen, sondern nur eine Packung, die er allerdings mit lose in der Tasche liegenden Kippen immer wieder auffüllte. Von den Versuchen zaghafter medizinischer Aufklärung, wie sie Plakate mit der Aufschrift »Rauchen ist tödlich« vornahmen, ließ er sich nicht beeindrucken, zumal sie auf Stellwände jenseits der großen Straßen geklebt und diese auch noch gegen die Laufrichtung positioniert waren.

Vor dem Mevlana-Komplex torkelte ein alter Mann in der Hitze des Tages und lief deklamierend an Mehmet und mir vorbei. Die längste Gebetskette aller Zeiten in seiner rechten Hand warf einen schwingenden Schatten auf den fugenlosen Sandsteinplattenweg. Er hatte nach Derwischart die Arme erhoben und die Hände flach geöffnet, die Augen hinter der Brille waren geschlossen, auf dem kahlen Kopf saß die Kappe aus Wolle. Schwarz war das Jackett, schwarzbraun die Wollweste darunter, schwarz die Hose, die Sandalen, die Strümpfe. Trunken schwankte er immer wieder zwischen Klosterzellentrakt und Selimiye-Moschee hin und her, bis der Lautsprecher knackte und der Muezzin mit nüchterner Wucht das Mittagsgebet eröffnete, was den Mann vom Torkeln nicht abhielt. Ein glücklicher Spatz pickte die Schalen der herumliegenden Sonnenblumenkerne auf. Und dann kamen die Massen von den Parkplätzen.

Die Weiber waren scharenweise gekommen

Weiber wie Männer mußten durch den Scanner, zogen am Eingang die Schuhe aus, steckten sie in weiße Plastiktüten und stiegen, unter dem blutroten Vorhang, ehrfürchtig über die Schwelle. Die Weiber vom Land waren scharenweise gekommen, in rosablaugeblümten Kopftüchern, schwarzem Turban, schwarzem Schleier; Töchter, Mütter, Großmütter, die auf Wollsocken über die knarzenden Holzdielen rutschten und während des Gehens die Hände zum Empfang des Seligen nach oben geöffnet hielten, wofür es keiner andächtigen Stille bedurfte. Junge Männer murmelten Gebete vor den Särgen, die auf der Empore standen. Hart schlug der Gehstock einer gekrümmten Großmama aufs edle Holz des Parketts und gab erst Ruhe, als sie Blick auf den mit einem Brokattuch bekleideten Sarkophag ihres so verehrten Heiligen hatte und leise zu wehklagen anfing. Durch die Gewölbekuppeln zogen sich rehbraungebeizte Holzbalken, an denen Glasschalen mit Kerzen und Lampions aus hellblauem Glas aufgehängt waren. Die milchweißgestrichenen, von goldgelbem Licht bestrahlten Wände hatten ausgesuchte Flächen mit arabisch eleganten Kalligraphien in Goldschrift auf rotem oder grünem Hintergrund, und mindestens jeder zweite Pilger posierte vor dem Eisengitter, dessen Stäbe in Pfeilspitzen aus Bronze endeten und die Sarkophage vor der profanen Welt schützten. Wenn sich die Frauen und Männer dort fotografieren ließen, lächelten sie nicht. Sie lächelten nie, egal, wo sie in eine Kamera schauten, wie übrigens auch Atatürk nie lächelnd zu sehen war. Es war, wurde ein Bild gemacht, stets eine Angelegenheit von großem, vielleicht heiligem, jedenfalls prinzipiellem Ernst, nicht weil das Bild an sich verboten war, sondern vielleicht gerade deswegen, weil man damit, was man eben nicht beiläufig unter einem Lächeln tat, eine Grenze zu Allah und dem Propheten zog, von denen es keine Bilder geben durfte.

Der Emir Alim Celebi, verstorben 1277, Mevlana Kizi Melike Hatun, verstorben 1305, Mevlana Zevcesi Kerra Hatun, verstorben 1291 und sechsundzwanzig weitere Angehörige der »Bruderschaft der Tanzenden Derwische« lagen in ihren mit türkisfarbenen, schwarzblauen Fayencen und goldbesticktem Samtüberzug geschmückten Marmorsärgen auf der rechten Seite des großen Saals, am Kopfende jeweils der berühmte, schön geschwungene Turban. Rumis Sarkophag aber überragte alle anderen mit seinem ausgestellten Stolz. Wegen ihm waren sie aus Aksaray, aus Mut, aus dem Hinterland gekommen, und der Strom an Pilgern würde nie verebben, wie schon seit achtzig Jahren. Erst wuschen sie sich draußen am Brunnen Füße, Hände, Arme und Gesicht, dann kamen sie, meist die Hände erhoben, in den Saal, in Schwarz gehüllte Weiber, die vor dem Silbertürchen niederknieten oder das Gitter küßten, während im Hintergrund die sanften Klänge der Flöte Ney den Raum durchschwebten. Nach den Ehrbekundungen, die je nach Charakter elegisch oder expressiv vonstatten gingen, huschten sie noch schnell durch die angrenzenden Säle des Mevlana-Mausoleum-Museums, das sich nicht Moschee nennen durfte, weil Atatürk 1925 die Säkularisierung eingeführt, die Sufi-Bruderschaften verboten und dem Volk untersagt hatte, einen offiziell nicht erklärten Heiligen, den Volksheiligen Dschalal ad-Din Rumi also, anzubeten. Das Kloster, das über osmanische Jahrhunderte hinweg der Versammlungsort des Mevlevi-Ordens gewesen war, wurde deswegen 1926 zum Museum umgewidmet. In Vitrinen im ehemaligen Tanzsaal der Derwische waren Rumis Robe und seine flachen, sandfarbenen Bonnets, die Kopfbedeckung der Derwischbrüder, zu sehen, des weiteren zwei monströse Gebetsketten mit je neunundneunzig golfballgroßen Holzkugeln, persische Schalen, ottomanische Kerzenständer, edelst gestaltete Korane, die Originale des »Mathnawi«, jenes in persisch verfaßten Großgedichts des Meisters, das man auch den »Persischen Koran« nennt, die Baumwollmäntel der Bruderschaft, Umhänge, Hüte, Banner und Westen der Seldschuken aus dem 13. Jahrhundert, als sie über Konya und Mittelanatolien herrschten.

Eines aber war verblüffend. In der Mitte des dritten Raums lag, in einer angestaubten Glasvitrine, eine mit Perlmuttrauten beschichtete Box, in der, wie ein Kärtchen ankündigte, der Bart des Propheten geborgen sein sollte (oder vielleicht nur ein einzelnes

Haar oder ein Büschel oder nur die unmaterielle Vorstellung, also der Geist eines Bartes). Keine Pilgerin und kein Pilger wollte sich dafür interessieren.

Daß Konya metaphysische Zentrifugalkräfte hatte und einen Ruf als Sittenhüterin, lag wesentlich an Dschalal al-Din al-Rumi, dem großen Mystiker, der jetzt als Popstar und PR-Agent Konyas ausreichend mißbraucht wurde. Rumi wurde 1207 in Balkh, im persischen, heute zu Nordafghanistan gehörenden Khorasan geboren, und kam, nach der Flucht vor Dschingis Khans Mongolen, mit seinem Vater, einem renommierten Prediger und Rechtsgelehrten (was zu jenen Zeiten oft zusammenfiel), ins oströmische Reich der Seldschuken an den Hof des kunst- und kulturbesessenen Sultan Alaeddin Keykobat. Dort studierte er erst unter dem Vater am Lehrstuhl für Islamwissenschaften, übernahm diesen dann und gründete 1244, fünfundfünfzig Jahre vor Beginn des Osmanischen Reichs, den Mevlevi-Tariqa, den »Orden der Tanzenden Derwische«.

In ebenjenem Jahr 1244 traf Rumi auf den persischen Derwisch und Wanderprediger Schams al-Tabridhi, dem großes spirituelles Charisma nachgesagt wurde. Schams und Rumi wurden engste Freunde, und Rumi verlor erst den Bezug, dann den Kontakt zu seiner Familie, die sich dazu durchrang, den geliebten Schams nach Syrien wegzuloben, damit Rumi in ihren Schoß und den der Normalität zurückkehre. Schams verstand und ging und kam doch wieder, weil Rumis Trauer unermeßlich war. Schließlich war Schams für immer verschwunden, und manche Quellen spekulierten über Mord durch die Hand des Sultan Valad, Rumis Sohn, der später seines Vaters Lehren in der islamischen Hemisphäre verbreiten ließ und Herrscher von Konya wurde. Rumis Trauer aber blieb bis zu einem schönen Dezembermorgen 1273 gegenwärtig. Bis zu diesem Morgen schrieb er am schwelgerischen »Diwan-i Schams-i Tabridhi«, dem Mammutgedicht aus fünfunddreißigtausend Versen mystischer Poesie, das zu einer der Grundlagen des späten Sufismus wurde. Da ereilte ihn der sanfte Tod.

Was machte Rumi so berühmt? Er lehrte die Freiheit der Wahl und lehnte den Fatalismus ab; er plädierte für Allah-Vertrauen statt Egoismus; er geißelte Gefräßigkeit und predigte Askese; er attackierte Selbstgerechtigkeit, Ruhmsucht, das Gift des Stolzes und des materiellen Besitztums. Und er klärte auf, warum in Zerstörung Aufbau liegt, warum alle Gegensätze eins werden und warum Allah den Wein verboten hat. »Der Wein Allahs, sein Siegel«, heißt es im ersten Buch des Mathnawi, »ist reiner Moschus, der andere Wein nur Gestank und Pein.«

Rumi lehrte seine Schüler die universelle Liebe. Da alle Liebe von Allah ausgehe und wieder auf Allah gerichtet sei, garantiere einzig sie die Harmonie des Kosmos. Rumis legendärer Ruhm gründete auf seiner Gabe, diese theosophische Lehre der universellen Liebe in erhabener Poesie dargebracht zu haben. Für den Sufi ist das Ziel des Lebens die »Entwerdung«, das Versinken des Geistes im Absoluten der universellen Liebe, auf daß in der Allah-Trunkenheit alle Unterscheidungen aufgehoben sind. Bei den Derwischen, ein Begriff aus dem Persischen, der übersetzt »streng asketisch lebender Mönch« bedeutet, wurde die Entwerdung mittels ritueller Tänze erreicht: einer in die Ekstase fahrenden Dauerdrehung um die eigene Achse, mit rechts geneigtem Kopf und ausgestreckten Armen und nach oben geöffneten Handflächen, ein Wirbelreigen in Gewändern, in weißen, wallenden Röcken und großen, fingerhutähnlichen Zylindern aus rotem Stoff, zu den Melodien der zweisaitigen Rebap, zu Trommel, Fiedel und Schilfrohrflöte. Eine Ekstase der Entsagung, die zur Ekstase des Körpers und so zur Ekstase in Allah führt. »Das Meer, das ich bin«, schrieb der Erleuchtete, »hat sich in seine eigenen Wogen hineinergossen. Seltsames, grenzenloses Meer, das ich bin!«

Der Mevlevi-Orden der Tanzenden Derwische hatte über Jahrhunderte hinweg erheblichen Einfluß auf die osmanische Gesellschaft, so wie die sufischen Melodien bis heute Einfluß auf die klassische türkische Musik haben. Künstler und Politiker des Reiches entstammten dem Orden; auch Sultan Mehmet der Eroberer, so ist überliefert, war Meister Rumi verschrieben.

Orden und Lehre des Dschalal al-Din al-Rumi breitete sich rasch von Konya nach Westen aus, über Istanbul auf den heutigen Balkan und nach Südosten ins heutige Syrien. Aus dem Korsett islamischen Glaubens in Anatolien ist der Sufismus nicht mehr wegzudenken. Damals wie heute ging es darum, die Menschen zu bewegen, etwas in ihnen zu bewegen, auf den Weg zu bringen, weswegen jeden Dezember zehn Tage lang allabendlich im neugebauten, dekonstruktivistisch hingewuchteten Kultur- und Kongreßzentrum an der Ausfallstraße Richtung Taurusgebirge die Tanzenden Derwische an die große Zeit der Trunkenheit erinnern und die mystische Unio mit dem Erbarmer und Barmherzigen feiern, ein folkloristisches Ereignis der türkischen Hochkultur, das zwar ein halbes Jahr im voraus ausverkauft zu sein pflegt, dem sufistischen Geist der stillen Eintracht aber nicht gerecht wird.

Göksel wollte ein reiner Mensch werden

Göksel kam mit seinem Toshiba-Notebook unterm Arm und einer umständlichen Entschuldigung für die viertelstündige Verspätung ins Teehaus auf dem Alaettin-Hügel. Sein Schritt war bedächtig, schleichend, und er selbst war von einer schleichenden Bedächtigkeit, die schnell ins brüderlich Verschworene hätte umschlagen können, wäre es nötig gewesen. Göksel war ein schüchterner Typ von dreiundzwanzig Jahren, zu dessen wenig hedonistischer Art das Studium des Wirtschaftsmanagements ebensowenig im Widerspruch stand wie die Begeisterung für Internet-Technologie. Sein bübisches Gesicht hätte nicht einmal jede Woche rasiert werden müssen, was dennoch täglich geschah, der junge Mann war ein reinlicher Mensch und wollte zu einem reinen werden, auch der Prophet war rein, und sein Schweiß soll süß gewesen sein, und er soll einen dichten, zur breiten Brust herunterreichenden Bart gehabt haben und blitzend weiße Zähne mit einer aparten Lücke.

Wir saßen draußen unterm Dach des Teehauses, ab und an schauerte es. Unten machte sich die Trambahn, deren Trasse den

Hügel umgürtete, klingelnd bemerkbar und spuckte Menschenmassen aus. Türkische Volksmusik folgte dem amerikanischen Popsong »Self Control« von Laura Branigan, die Boxen waren groß, ein Paar turtelte. Göksel bestellte sich schwarzen Tee und mir einen Nescafé und litt unter leicht zittrigen Händen, mit denen er den Laptop aufklappte, um alles, worin er mich einweihen wollte, mit Quellen und Texten zu belegen – es war ja gefährlich, mit seinen Überzeugungen gegen den Staat anzutreten, und er wußte nicht genau, wer ich war und woher ich kam.

Damit unser Treffen viele Stunden später nicht in einem Desaster der Vernunft enden würde, suchte Göksel von Anfang bis Ende einen freundliche bis fast freundschaftliche Verbindlichkeit wahrenden Ton anzuschlagen und war derart besorgt um das exakte Verständnis seiner Überlegungen, daß er über ein speziell eingerichtetes Suchprogramm in seinem Toshiba die entscheidenden Begriffe in Englisch, Deutsch und Französisch übersetzen und umschreiben ließ. Göksel hatte jahrelang nicht islamisch gelebt. Sein Leben war müßig gewesen, Sinn hatte es nicht gemacht. Wozu lebte er? Um zu studieren? Was studieren und zu welchem Zweck, wenn das Leben sinnlos war? Er war ein Außenseiter gewesen, dem die Gabe zur Leichtfüßigkeit nicht eigen war, er hatte stets zur Melancholie geneigt. Weil er aber mitten im Leben stehen wollte, hatte er auf dem Studentenzimmer mit den Kommilitonen getrunken, hatte geraucht und den Großen gespielt, der er nicht war. Doch die Trauer war geblieben. Die Sinnlosigkeit. Er war inkonsequent und wankelmütig gewesen, ein labiler Muslim, zweifelnd, unsicher, wollte sozial anerkannt sein, war es aber nicht und hatte darüber Minderwertigkeitskomplexe ausgebildet.

Dann war der Tag gekommen, da er Mehmet Kotku traf, den großen Imam aus Istanbul, den direkten Diener Mohammeds. Er war ihm über dessen Schriften und Gedanken begegnet. »Kotku hat eine unsichtbare Kraft zu Allah gehabt«, sagte Göksel, »er wollte die Menschen zu einem konsequent islamischen Lebensstil bewegen.« Was Kotku also wollte, war der radikale, der echte, wahre Islam von der Wurzel an, »die Wurzel: radix«, die muslimische Durchdringung und religiöse Einbettung des Alltags. »Wahrer Islam« – das war Göksels erstes Mantra. Er gab das türkische Wort für »wahr« in den Toshiba ein und paraphrasierte: »zielstrebig«, »ehrbegierig«. »Islam« bedeutete »Unterwerfung«, »Demut«. Also sprach Göksel von zielstrebiger Demut und ehrerbietiger Unterwerfung.

Eines Abends vor zwei Jahren, als er einundzwanzig war und das Leben eben allzu verschattet, machte er das Licht in seiner Wohnung aus und spürte Allah. Er spürte, wie ihm warm wurde, wie die Wärme den ganzen Körper durchflutete, und er sah die Dunkelheit glühen. Allah verband das Geistige mit dem Körperlichen, er schuf eine Einheit. Wahrer Islam, hatte Kotku gesagt, bedeute, hundertmal am Tag Allah zu beschwören. Hundertmal am Tag sagte Göksel von da an »Allah«, dreiunddreißig für den Dank des Beistands, dreiunddreißig für die Hoffnung auf göttliche Sühne, die letzten dreiunddreißig als Erinnerung an die ersten sechsundsechzig, und jedesmal drehte er die Perlen der Kette, und darüber fiel er in Trance.

Man hatte sich Göksels spirituelles Leben wie folgt vorzustellen: Fünfmal täglich betete er, das erste Mal gegen sechs, bevor die Sonne aufging; fünfmal täglich wusch er sich vor dem Beten Füße, Hände, Arme und Gesicht, um sich vom Dreck des Daseins zu reinigen. Zweifel gab es dann nicht mehr. Das gläubige Leben ist ein zweifelloses. Wer an den Worten des Koran zweifelt, zweifelt an Allah. Zweifel ist Unglauben. Der Koran irrt nie. Jedes Wort ist wahr. Wer an Allah glaubt, muß jedes Wort im Koran glauben, denn der Koran ist das offenbarte Wort Allahs. Sure 3, Das Haus 'Imran, Verse 31 und 32:

»Sprich: ›So ihr Allah liebet, so folget mir. Lieben wird euch Allah und wird euch eure Sünden verzeihen, denn Allah ist verzeihend und barmherzig.‹« »Sprich: ›Gehorchet Allah und dem Gesandten; denn wenn ihr den Rücken kehrt – siehe, Allah liebt nicht die Ungläubigen.‹«

Göksel wollte nichts sehnlicher, als von Allah geliebt zu werden, sich in seine Obhut zu begeben, sich dem Absoluten zu unterwerfen und diese Unterwerfung täglich hundertmal zu beschwören. Das nannte er »wahren Islam«.

Ohne es einzuleiten oder vorzubereiten, als sei es ein Synonym für das erste, war bereits sein zweites Mantra im Raum: »Erfüllung«. Wir sahen im Programm des Toshiba nach. Nein, nicht Zufriedenheit oder Befriedigung oder innerer Frieden. Erfüllung meinte die Verschmelzung mit Allah. Die Entwerdung. Das Versinken ins Absolute. Erfüllung hieß, nicht hier und da glücklich zu sein oder sich zeitlich begrenzt Befriedigung zu borgen, punktuell, durch Dinge oder schnellen Sex oder Raki. Es hieß, sich nicht vom materiellen Glück betrügen zu lassen, das ebenso rasch zerfällt, wie es kommt, und immer eine große Leere hinterläßt, ein listiges Glück, abhängig von Gütern und ihrem Erwerb. Wahre Erfüllung ist von nichts abhängig. Wahre Erfüllung, sagte Göksel, sei die Gewißheit, von Allah geliebt zu werden.

Für sein neues Leben im wahren Islam und in der Erfüllung mußte er mit Freunden und Verwandten brechen. Sie konnten ihn nicht verstehen. Er sagte ihnen: »Allah hat mir die Chance und das Vermögen gegeben, ihn zu verstehen.« Sie konnten ihm auf seinem Weg der Erfüllung nicht folgen. Für Göksel waren seine Freunde und Verwandten unglückliche Menschen, die sich von jedem billigen Honig, der ihnen vor die Nase kam, verführen ließen, anstatt auf den edlen Honig des Paradieses zu warten.

Manchmal lehnte er sich zurück und wurde allzu zutraulich, etwa dann, wenn er erzählte, daß er E-Commerce betreibe und sich durch Webdesign sein Studium finanziere, dreihundert Dollar pro Seite, drei Seiten im Monat, fast immer islamischen Inhalts. Vor allem aber, wenn er auf seine Art zu schwärmen begann, daß er eine Chat-Verbindung zur Russin Ekaterina aus Nowosibirsk aufgebaut habe, die er langfristig von Kotkus Lehre überzeugen wolle und die gerade gemailt hatte – ob er es mir zeigen solle? –, sie würde ihn, Göksel, in Konya gerne einmal besuchen kommen, was er nur dann als Triumph betrachten würde, wenn sie, die vermutlich Atheistin oder Christin war, zum wahren Islam übertreten würde.

Göksel trug einen Silberring am Finger. Seit eineinhalb Jahren war er mit seiner Sengül verlobt. Sie war achtzehn, als sie sich auf einer Veranstaltung über Kotku kennengelernt hatten, und Göksel konnte mit Fug und Recht sagen, daß er Sengül seither liebte, weil sie nach den Regeln des wahren Islam lebte. Ihrer beider Gefühle für Allah waren die gleichen, das einzig war entscheidend. Sie beide waren sich sicher, daß Allah die Frau schützen und jede Form von Gewalt gegen sie von vornherein verhindern wollte. Sengüls Vater war General der türkischen Armee und also hochrangiger Verteidiger des Atatürkschen Säkularismus, der den politischen Islam der Türkei und muslimische Sekten mit allen Mitteln bekämpfte. Mit gleicher Verve bekämpfte Sengül ihren Vater. Sie kämpfte darum, ein Kopftuch tragen zu dürfen, kämpfte um Erfüllung und gegen den Staat und den Laizismus, sie kämpfte für den Koran und den wahren Islam. Göksel las Sure 24, Vers 31.

Bald, sagte er, werde er Sengül heiraten. Es werde eine reine Ehe werden. Sie würden reine Kinder bekommen.

Rein?

Ja, in Europa und den USA, mit Verlaub, gebe es viele Bastarde. Für das Wort »Bastard« entschuldigte er sich mehrmals, blieb in der Sache aber hart. Sex vor der Ehe sei Sünde, und Schwangerschaft vor der Ehe verursache Bastarde. Ob ich widersprechen wolle.

Ich bat ihn, weiter über Europa zu reden.

In Europa, sagte Göksel, lebten die Menschen nicht in der Erfüllung. Ihnen fehle eine Haltung zum Heiligen. Das war die Lehre, die er aus seinen Internet-Chats mit Russinnen zog.

Rußland sei nicht Europa, sagte ich.

Aber fast, sagte er, Europa und Rußland seien sich kulturell sehr nah.

Ich vermutete hinter Göksels Satz wenn nicht kalkulierte Ungenauigkeit aus strategischen Gründen, so eine rabiate Neigung zum Klischee.

Würden alle nach dem wahren Islam leben, sagte Göksel weiter, änderte sich alles zum Besseren: Es gäbe keine Spielsucht mehr, und Familien würden nicht zerfallen, denn sie zerfielen seiner

Meinung nach, weil die Männer spielten oder tranken und dann tödliche Unfälle verursachten und sogar noch andere Familien zerstörten. Es gäbe Respekt vor den Alten, so wie es der Koran vorschreibe; die Menschen trennten sich nicht nach vier Monaten oder ließen sich nach einem Jahr scheiden. Es gäbe keinen Streit, so wie es zwischen ihm und seinen fünf Kommilitonen auf der Studentenbude seit Jahren kein scharfes Wort gegeben habe, weil sie sich versprochen hatten, einander wie Brüder zu sein.

Nach soviel Friedfertigkeit fühlte ich die Notwendigkeit einer Selbstklärung und ließ mich für einige Minuten entschuldigen. Auf der Toilette schrieb ich in mein Notizbuch: »Wahrer Islam schließt eine Integration der Türkei in die Europäische Union aus kulturellen Gründen von vornherein aus.«

Der Muezzin der berühmten Alaettin-Moschee, ein aggressiver, durchaus begabter, aber nicht notwendig grandioser Sänger, ging an die Arbeit, und im Teehaus wurden aus Respekt der Fernseher ausgeschaltet und die Musik gestoppt. Sobald das Allahu ekber beendet war, stellten sie KRAL wieder an, und aus den Boxen kam gewaltsamer Türkpop von bauchfreien Sängerinnen mit wallendem Blondhaar.

Göksel haßte laute Musik.

Keiner brach auf zur Moschee.

Göksel haßte das Geturtel.

»Die jungen Leute beten nicht mehr«, sagte er.

Er gab Sure 36 in den Toshiba ein, »Ya-sin, O Mensch!«, das »Herz des Korans«, und rezitierte Vers 60 bis 65:

Machte Ich nicht einen Bund mit euch, ihr Kinder Adams: Dienet nicht dem Satan, siehe, er ist euch ein offenkundiger Feind; sondern dienet Mir, das ist ein rechter Pfad? Aber wahrlich, nun führte er eine große Schar von euch irre. Hattet ihr denn keine Einsicht?

Dies ist Dschahannam, die euch angedroht ward. Brennet heute in ihr, darum daß ihr ungläubig waret. Heute versiegeln Wir ihren Mund, doch es sprechen ihre Hände zu Uns, und ihre Füße bezeugen, was sie geschafft.

Wenn sich Göksel nicht täuschte (und davon war bei seinem neuesten Toshiba-Modell nicht auszugehen), gab es eine Million Kotku-Anhänger weltweit, die meisten in der Türkei und Malaysia.

»Unsere Lehrer«, sagte er, »kontrollieren uns nicht.«

»Du mußt nichts unterschreiben, keine Gebühr zahlen, keinen Mitliedsbeitrag?«

»Ein Handschlag reicht.«

Es stellte sich heraus, daß Göksel Anhänger einer Sekte war. Er war vor zwei Jahren per Handschlag Mitglied einer sufistischen Gemeinschaft geworden, die sich als Nachfolgeorganisation des Mevlevi-Ordens betrachtete. Kein Orden im strengen Sinn, sondern eine Art »Aktionsgemeinschaft wahrer Islam«, die sich aufgemacht hatte, die Türkei zu unterwandern: der Naqschbandi-Orden. Göksel zeigte mir die Liste der »Hadrat«, der »rechtgeleiteten« Heiligen in der Nachfolge des Propheten ab dessen Todesjahr 632: von Abu-Bakr as-Siddiq über Salman al-Faarisi bis Mehmet Kotku, 1897 in Bursa geboren, 1980 in Istanbul gestorben. Zuletzt sah man den 40. Verkünder mit dem Namen Mahmud Es'ad und den 41., den gegenwärtigen seit 2001, Muharrem Nureddin COSAN, 1963 in Ankara geboren, Kotkus leiblicher Enkel, der den Titel des »Gumushkhanewi Dargah« der Khalidiyya-Richtung des Naqschbandi-Ordens trug.

»Seit Kotkus Tod vor sechsundzwanzig Jahren findet zu seinen Ehren einmal jährlich eine Konferenz in Konyas Kongreßzentrum statt«, sagte Göksel.

»Warum haben die Frauen geweint?«

»Es ist normal, daß wir ergriffen sind, wenn Kotku redet.«

»Was geschieht an einem solchen Abend?«

»Wir beten, und Kotku spricht zu uns, über Video, alle seine Reden wurden früher auf Video aufgezeichnet.«

»Was hat er diesmal gesagt?«

»Wie wir leben sollen, was wahrer Islam ist und wie man erfüllt lebt.«

Der Orden finanzierte sich durch die Spenden der Mitglieder, unter denen viele reiche Händler und Geschäftsleute waren. Prominentestes Mitglied war der ehemalige Präsident Turgut Özal, ein Kurde und ehemaliger Student von Kotku, der 1989 plötzlich gestorben, Göksel meinte: vom Militär vergiftet worden war, weil einflußreiche Zirkel keinen Präsidenten dulden wollten, der den wahren Islam vertrete.

»Im türkischen Parlament sind viele Anhänger von Iskenderpaşa«, sagte Göksel.

»Iskenderpaşa?«

»Ein anderer Name der Naqschbandi-Bruderschaft.«

Am Nebentisch rauchten zwei bekopftuchte Mädchen von geschätzt sechzehn Jahren in engen Jeans und Stiefeln und bliesen einem korpulenten Mann verführerisch den Rauch ins Gesicht. Ebenso hörbar versuchte ein Paar bei Apfeltee erfolglos seine Beziehungsprobleme zu lösen. Über den Bildschirm des Plasma-TV powackelten bauchfreie Blondinen und sangen Türkpop.

Weil seine Landsleute nach seiner Ansicht ein falsches Leben lebten, weil sie laute Musik hörten und KRAL sahen, organisierte Göksel an vorderster Front Lesungen, Kongresse und Veranstaltungen über Mehmet Kotku, und was er organisierte, war die Niederlage der Aufklärung, die allmähliche Einheit von Staat und Kirche. Ich sah ihn an und machte mir klar, daß mein neuer Freund Göksel ein radikaler Islamist war.

Eine Frage stand noch aus, eine, die alles symbolisierte: den wahren und den falschen Islam, den passiven und aktiven Glauben, die theoretische und die praktische Auslegung des Koran, die strukturelle Unvereinbarkeit von mystischem Islam und intellektuellem Christentum, von Türkei und Europa.

»Wenn es möglich wäre«, hob ich an, »sollte dann in der Türkei die Scharia herrschen?«

Er nickte unbedingt und sagte: »Die Scharia ist die einzige Lösung. Die Leute denken, die Scharia sei eine schlechte Sache. Aber sie verstehen sie nicht. Die Scharia hat nur eines zum Ziel: Abschreckung zum Wohl aller. Wer etwas stiehlt, dem muß geholfen werden, indem ihm die Hand abgeschlagen wird, damit er es nicht immer wieder tut. Im Osmanischen Reich vom 14. bis zum 17. Jahrhundert hat das Rechtsverständnis der Scharia geherrscht, und aus dieser Zeit sind nur fünf Diebstähle pro Jahr überliefert. Milde Strafen schrecken nicht ab.«

Es war alles gesagt, alles übersetzt. Er schloß seine Programme und brannte eine CD mit Reden von Kotku und diversen Freitagspredigten des Mahmud Es'ad COSAN über unbedingte Frömmigkeit und das Tasawwuf, ein spirituelles Übungs- und Trainingsprogramm zur Demut und inneren Reinheit, das fünfzig Regeln vorsah, unter ihnen: Sei stets gewahr, daß du nichts weißt und gewöhnlich bist; strebe nach Demut und Bescheidenheit; hasset nicht einander, seid einander Brüder; imitiere weder Juden noch Christen; halte dich fern von Homosexuellen und Menschen, die obszön sind; halte dich fern von Sterndeutern, Märchenerzählern, Atheisten, Philosophen, von faulen Menschen und jenen, die an Reinkarnation glauben, und jenen, die Wein trinken; halte dich fern von Medizin, Öl, Zucker und Nahrungsmitteln, die aus nichtmuslimischen Ländern kommen; halte dich fern von Musikern, Malern und Schauspielern; halte dich fern von Menschen, die Tätowierungen haben und schwarzgefärbte Haare.

Der radikale Islamist zahlte, und wir verließen das Teehaus in Richtung der Alaettin-Moschee, die um 1220 ihre Vollendung gefunden hatte. Der Minbar war aus Holz, und über vierzig Säulen aus adligem Marmor trugen das Gewicht der hölzernen Flachdecke. Göksel gab mir den Toshiba, stellte sein Handy ab, schlüpfte aus den Schuhen, ging in die Moschee, ließ sich an einer der vorderen Säulen nieder und begann zu beten. Kurz darauf kam eine wunderschöne junge Frau mit Kopftuch aus hellgrüner Seide herbeigeeilt, in der linken eine Tüte mit Kuchen, in der rechten Hand eine Lederhandtasche. Sie streifte gekonnt ihre Schuhe von den Fersen, trippelte an Göksel vorbei, verschwand hinter einem im Luftzug wallenden Leinenvorhang im Gebetsséparée für die Frauen und warf sich, für ungläubige Augen nicht sichtbar, wahrscheinlich zu Boden.

»Weißt du«, sagte Göksel zum Abschied, »die meisten Muslime haben keine Ahnung, was Islam wirklich ist.«

Er stieg in die Trambahn. Er tat sich schwer zu gehen, vielleicht fühlte er sich verstanden. Sein Leben machte Sinn. Was der zarte Mann zum Schluß gesagt hatte, würde ihn sein Leben lang antreiben. Es hieß ja nichts weniger, als daß sein Kampf gerade erst begonnen hatte.

Hüseyin wusch sich das Genital

Die sehr irdische Lust auf ein Bad führte mich ins Tarihi Makheme Hamam, das älteste der Stadt, dem gegenüber die Serafettin-Moschee lag, wo der diensthabende Streifenpolizist der Gegend gerade vor dem Portal auf die Knie fiel. Das Hamam war 1168 errichtet worden, Rumi muß es wenn nicht besucht, so gekannt haben, da auf der anderen Straßenseite der Straße, vis-à-vis der Serafettin-Moschee, die Iplikci-Moschee lag, in der er und sein Vater gelehrt haben sollten.

Das Hamam war für beide Geschlechter zugänglich, deswegen lagen die Eingänge für Männer und Frauen weit voneinander entfernt. Zu zahlen waren etwa vier Euro, für die jeder zwei Handtücher bekam und den Schlüssel zu einer eigenen Kabine aus abgewetztem Holz mit einer siffigen Liege und Plastikschlappen, an die man keinerlei hygienische und noch weniger ästhetische Maßstäbe anlegen durfte. Ich duckte mich in den Durchgängen, wo zu lernen war, daß Männer im 12. Jahrhundert kaum größer als ein Meter siebzig gewesen sein können, ging durch zwei weitere Türen, dann eröffnete sich der schwülstige kleine Raum. Ich legte mich mit einem karierten Handtuch um den Unterleib auf den heißen, oktaedrigen Marmorstein und wurde sofort per Handschlag von zwei Männern begrüßt, die sich ohne Gespür für Distanz dazulegten und ein Gespräch begannen. Sie stellten sich als Yüksel und Hüseyin vor, und schnell war klar, daß vor allem der hagere und großgewachsene Yüksel gerne laut lachte. Auch Hüseyin war in erster Linie ein dünner Mann und hatte rabenschwarzes Haar und Fußzehen mit kräftigen Haarbüscheln darauf. Er führte das Wort und sprach mich ohne Umschweife auf Ehe, Familie, Kinder und starke türkische Männer an, ehe der vermutlich stärkste Mann der ganzen Republik hereinkam und mich mit einer Kopfbewegung zur Massage abkommandierte.

Er hieß mich auf das mit heißem Wasser benäßte Marmorbett legen, rubbelte mit einem rauhen Handschuh die obere Schicht meiner geröteten Haut hinweg, tauchte einen Schwamm in eine Seifenlauge und rieb, immer ein wenig schlagend, meinen Körper auf und ab. Daraufhin ließ er sich viel Zeit, meine Achillessehnen zu kneten, goß den restlichen Schaum mit Wasser ab, wusch mir mit denkbar größter Abwesenheit von Verzärtelung die Haare, nahm mich in den Arm und renkte irgend etwas ein, daß ich dachte, er renke irgend etwas aus. Ich klagte nicht, und wieder liegend hielt ich ihm die Hand hin, woraufhin er jeden meiner Finger in die Länge zog und die Gelenke massierte. Ich sah auf seine gekräuselten Brusthaare und den hinreißend wabbligen Bauch unter seinem um die Lenden geschlungenen Tuch, und ich hörte ihn tief atmen und ab und an die Kunst türkischer Masseure loben, was der Aufforderung gleichkam, ihm stante pede die größten Komplimente auszusprechen. Wo auch immer er mich berührte, wenn er mich drehte und mit starken Fingern die Muskeln herabstrich: Stets blieb gewahrt, daß von meinem Geschlecht nichts zu sehen war.

Nach fünfzehn Minuten ging ich zurück auf den heißen Stein und sah, wie Hüseyin sich selbstvergessen das Genital wusch. Ich begoß mich mit abwechselnd heißem und kaltem Wasser aus blauen und roten Plastikschüsseln, verließ das Bad, wurde von meinem Masseur wie ein Araber in Tuch und Gewand gepackt, bekam auf Wunsch eine Cola und setzte mich an den Brunnen in der kühlen Lobby aus düsterem Holz, wo der Besitzer des Hamams in weißem Hemd, blauem Pullunder, schwarzen Schuhen und anthrazitfarbenem Anzug inständig hustend ein Kreuzworträtsel zu lösen versuchte. Hüseyin und Yüksel kamen heraus, setzten sich mir gegenüber und prosteten mir zu. Beide waren Truckfahrer aus dem ostanatolischen Kars und gingen, kamen sie nach Konya, am ersten Abend stets ins Makheme Hamam. Ich fragte sie nach Bauchtänzerinnen oder sonstigen sinnlichen Vergnügungen in der ausgestorbenen Stadt.

Sie sahen sich an.

»Vergiß es, Freund, hier ist Konya!«

Ich sah Göksel an jenem Abend zum letzten Mal. Er war in einem Zustand der Erfüllung. Bedächtig, im Kreise dreier anderer Bedächtiger, schlich er, den Toshiba in einer Tasche über der Schulter, die Mevlana-Straße entlang. Auf Höhe des Gouverneurspalasts am Hükümet-Platz, wo Polizeiautos standen und Martinshörner rote und blaue Blitze warfen, winkte er fröhlich und kam herüber. Ich sei, sagte ich ihm, gerade im Hamam gewesen. Er nickte. Er sei sehr froh, mich zu treffen, sagte er. Ich nickte. Es sei Vorsehung, daß er mich treffe, sagte er, von Zufall könne man nicht mehr sprechen. Er habe mir am Mittag etwas zu geben vergessen, was er sich den ganzen Tag lang habe nicht verzeihen können. Nachdem er den Toshiba auf den Boden gestellt hatte, holte er etwas aus der Jackentasche und reichte es mir als Geschenk. Es war seine Gebetskette mit den elfenbeinweißen Perlen. Die Kette glitt in meine Hand. Für den Moment ergriffen, dankte ich dem radikalen Islamisten.

»Was machst du so spät hier?« fragte ich.

»Wir«, er zeigte auf die drei Bedächtigen, »waren gerade auf einer Informationsveranstaltung, ein Arzt und ein Imam haben über Sexualität gesprochen.«

Er bot mir jede erdenkliche Hilfe für die Zukunft an, holte seine Digicam aus der Tasche und machte ein Foto von mir und sich, meine Haare waren noch feucht.

»Wo muß ich hingehen, um den wahren Islam zu sehen?«

Wie es erfüllte Bedächtige manchmal tun, überlegte er längere Zeit.

»Fahr entweder nach Bursa, da kam Kotku her. Oder fahr nach

Urfa«, sagte er. »Urfa ist für die drei großen Religionen von enormer Bedeutung.«

Dann ergriff er meine Hand, die seine war kalt und begierig nach menschlicher Wärme. Er hängte sich die Tasche mit dem Toshiba über die Schulter, ging zurück auf die Mevlana-Straße und drehte sich nicht mehr um. Es war beklemmend.

Kurdischkunde in Urfa

Anatolische Symphonie, adagio

Der Highway: strichgerade, Nummer unbekannt. Die Ödnis der Hochebene, alte Karawanenpaläste. Das Bewußtsein: elliptisch. Dämmernd. Driftend. Kein Dorf, in das abzustechen wäre. Die stille Endlosigkeit abgeernteter Kartoffeläcker. Sich senkender Gebirgsdunst. Die Weite einer strohgelben Steppe. Hügelan, hügelab. Kein Baum, kein Strauch. Leitungsmasten aus vertrocknetem Holz. Eine schäferlose Herde Rinder. Linkerhand schneebestäubte Zinnen, Recken, Grate, das eitle Taurusmassiv. Irgendwo doch ein Minarett. Ein kleines Mädchen am Straßenrand, rote Haare, keine Zähne, um den Hals eine Blechmünze, darauf der Kopf des Vaters aller Türken. Dann zwanzig Pyramiden Zuckerrübenknollen vis-à-vis der Polizeischule mit aufgesprühtem Atatürk. Dreihundert Meter mal drei Reihen Traktorenschlangen, ein Hänger mit vier Tonnen Rüben, aus dem hydraulisch aufgestemmten Traktor aufs Förderband rieselnd. Die Tonne Rüben sechzig Euro. Das Klagen der Bauern. Die Hoffnung auf Europa. Winddurchpflügte Prärie, menschenfrei.

Eine Schießerei ergab sich wider Erwarten an der nächsten Türkpetrol-Tankstelle mit drei Zapfsäulen aus den sechziger Jahren. Die Gaststätte war eine Bruchbude, in der drei Reisende Tee tranken, schwiegen und im aufgehängten Fernseher den Kampf zweier schwarzer Boxer verfolgten. Ein grüner Ford Taunus mit Heckspoiler fuhr vor. Er parkte neben einem buntbemalten Lkw, der mit monströsen Zuckerrüben überladen war. Drei Polizisten in

Montur standen hinter einer hüfthohen Mauer, das Gewehr im Anschlag, und schossen schlecht mit scharfer Munition auf zu elegante Rakiflaschen. Das Licht war pastellweich. Die Sonne spiegelte sich in den Fenstern eines Minibusses, aus dem eine dicke Mama fiel und zum Stehklo peste. Der Tankstellenbetreiber blieb wortlos.

Heitere Vögel.

Niemand sonst.

Nichts sonst.

Noch neunzig Kilometer bis Mut.

Ölbäume und weinberankte Obstshops am Straßenrand. Walnuß-, Haselnuß-, Erdnuß-Säcke-Stapel. Mofafahrer durch Dünenland. Dörfer, die kein Ortsschild haben. Ortsschilder, denen kein Dorf folgt. Im Spiel mit einer gutartigen Wolke für eine Weile unterlegen: die honiggoldene Sonne auf dem Weg nach Westen.

Untergang des Morgenlandes.

Hinterm hibiskusrot glühenden Canyontableau der Aufgang des halbmondsüchtigen Orients.

Das Quietschen bremsender Gemüselastwagen.

Das Land zerfräst von Zeit und Wasser.

Der eisbonbonfarbene Gebirgsfluß bog sich Richtung Süden. Zwanzig Kilometer vor Silifke das erste Parfüm der Pinien. Grillengezeter. Ein Gedenkstein aus reinem Marmor mit deutscher Inschrift:

Unweit dieser Stelle ertrank am 10. Juni 1190 der römisch-deutsche Kaiser Friedrich I. Barbarossa im Göksu an der Spitze seines Heeres auf dem Weg nach Palästina, nachdem er mit dem seldschukischen Sultan Kilie Arslan II. den friedlichen Durchmarsch durch dessen Land vereinbart hatte.

Wahrscheinlich fiel der Kaiser einem Herzinfarkt zum Opfer und sank, von Pferd und schwerer Rüstung gedrückt, auf den Grund des Flusses. Eine Schar tapferer Kreuzritter, unter ihnen Kaisersohn Friedrich V. von Schwaben, nahm sich der Gebeine an und zog gen Jerusalem, wo man Barbarossa begraben wollte. Doch in der Hitze des anatolischen Sommers ließ sich der Kaiserkörper nicht in Essig konservieren, so daß, wie die Legende weiß, Rotbarts vergärendes Fleisch in der Petruskirche von Antiochia beigesetzt wurde und sein Herz samt Eingeweiden in Tarsus, dem Geburtsort des Paulus westlich von Adana. Der Rest des Heeres, zehntausend Mann, zerstob in alle Winde.

Wer den Sinn der frühen Hellenen (und der späteren Touristen) für Schönheit teilte, ließ sich zum Beispiel in Kizkalesi nieder und genoß allerlei mediterrane Wonnen. Was sollte ein teutscher Kreuzfahrer aus Regensburg, von Konstantinopel über Konya an die Küste kommend, im Sommer 1190 auch anderes denken (wenn er am Strand dieser Riviera saß, Vollmondlicht auf Meerhaut, daß die Schuppen glitzerten wie die Juwelen des vatikanischen Domschatzes, wenn ihm im Kegel dieses Lichts die Mädchenburg im Meer vor Kizkalesi mit ihren Mauern und Türmen vor Augen stand wie ein Traum, in den Wänden Säulenreste und Kapitelle der überrannten Heidentempel, die Luft geschwängert von Limonenduft, von Jasmin und Lorbeersaft, zum Rascheln der Palmen der Schrei des ägyptischen Flughundes), als daß es einen einzigen, für alle Schönheit verantwortlichen, also gerechten Schöpfer gebe, in dessen Namen man sogar töten darf?

An der Uferstraße des verspieltesten und edelsten aller Meere, dessen epische Wellen zu flüstern schienen, wen sie davongezogen, wen verschlungen, wen zu heroischen Taten getragen hatten, stand 816 Jahre nach dem unverhofften Besuch der teutschen Kreuzritter ein nach Opium riechender Limonenverkäufer mit Stoppelschnitt und schiefem Anzug vor seinem kleinen Feldquadrat mit acht Kisten gepflückter Früchte, die er den Soldaten am Stützpunkt verkaufte. Er stand nicht weit von der ehedem oktaedrigen, nun zerfallenen Burg der Kreuzfahrer entfernt, wo, inmitten grüner Scherben, einsam und in tiefer Trauer, seit Tagen, Wochen, Monaten lieb- und leblos ein rechter Damenschuh lag: das Plateau aus Kork, zwei weiße Kunststoffschlaufen mit roter Plastikrose, das Fußbett zerrupft. Ein Schuh, der einer russischen Prostituierten gehört haben könnte, am Handy auf einen Freier wartend und in einem unbedachten Moment von einem anderen von der Straße gepflückt, dabei den Schuh verlierend, der in der Verwitterung seine Eleganz einbüßte; oder er, der Schuh, gehörte einer verbrauchten Edelhure, hier aus dem Auto geworfen von einem südostanatolischen Patron, der an die Riviera gekommen war, um in einem der »Gazinos« keineswegs verbotene Lüste auszuleben (*Zina*, der außereheliche Geschlechtsverkehr, war in der Türkei offiziell zu keiner Zeit gesetzlich untersagt, also blühte das Geschäft der Prostitution.)

Die Straße roch nach sonnengereiftem Asphalt. Sie schwang sich, auf Augenhöhe mit dem Meer, zweispurig übers Land. Liebesnester kamen, Küstenorte, Küstendörfer, Küstenkleinstädte, eine an der anderen ohne Seele, ohne Gesicht. Betonhochhäuser, willkürlich in den Boden gerammt. Land der Leitungsmasten. Geruch der Pinien. Dann Erdemli. Tempeltorsi am Straßenrand. Dann Pompeiopolis. Felsreliefs, Nekropole, Altäre. Türkpetrol. Dann Mersin und kein bißchen Schönheit außer der Palmenallee am Ufer. Dann ein Wiedersehen mit Adana, wo nach Hochhaustrabantensiedlungen der stadtauswärts gelegene Busbahnhof 19 tägliche Linien verzeichnet. Eine Kakophonie der Schreihälse in der Hitze des Mittags: »Mar-diiin!«, »Mardinnnn!«, »Urrrrfa! Urrffffa!«, »Diyaaaarbakir!«, »I-staaaan-bul!«, »Annnnnkara!«, »Uuuurfa!«, »Diyarbakiiiir!«, »Marrrrrdin!«

Urfa. Siebzehn Euro das Ticket.

Die Fahrt von Adana nach Osten führte durch durstiges Land, übersät mit hellem Stein. Unbefruchtbare Hügelwellen, Fertigbauten, Satellitenschüsseln. Fläche und Flachheit, nur hier und da eine Minarettrakete. Silberglänzend die Blätter der Olivenbäume kurz vor Nizip, in Hainen auf rotem Lehm. Türkpetrol, Petrol Ofisi, Shell. Je ostwärtiger desto tankstellenreicher. Desto menschenärmer. Hain über Hain Ölbaumland. Stein auf Stein Freudlosigkeit. Hoffnungsgrün allein ein kleiner roter Lkw, Maiskörner voll. Keine echten Blumen, auf Mauern gemalte. Brachliegend eine Bulgur-Produktionsanlage. Hügelhüte, dem Land aufsitzend. Schweigsam wahrhafte Männer auf roten Plastikstühlen vor einem Glashäuschen im Angesicht des eigenen Nichts.

Dann Birecik, das antike Zeugma.

Die übliche Tristesse, vier Minarette. Über die Brücke des Euphrat ins Zweistromland. Das Flußbett schilfgefedert, rechts Syrien. Erinnerungen an den Geschichtsunterricht: Euphrat und Tigris und die Saat der Menschheit.

Die Erde: trocken. Ein Holpern, ein Juchzen, vom Pick-up lachende Gören. Grell das Licht, sandfarben dazu. Betende im Getreideacker, den Teppich mekkawärts gelegt. Wohin der Blick reicht: Jungpflanzen, Ölbäume. Pedantisch verlegte Bewässerungsleitungen. Fruchtbarmachung. Gewelltes Nichts, hitzegedüngt, Rußwolken beschleunigender Lkws. Herabgedimmt der eigne Geist. Dann kam der Schlaf.

Dann Urfa.

Die Goldhändler lockten mit Colliers, Gürteln und Uhren

An den Gewölbewänden einer Seitengasse, rechts ab von der Hauptstraße des heiligen Urfa, hingen Jennifer Lopez und Shakira. Man sah ihre prallen Brüste. Sie kosteten achtzig Cent.

»Die Brüste?«

»Witzbold«, sagte der Händler, »die Poster …«

Sah man nach rechts, stieß man auf Broschüren über Kriegswaffen, MGs, Panzerfäuste, Bedienungsanleitungen. In einem Pappkarton steckten frisch gedruckte Briefumschläge mit bunten Zeichnungen kampfbereiter Soldaten der türkischen Armee, daneben eine Reihe Postkarten von Yilmaz Güney, dem Helden des Films, andere mit dem Schriftzug »Allah«. Aus dem Gewölbe, das, verfolgte man die sandige Gasse an ihr Ende, zu einer Moschee führte, zurück auf die breite Divan Yolu Caddesi, die Hauptstraße. Hier wurden (man wußte nicht, wie lange schon) Pflastersteine verlegt. Im Fenster eines Stoffgeschäfts hingen zwei großformatige Teppiche mit den Köpfen von Atatürk und Baschir Assad, Syriens Staatschef, nebeneinander, und zu beiden Seiten standen siebzig Goldhändler in einer Reihe. Zweihundert von ihnen gab es in ganz Urfa. Ihre Auslagen lockten mit Ringen, Armreifen, Colliers, Uhren, Ohrringen, Gürteln und Ketten. In den Spiegeln der Läden spiegelten sich gespiegelte Spiegel, die Deckenstrahler blitzten zurück von kunstgoldbeschichteten Rahmen und strahlten ab vom Goldrand der Uhren und den Gliedern herabhängender Ketten.

Alles leuchtete.

Bei Hicret, vis-à-vis der Ulu-Moschee, wurde wahres Gold verkauft, das erdgelbe. 22 Karat. Nicht 14. 14-Karat-Gold sei Betrug, sagte Ramazan, weil sie es für den Preis von 22 verkauften. *Sie*, das waren die anderen. Wer genau, war unerheblich. Das wahre Gold kam aus Indien über Istanbul nach Urfa, und es wurde natürlich bei Hicret verkauft.

Ramazan war Kurde und dreiundzwanzig, und er hing ab bei seinem Cousin Hicret, der das Goldgeschäft leitete. Er lud zum Tee, als kennte man sich seit Jahren. Das Goldgeschäft war in Familienbesitz. Es gehörte Ramazans Vater und Ramazans Onkel. Den beiden Brüdern gehörte auch eine Baufirma, und im neu entstehenden Viertel Karaköprü am Stadtausgang, Richtung Siverek, in das die ganzen Landflüchtigen zogen, besaßen sie noch zwei Hochhäuser und eines, das gerade Richtfest hatte. Gold machten sie nebenbei. Gold war die beste Anlage, denn die türkische Lira galoppierte gern in die Inflation. Armbänder und Halsketten von 750 bis 1200 Euro kauften meist die Kurden; Goldgürtel, 4000 Euro pro Stück, die Araber. An guten Tagen nahm Ömer, Ramazans Cousin, im Hicret 6000 Euro ein.

Zwei Frauen kamen herein und boten Armkettchen an, ließen wiegen und sich den Preis nennen, den Ömer zu zahlen bereit war. Sie verabschiedeten sich freundlich und gingen zu Basbug nebenan, der etwas mehr, aber auch nicht genug bot. Auf TRT4 lief eine Live-Musikshow, keiner sah hin. Ein Cousin zweiten Grades versprühte Kölnisch-Wasser und wischte Glastheke und Fenster. Draußen, auf der Hauptstraße, beritt ein alter Mann einen weißscheckigen Esel und kam wackelnd am Hicret vorbei, zehn Minuten später ritt er mit unverändert mürrischer Miene auf der Straßenseite gegenüber zurück, auf der Ladefläche des ans Pferd gehängten Wagens lagen Mäntel und Jacken. Ein anderer kam ihm entgegen mit Eiern und Salat in Tupperdosen. Hin und wieder kurvte ein Motorrad durch das Sandbett der aufgerissenen Straße, der Fahrer trug statt Helm ein fliederfarbenes, im Fahrtwind nach hinten eilendes Kopftuch. Das Knattern störte nicht einmal die Betenden.

In der Gasse zur Ulu-Moschee, neben dem Handy-Shop, in dessen Eingang, türkische Volksmusik summend, ein Hüne in Jeans stand und rauchte, kniete eine Frau mit schwarzem Mantel und braunen Slippern in sich versunken vor dem Grabmal des Mevlana Seyh Bekir. Der mit grünem Tuch bedeckte Sarkophag, hinter einer Holztür mit vergittertem Sehschlitz zu sehen, hatte am Kopfende den Turban der Derwische. Drei Männer kamen hinzu, hielten zwanzig Meter Abstand zur gestisch lamentierenden Frau, öffneten die Hände zum Himmel, murmelten bei schiefgelegtem Kopf ein schnelles Gebet und gingen nach einer halben Minute weiter, ehe o-beinige Araber mit elegant um den Kopf geschwungenen Kopftüchern vorbeikamen und zur Fußwaschung in den Innenhof der Moschee schlurften. Der Muezzin war wenig inspiriert und hatte keinen ausgeprägten Willen zur schönen Darbietung seines Gesangs. Ließ sich aber daraus schon die berechtigte Vermutung auf eine andere, gelassenere, stillere, eine südöstliche Variante des türkischen Islam ableiten?

Der schöne Kadir rasierte Jakub die Koteletten

Ich wußte, daß ich nur wenige Meter die Divan-Yolu-Straße heruntergehen müßte, in den Basar eintauchen, zweihundert Hände schütteln, vierzehn Liter Tee trinken, an der alten Karawanserei vorbei, die heute zwei Schmiedewerkstätten und drei Teehäuser beherbergte, wo die Spitzel des türkischen Geheimdienstes als Kurden verkleidet Tavla spielten, rüber zur Zitadelle, um vom Gegenteil überzeugt zu werden. Dann wäre ich an jenem Ort, der dem Judentum, dem Christentum und dem Islam einer der heiligsten im Diesseits ist.

Doch ich zog es vor, dem fröhlichen Winken des schönen Kuaför Kadir nachzugeben, der gerade dem jungen Uhrenhändler Jakub die Koteletten rasierte, mit einem solch liebevollen Abonnement auf die perfekte Form, daß jedes marktwirtschaftliche Kriterium außer Kraft gesetzt war, denn im Laden saßen noch Ibrahim (mit dem schwarzweißkarierten Kurdenkopftuch) und Ahmet und Ali, und sie warteten eine halbe Ewigkeit.

Und dann diese Augen!

Der Kleine war zehn, das zugeknöpfte hellblaue Hemd mit steifem Kragen saß perfekt, er fegte die Haare vom Boden und reichte dem Onkel das geschärfte Messer mit dem roten Plastikstiel. Dann stand er mit auf dem Rücken verschränkten Armen wie ein Sängerknabe neben dem Stuhl, und seine großen, runden, schwarzen Augen saugten auf, wie Onkel Kadir mit einem Feuerzeug Härchen und Flaum von Jakubs Ohrmuscheln brannte;danach roch es versengt, aber der Kleine rümpfte nicht die Nase. Acht Euro pro Woche kassierte er, der auch einmal Kuaför werden wollte, dafür tat er, was alle tun, die einmal Kuaför werden wollen, wie auch Kadir angefangen hatte bei seinem Onkel, als Bub mit schönen staunenden Augen: Er verrichtete Handlangerdienste, Teeservice, Einkäufe, Zubereitung von Rasierschaum, dazu kam das tägliche Studium des flinken Schnitts, der gefühlvollen Hand, bis irgendwann die erste eigene Rasur und der Stolz auf den eleganten Schwung der geglückten Linie folgen würde. Wenn man dem kleinen Mann zulächelte, hatte er farblose Scham im Gesicht, und statt den Blick zu erwidern sah er lieber (und vor allem verlegen) zu Kadir, der mit vorbildlicher Verantwortung das Messer überm Ohr ansetzte.

Hinter Glasrahmen hingen Mekka-Poster und kalligraphierte Koranverse an der Wand, daneben Poster des toten Sängers Seyfettin Sucu aus Urfa, dessen sehr traditionelle Elegien Kadir ohne weiteres den ganzen Tag durch den Laden schickte. In den Glasvitrinen zwischen den Spiegeln standen volle und lagen halbe Tuben

Fonex-Balsam, Rasierklingenpackungen Derby extra, Haarspray marin, Tiegel und Töpfchen, Fläschchen und Flaschen. Jakub erhielt einen Stempel Rouge ins Gesicht, das Kadir verrieb, danach, aus einer langen Tube gedrückt, eine sämige Creme, und erst jetzt ging der seit längerem frisch rasierte Hasan endlich mit herzhaftem Gruß aus der Schiebetür zu seiner alten Honda, startete, zog sich die Mütze auf und fuhr knatternd und helmlos davon, um in wenigen Minuten warum auch immer zurückzukehren. Jakub duftete herrlich süß und setzte sich auf die Bank unterm Spiegel, während Ibrahim auf dem Stuhl Platz nahm und der kleine Mann ihm das Handtuch um die Schultern legte, als verrichte er eine heilige Tat.

Kuaför Kadir war ein athletischer, großgewachsener, eleganter Mann von achtundzwanzig Jahren, dessen Haut den Teint des satten Südens hatte. Die Haare waren schwarz und kurz, er trug ein rotes Holzfällerhemd, darunter ein graues T-Shirt, beides fein in eine gürtellose schwarze Jeans gesteckt. Wie ein Maestro zelebrierte er die Nackenkante, kein noch so subversives Härchen durfte die Linie zerstören. Es war nicht abwegig zu vermuten, daß dieser Könner seine Kunstfertigkeit an der Perfektion der Kante maß und vielleicht, hätte es denselben gegeben, im Landeswettbewerb der Nackenkanten-Meister den größten und berühmtesten gestellt hätte.

Im Kuaförshop von Kadir war zu lernen, daß erstens den Männern der Sinn für Schönheit etwas Wertvolles war, was zweitens die Frauen ausschloß, drittens eine Erotik maskuliner Miniaturästhetik nahelegte und viertens einen Widerspruch intonierte: Soviel zärtliche Hingabe und Zuwendung die Kuaföre den Kanten und Nischen eines männlichen Haarschnitts zollten, sowenig wollten sie als Männer in aller Öffentlichkeit die Haare der Frauen sehen.

»Ibrahim«, sagte der Dritte leise und lachte, sein Name sei Ibrahim soundso. Jeder sagte gern seinen Namen und investierte so einen Vorschuß ungeschütztes Vertrauen in die kleine, im Entstehen begriffene Freundschaft. Ibrahim trug die Pusa, das Kopftuch der

Männer, im schwarz-weißen Rautenmuster wie einen flachen Turban um den Kopf geschlungen. Sein kurzgehaltener Vollbart besaß eine scharfe Kante genau unterhalb der Falten, die über den tiefen Gruben am Mundwinkel entstanden, wenn er sprach oder lächelte. Er legte unerhörten Wert darauf, kein Araber zu sein, denn die Araber hätten schlechte Manieren. Er sprach nicht viel, und wenn er sprach, dann tat er es nicht laut, und was er leise sagte, spiegelte wider, was in Urfa Alltag war: Nähe und Distanz der Kulturen. Einhegung, Abgrenzung. Ibrahim, der beständig mit dem rechten Bein wackelte, war Kurde. Überzeugter Kurde. Stolzer Kurde. Kurde sein bedeutete etwas völlig anderes als Türke sein. Kurde sein bedeutete, daß es keinen Augenblick gab, in dem man seine Vorsicht aufgab. Jakub oder Hasan, Türken, die Ibrahim vom Sehen kannte, denn Urfa war überschaubar, mit denen er an jenem Abend den kleinen Raum körperlich teilte und über alles mögliche sprach, die ihn geschickt in ein Gespräch verwickeln oder testen oder provozieren konnten, Jakub oder Hasan hätten Spitzel sein können, inoffizielle Mitarbeiter der türkischen Polizei oder des Geheimdienstes, die das subversive Gras wachsen hörten, ob ein Kurde die Hoheit des Staates in Frage stellte, ob er eine antirepublikanische Gesinnung erkennen oder sich zu antitürkischen Sottisen hinreißen ließ. Das Mißtrauen der Kurden war geblieben, auch wenn »der Staat« in Verkörperung von Polizei und Geheimdienst in den letzten sechs Jahren etwas gemäßigter vorging, aus Furcht vor den kritischen Augen der Europäer, denen der Respekt der Menschenrechte das wichtigste Kriterium war, wenn es um die Aufnahme und mögliche Mitgliedschaft der Türkei in der Europäischen Union ging. Also hatten die Polizisten Angst, einen Fehler zu machen, in alte Gewohnheiten der Mißachtung und Mißhandlung zu verfallen, und deswegen hatte auch ich beständig das Gefühl, beargwöhnt zu werden, im mindesten registriert zu sein als möglicher und damit unwillkommener Berichterstatter in Sachen Europareife der Türkei.

»Ich bin kein Kurde«, sagte Kadir. »Ich bin Muselmann.«

Selbst Ibrahim lachte, und wenn die großen Augen des kleinen

Gehilfen in diesem Moment fast ängstlich wirkten, so deshalb, weil er die unvereinbaren Energien verschiedener Herkünfte zu spüren vermochte und gelernt hatte, daß die Begriffe »Kurde« und »Muselmann« und ihre Anordnung und Beziehung zueinander über Heil und Unheil entscheiden konnten.

Neben gefüllten Aschenbechern, geleerten Colaflaschen und der abgegriffenen Fernbedienung für den ins obere Eck gehängten Fernseher lag auf dem Tisch vor Ibrahim die Zeitung *Vakit*, deren Titelzeile Ministerpräsident Tayyip Erdogan zitierte, der sich in der Debatte um Leyla Sahin auf seine Weise gegen das geltende Kopftuchverbot an Schulen und Universitäten ausgesprochen hatte. Ibrahim tippte mir auf die linke Schulter, während der gerade von sprießenden Stoppeln am Hals befreite Jakub seinen Kopf zur Haarwäsche in die Keramikschüssel steckte und von unten herauf rief: »Guter Mann, der Erdogan, *guter* Mann!« Ibrahims Gesicht entschied sich für keine Miene, seine Augen waren unergründlich vor unergründlichem Ernst. Er hob die Hand, preßte den Daumen an Zeige- und Mittelfinger, daß die Geste etwas Bedrohliches bekam, und warf, plötzlich ernst geworden, bei geschlossenen Lippen den stolzesten aller Köpfe zurück. Es war der stumme Schrei, daß Erdogan zum Teufel geschickt gehörte.

Auf dem Schreibtisch des Kulturbürgermeisters lag eine Rolle Toilettenpapier

Bevor wir zur Harran-Universität fünfzehn Kilometer außerhalb der Stadt fuhren, begleitete mich Ramazan zum »Kulturbürgermeister«, dem Mann, der in der Stadt Verantwortung trug fürs kulturelle Erbe, für Festivals und Architektur. Die Stadtverwaltung residierte am Scharnier zwischen Alt- und Neustadt in einem von Urfas häßlichsten Häusern mit sozialistisch anmutender Fassade und lärmendem Aufzug. Im dritten Stock saßen drei kafkaeske Beamte unter drei Atatürk-Porträts in einem zu großen Zimmer mit behäbigem Ventilator. Einer, der sich als Assistent des Kulturbürgermeisters ausgab, empfing uns mit unbürokratischer Herzlichkeit. Wir nahmen Platz auf einfachen Plastikstühlen, die über den Steinboden herangezogen wurden. Sekunden später war Tee serviert und, obwohl es keinerlei Termin gegeben hatte und unser Besuch erfrischend spontan war, das Gespräch mit dem (allerdings sehr beschäftigten) Bürgermeister hinlänglich abgesprochen, wofür man in deutschen (und vielleicht französischen) Amtsstuben drei Tage vorher hätte viermal mit zwei Sekretärinnen telefonieren müssen, um ein halbes Stündchen in der übernächsten Woche zu bekommen. Zwei Krawatten hingen an einer Kleiderspinne, vom gerahmten Foto lächelten eine Frau und zwei Kinder. Ständig kamen Menschen in den Raum. An den hellblaufarbenen Wänden hingen Aquarelle, Genre eins: Landschaftsmalerei, Genre zwei: siegreiche Armee mit MG-bewehrten Soldaten.

Der Assistent gab uns eine Lektion Urfakunde, was nur damit zusammenhängen konnte, daß er seine Stadt liebte, weil ihn weder Ramazan noch ich danach gefragt hatten. Urfa also: bis zu fünfzig Grad Celsius im Sommer, angenehm kühl im Winter, radikalsunnitisch das gesamte Jahr; achthunderttausend Einwohner, ein Viertel Araber, ein Viertel Türken, die Hälfte Kurden. Probleme zwischen den Völkern gebe es nicht. Er sagte »Völker« und unterteilte unbewußt, da doch sämtliche staatlichen Anstrengungen seit 1923 dahin gingen, nur noch von einem unteilbaren, nämlich dem türkischen Volk zu sprechen.

»Wir alle haben zusammen Krieg gegen die Franzosen und die Engländer geführt 1920, also sind wir ein Volk.«

Welche Mühen er auch immer auf sich nahm – die Rede von den Vielvölkern stand im Raum, und es schmerzte den Assistenten im Dienste des Staates spürbar, daß er so unbedacht gewesen war, Zweifel an der soliden Einheit der Türkei aufkommen lassen zu haben. Immer wieder versuchte er allzu betont zu betonen, daß die Türkei EINE Nation sei und die Türken EIN Volk seien, woran ich, um ihm entgegenzukommen, jedesmal keinen Zweifel ließ.

Die gepolsterte Tür zum Zimmer des Kulturbürgermeisters

ging auf und zu, und jedesmal wirbelte ein Luftstoß einen Stapel Papiere des zweiten Assistenten auf, ohne daß dieser sich durchringen konnte, denselben umzuschichten oder ein Buch darauf zu legen. Verschreckt, aber ungerührt fing er die ausbüchsenden Papiere ein und drapierte sie jedes Mal wieder auf den Stapel. In den vergangenen zehn Minuten waren etwa fünfzehn Menschen in das Zimmer des Kulturbürgermeisters gegangen und zehn aus demselben herausgekommen, so daß ich mich fragte, wie in solch einer Atmosphäre etwas beredet, geklärt, gar entschieden werden konnte. Jetzt ging resolut eine stark geschminkte Frau mit Aktentasche hinein, zwei Männer ohne Tasche kamen heraus, ein Mitarbeiter hing am Handy im Türrahmen, der Assistent ging hinüber, sprach kurz, man hörte den Kulturbürgermeister jemanden instruieren, der Assistent drehte sich zu uns, flüsterte: »Noch zwei Minuten«, und sagte dann, als er wieder am Schreibtisch saß, daß er die Deutschen möge, weil sie so ehrlich seien und einen so guten Charakter besäßen, weil sie sich gut benehmen würden und »nein« sagten, wenn sie »nein« meinten und nicht wie die Türken immer nur »tamam«, wenn sie »auf keinen Fall« meinten, und dann gratulierte er den Deutschen ganz aufrichtig zu ihrer guten Kultur, was ich stellvertretend für die Bundesrepublik gerne entgegennahm.

Auf dem Schreibtisch des Kulturbürgermeisters lag eine Rolle Toilettenpapier. An der Wand hing ein überdimensionales Atatürk-Poster, das den Staatsmann im Nadelstreifenanzug mit weißem Einstecktuch und Zigarette zeigte. Auf dem Tisch neben dem Toshiba-Laptop lagen zwei Schachteln *Muratti light* und zwei Handys, im Marmorhalter steckten zwei Federkiele, und in der Schrankwand gegenüber waren zwei Fernseher, ein Video- und ein DVD-Gerät verstaut, zwei Stapel Broschüren und zwei Reihen Bücher. Die stark geschminkte Frau saß mit verschränkten Beinen schräg auf einem Sessel, präsentierte dem Kulturbürgermeister frisch gedruckte Programme und buhlte um jene Aufmerksamkeit, die schon längst bei seinen neuen Gästen war und durchaus zwanzig Sekunden anhielt, bis sich eines der beiden Handys mit türkischer Volksmusik bemerkbar machte, zwei krawattierte Männer im Anzug zur Tür hereinkamen und etwas hilflos grüßten, während sie von den drei Assistenten mit jeweils unvereinbaren Angeboten, die Mäntel abzulegen, die Taschen abzustellen, Tee zu trinken sowie drinnen und draußen zugleich Platz zu nehmen, reichlich verwirrt wurden. Zur allgemeinen Entspannung beschloß der Kulturbürgermeister, eine *Muratti* anzuzünden, und ich sah, wie der Qualm in den Lampenschirm zog.

So saßen wir also mit acht Menschen in seinem Zimmer und trugen unser Anliegen just in dem Moment vor, als der Muezzin um 12.21 Uhr zum Gebet rief.

Es gebe, schätzte der Kulturbürgermeister bei diesem Anlaß, dreihundert Moscheen in Urfa, jeden Tag würden neue eröffnet.

Ob man von einer zunehmenden Islamisierung sprechen könne.

Das könne er so nicht sagen.

Ob die Eröffnungen neuer Moscheen mit Herrn Erdogan und der islamischen AKP zu tun habe.

Herr Erdogan sei ein guter Regierungschef.

Der auch die Kurden respektiere?

Jüngst habe er es ja eingestanden, daß es ein »Kurdenproblem« in der Türkei gebe.

Das habe noch kein türkischer Regierungschef vor Erdogan zugegeben.

Drei Telefone klingelten gleichzeitig. Mindestens fünf der acht Personen gerieten in Aufregung. Die Tür öffnete sich. Jemand schrie wie auf einer Auktion. Der Assistent war besorgt, daß sein deutscher Gast nicht ausreichend mit Tee versorgt werde. Die stark geschminkte Frau versuchte, die Pause zu nutzen, und legte dem Kulturbürgermeister ihren Stapel frisch gedruckter Programme direkt vor die Nase. Er stellte den Aschenbecher darauf ab.

Wissen Sie, sagte der Kulturbürgermeister in eines der Handys und meinte mich, es sehe von außen so aus (er winkte mir zu), als ob es Probleme zwischen Türken und Kurden gebe. Er herrschte ins andere Handy. In Wirklichkeit arrangiere man sich gut, und sogenannte Zwischenfälle habe es in Urfa schon seit sechs Jahren nicht mehr gegeben.

Tonart und Klangfarbe dieses Satzes hatten etwas von einer amtlichen Verlautbarung, die persönliche Emotionen noch überdecken konnte. Es war aber nicht von der Hand zu weisen, daß der Kulturbürgermeister die gleiche Art von Vorsicht verwandte, die auch Ibrahim am Abend zuvor bei Kuaför Kadir hatte walten lassen, jene feinnervige Empfindlichkeit gegen alles, was die eigene Identität betraf und in Frage stellen könnte. Also fragte ich den Kulturbürgermeister leise, aber konkret, ob er Türke oder Kurde sei.

Das tue nichts zur Sache, antwortete er.

Für einen Kurden war es beinahe unmöglich, sein Kurdesein öffentlich zuzugeben, wenn er ein staatliches Amt bekleidete, da es offiziell nur eine Türkei und also ein Volk gab. Sollte der Kulturbürgermeister Kurde sein, konnte er es nicht sagen, am allerwenigsten in seinem Zimmer, in dem mittlerweile zehn Menschen saßen; man konnte nie wissen, wer ihn aus welchen Gründen aufsuchte. Als Beamter des Staates diente er der Türkei, und wer der Türkei diente, war Türke. Der Kulturbürgermeister wählte den eleganten Weg, ließ zwei Bücher über die »Heilige Stadt Urfa« bringen, legte sie in meine Hände und sagte zum Abschied so leise, daß es außer mir niemand hören konnte, seine Frau sei Türkin und zwischen ihr und ihm habe es außer in Fragen der Haushaltsführung noch nie Probleme gegeben.

»Kurden leben immer in Angst, das war seit jeher so«, sagte Ramazan, als wir inmitten männlicher Studenten in einem Kleinbus stadtauswärts fuhren, um an der Universität Doktor Fidan zu treffen, Archäologe, Kulturhistoriker und einer von vielen Freunden seines Onkels. Das Land gähnte vor Langeweile. Dann fiel warmer Regen, und die Scheibenwischer quietschten über die Frontscheibe.

»Und es wird sich nie ändern. Kurden werden immer Angst haben.«

»Wovor genau?«

»Frei zu reden.«

»Über sich oder die Türkei?«

»Egal. Wer als Kurde früher über die Türkei sprach, kam sofort in den Knast.«

»Und heute?«

»Seit 2002, als die Türkei mit ihren großen Reformprojekten begann, um die EU-Kriterien zu erfüllen, ist es etwas besser geworden.«

»Das heißt, man kann heute frei reden, ohne in den Knast zu kommen?«

»Theoretisch ja, aber kein Kurde würde das machen. Wer erlebt hat, was wir erlebt haben, bleibt mißtrauisch.«

»Fühlst du dich als Türke?«

»Ich bin Kurde. Ich fühle mich als Kurde. Wer Kurde ist, ist kein Türke.«

»Warum fühlst du dich nicht als Türke?«

»Die Türken sprechen den Kurden jeden Wert ab.«

»Und andersherum?«

»Die Türken setzen die Kurden automatisch mit der PKK gleich. Das ist Bullshit! Fast alle Kurden sind gegen die PKK! Wir demonstrieren gegen den Terror, den die jetzt wieder veranstalten, sieh dir die Nachrichten an! Wir wollen keinen eigenen Staat, wir wollen nur Frieden, Freiheit und unsere Sprache. Dafür brauchen wir die PKK nicht. Die PKK-Leute bringen uns ja auch um, das sehen die Türken nicht, die sehen nicht, daß unsere Väter und Großväter im Krieg gegen die Briten oder Franzosen oder auch gegen die PKK für die Türkei gestorben sind! Die sehen nicht, daß wir Kurden achtzehn Monate lang für dieses Land in die Armee gehen!«

Schweigen. Im Bus sprach keiner.

»Wo ich herkomme, aus dem Dorf Siverek, haben die Kurden sogar PKK-Kämpfer umgebracht, weil sie diesen Terror hassen.«

Ramazans Art, in unumstößlichen Gewißheiten zu reden, führte nicht nur vor, daß er eine junge Generation von Kurden repräsentierte, deren Stolz allein in dem begründet lag, was sie unter kurdischer Kultur verstanden, obwohl sie kein Kurdisch sprachen und keinen eigenen Kurdenstaat wollten, wieviel Gleichgültigkeit gegenüber der Türkei als Nation dies jeweils bedeuten mochte. Noch bevor wir auf die Zufahrt zum Universitätsgelände einbogen, zeigte sich darüber hinaus ein Zug an ihm, den man, was Tag für Tag deutlicher werden würde, als Zeichen einer bestimmten Geisteshaltung zu akzeptieren gezwungen war.

Es fing mit einer harmlosen Bemerkung über die Hochhäuser seines Vaters an. Die Türkei, sagte er, werde in doppelter Hinsicht verkauft: Erdogan verkaufe die großen Betriebe an arabische Investoren, und das Land werde vom Ausland aufgekauft.

Vom Ausland? Man war gezwungen nachzusetzen.

»Welches Ausland?«

»Juden.«

»Juden?«

»Sie bluten unser Land aus und kaufen es von Osten her auf. Sie denken, sie sind was Besseres. Sie wollen die ganze Welt kaufen und führen, das ist ihr Glaube. Die benutzen doch alle, die wollen, daß alle für sie arbeiten. Schau in den Irak: Jetzt kaufen die Juden mit Hilfe der Amerikaner das ganze Land auf. Dafür haben sie den Krieg gemacht. Mit der Türkei wird es ähnlich sein. Früher haben in Urfa, Diyarbakır und Mardin eine Menge Juden gelebt, dann wurden sie vertrieben, und jetzt rächen sie sich und werden unser Land mit ihrem Scheißgeld kaufen.«

»Und wenn es so wäre: Was wäre daran so schlimm?«

»Das sehen wir doch jeden Tag in Palästina!«

An diesem Punkt wandelte sich der radikale Kurde Ramazan zum radikalen Türken und merkte seine Wandlung in keinster Weise. Es war eine innere Justierung für den entscheidenden Moment, wann immer er nötig war, da alle Kurden und Türken einen größeren, einen gemeinsamen Feind hatten: *die* Juden. Schon Mohammed hatte Schwierigkeiten mit *den* Juden gehabt. In diesem Moment war Ramazan weder Türke noch Kurde. Jetzt war er Muslim. Alles drehe sich nur um die Juden, sagte er. Die ganze Weltpolitik handle von den Juden, und was Ramazan im Fernsehen sah, schien ihn zu bestätigen, denn was man sah, waren bewaffnete israelische Soldaten, die wehrlose Palästinenser erschossen, und er und die anderen sahen jeden Abend fern und jeden Mittag und vielleicht auch jeden Morgen.

»Nenn mir ein Volk, das nicht gegen die Juden ist!«

»Das deutsche.«

»Glaubst du das wirklich?«

Er machte sich nicht die Mühe, zwischen Jude, Israeli und Zionist zu unterscheiden oder die existentielle Angst der Israelis vor Vernichtung zu verstehen, die der existentiellen Angst der Kurden vor Ausrottung vielleicht vergleichbar sein könnte. Und wenn er unterschieden hätte, es wäre ihm egal gewesen, denn mit »den Juden« würde er sich nie auf eine Stufe stellen lassen. Sie, die Juden, rissen sich den Nahen Osten unter den Nagel; sie, die Juden, beherrschten die amerikanische Regierung, die in ihrem Namen überall Krieg führte; sie, die Juden, seien die eigentlichen Machthaber im Internationalen Währungsfonds, dessen Zinspolitik die Türkei ruinierte und die große Nation am Boden hielt; sie, die Juden, wollten eine neue Weltordnung zu ihren Gunsten.

Ramazan reproduzierte jene Klischees, die, gemäßigter, schon Hasan der Angler auf der Galata-Brücke oder, intellektualisierter, Orhun aus Adana oder, hingelächelter, der feine Herr Yurttas aus Antakya hatten anklingen lassen: Die Juden von Süden, die Armenier von Osten, die Griechen von Westen – alle wollten den Türken ihr Land rauben. Es war, als ob den Nachkommen das alte Osmanische Reich abermals, ein zweites Mal verlorengehen könnte, als ob dessen Reste, nachdem der Widerstandsgeneral Atatürk sich 1923 mit etwa vierzig Prozent des Kernbestandes zufriedengegeben hatte, abermals von herber Schrumpfung betroffen sein könnte. Bei Ramazan wuchs sich dieser Nationalkomplex noch weiter aus. Nichts konnte den informierten, gebildeten, gescheiten, wißbegierigen jungen Mann von der Überzeugung abbringen, die Türkei gelange nur in die Europäische Union, wenn die Juden das wollten.

»Ohne Juden«, sagte er, als wir aus dem Kleinbus sprangen, »geht gar nichts. Wenn die nicht ja sagen, kann Erdogan nichts machen. Deshalb besucht er auch sofort die jüdischen Gruppen, wenn er als Staatsmann nach Amerika reist.«

Bei entsprechender Veranlagung zu spekulativen Exkursen hätte man an dieser Stelle folgende Denkfigur entwerfen können: Ministerpräsident Erdogan, der, in den Neunzigern im Humus der radikal-islamischen Wohlfahrtspartei von Nemcettin Erbakan groß geworden, eigentlich ein clever maskierter Islamist ist, sucht die Islamisierung der Türkei, die sein eigentliches Ziel sei, auf geduldigem Wege zu vollziehen, indem er, was er zweifelsohne tut, hart dafür kämpft, daß die Türkei in die Europäische Union kommt und dafür sogar in Kauf nimmt, zu Gefallen der Amerikaner und Europäer jüdische Gruppen zu umschmeicheln. Und weiter: Gelänge der Türkei also im Jahre 2015 die EU-Mitgliedschaft, würde dies eine erhebliche Schwächung der türkischen Armee bedeuten, einen Verlust von Macht und Einfluß, was, da sie, die Armee, Gegenspieler der islamischen Regierung und seit jeher Garant für die kemalistische, laizistische und säkulare Republik ist, den Islamisten sehr zupaß kommen würde. Der Islamist Erbakan hatte ja einst prophezeit, daß eines Tages der Islam die Türkei regieren werde und es nur noch die Frage sei, ob der Übergang weich, hart, süß oder blutig sein werde.

Ramazan wollte und brauchte Europa nicht. Europa, sagte er, mache alles kaputt, die dummen Türken glaubten, Europa sei das Paradies und der einzige Weg, der sie reich mache. Nein, sagte Ramazan, Europa sei Geld, und Geld zerstöre die Familien. Er sah keinen Grund, warum die Türkei sich herablassen sollte, Mitglied der Europäischen Union zu werden. Was hätten die Türken davon? Das wäre der Ehre zuviel, die man Europa da erweisen würde. In Frankreich sei das Kopftuch verboten – was das für eine Freiheit sei. »Was ist das für eine Demokratie bei euch in Europa? Wir wollen auch Freiheit. Aber alle sollen die gleiche Freiheit haben, dürfen zu können, was sie tun wollen.«

»Europa erkennt im Kopftuch das Symbol der Unterdrückung der Frau – wie Atatürk es im übrigen auch getan hat …«

»Atatürk, Atatürk … Der war ein Diktator! Viele Kurden hassen

Atatürk noch heute«, sagte Ramazan und drehte weitere Pirouetten der Verachtung dergestalt, daß die Araber zurückgeblieben seien und träge und verkommen, aber das sei ja allgemein bekannt, wohl auch, wie er annehme, im Christenclub Europa. In Ramazan verschmolzen kurdischer Kulturstolz und kurdischer Islam, der aus dem Koran eine andere, eine striktere Ethik ableitete als etwa der südtürkische oder der Schwarzmeerküstenislam. Er pflegte sowohl einen veritablen Antisemitismus als auch einen simplen Antiarabismus, die beide deswegen alarmierend waren, weil er sein Wissen über die Juden aus dem Fernsehen und den Zeitungen bezog, wie viele im Land, die sich politisch oder zur Politik äußerten, ihr Wissen über den Fernseher bezogen, der tagaus, tagein, von morgens bis abends eingeschaltet war, was aus Programmachern, Moderatoren und Kommentatoren machtvolle Herrscher werden ließ.

Obwohl ständig zur räumlichen Expansion gezwungen, war die Harran-Universität von einer grotesken Leere, als herrschten mitten im Semester Ferien. Alle hundert Meter gab es eine weitere Atatürk-Offenbarung: Büste, Porträt, Fahne, in deren Nähe immer auch eine seiner staatsphilosophischen Weisheiten zu lesen war. In die Glasscheiben der Türen zu den Hörsälen, zur Cafeteria und der Sporthalle waren Verordnungen des Direktorats geklebt, das Tragen eines Kopftuchs führe zu einer Ermahnung, bei der dritten Ermahnung zum Ausschluß aus der Universität. Auf dem Campus war das Kopftuch erlaubt, man sah die Studentinnen mit unter den Arm geklemmten Büchern die Treppen hinaufgehen. Standen sie an einer der Türen, die ins Innere der Universität führten, nahmen sie das Tuch ab und stopften es in den Rucksack, um es später, in dem Moment, da sie über die Schwelle der Tür getreten waren, herauszukramen und wieder anzulegen.

Doktor Fidan war nicht aufzufinden, sein kleines Büro verwaist. Ein Kollege auf dem Gang wollte sein Englisch testen und erzählte sehr prononciert von seinem Kolloquium über geologische Formationen südlich von Urfa. Ich dankte, er gab die Hand und versicherte den Deutschen seine aufrichtige Sympathie. In der Cafeteria schickte KRAL seine Musikvideos über einen Monsterbildschirm. Alle sichtbaren Studenten rauchten. Es gab Döner und Ayran für zwei Euro. Wer uns zulachte, war Murat. Er studierte seit vier Jahren Biologie und saß mit Sonay und Esma zusammen. Sonay studierte im dritten Jahr Chemie. Sie war zweiundzwanzig. In drei Jahren würde sie Lehrerin sein, weil das Lehramt für Frauen gut sei, weil man leicht einen Job bekomme und gutes Geld verdiene und nicht auf einen Mann angewiesen sei. Ein Kopftuch trug Sonay aus Überzeugung nicht. Ihr Vater respektierte das. Selbstverständlich war sie Muslimin. Man müsse für seinen Glauben kein Kopftuch tragen. Man müsse den Glauben in Herz und Seele tragen. So dachte Sonay. Das Kopftuch sei erst mit Chomeinis Revolution im Iran in die Türkei gekommen und habe seither Karriere als politisches und nicht als religiöses Symbol gemacht. Viele junge Frauen würden heute von den islamischen Gruppen wie der des islamischen Gelehrten, Predigers und Dichters Fethullah Gülen angehalten, das Kopftuch als politisches Symbol zu nutzen, meinte Sonay. »Diese Aktivisten wollten, daß die ganze Welt sieht, wie unfrei die Türkei ist, weil sie Kopftuchträgerinnen nicht auf Schulen und Universitäten läßt.«

So sei es doch, sagte Esma, die dazu stieß, diese Atatürk-Türkei sei doch ein Land der absoluten Unfreiheit. Esma war einundzwanzig und studierte Biologie im dritten Jahr. Es war rasch deutlich, daß sich in ihr verschiedene Formen des Hasses zur einer insgesamt harten Rhetorik verdichtet hatten. Sie haßte die Republik dafür, daß sie ihr das Kopftuch verbot. Es war ja mehr als nur die Tatsache, daß Esma in den Hörsälen kein Kopftuch tragen durfte. Es war das Verbot selbst. Es war die Willkür. Der Zwang. Die Diktatur eines nicht geteilten Werts. Es war die Anmaßung des Staates, sich über Allah zu stellen. Warum sollte sie das akzeptieren? Eine wahre Muslima, sagte sie, trage das Kopftuch, um ihren Glauben zu zeigen. Warum hinderte der Staat sie, wahrhaft zu glauben? Man lebe doch für den Glauben, ohne Glauben könne niemand glücklich sein, oder? Das sei doch die Wahrheit, auch in Europa.

Esma trug das Kopftuch, seit sie elf war. Ihre Schwestern trugen es. Ihre Mutter trug es. Ihre Freundinnen trugen es. Sie war lange auf eine der Imam-Hatip-Schulen für Koran- und Religionsunterricht gegangen. So selbstsicher war sie, daß es kaum Zweifel an ihrer freien Entscheidung gab. Sie haßte Atatürk. Sie war gefährlich klar in ihrem Haß. Sonay und Esma verabschiedeten sich mit einem Küßchen voneinander.

Iranische Frauen gerieten in Erregung

Es war bedeckt in der heiligen Stadt, und im Hotel Bakay waren selbst die Zimmermädchen Männer. Sinn machte es offenbar nicht, daß Frauen in Hotels abstiegen, denn dafür müßten sie reisen, und welche Frau reiste ohne ihren Mann in eine Stadt, in der keine Verwandtschaft war? Und wenn Verwandtschaft da gewesen wäre – wozu hätte man dann in ein Hotel gehen sollen?

Sonntag morgen kurz vor acht warteten die ersten vor dem Lottoshop in der Hauptstraße und bestaunten die neuesten Zahlen des Sport-Totos vom Samstag. Ein Jubelschrei blieb aus. Statt dessen sang Ibrahim »Ibo« Tatlises Volksliedgut; mancherlei Arabeske war darunter, meist aber waren es zuckerbestäubte Schnulzen.

Ibo kam aus Urfa. Er war das kurdische Äquivalent zu Elvis Presley und der zweite berühmte Sohn der Stadt. Hartnäckig hielt sich die Legende, er sei ein einfacher Arbeiter auf dem Bau gewesen und habe, in den Hausskeletten oder gerade gezimmerten Dachstühlen sitzend, so lange in unwiderstehlicher Süße gezwitschert, bis man ihm ermöglicht hatte, eine Platte aufzunehmen. Heute war Ibo Tatlises einer der reichsten Männer der Türkei, besaß mindestens eine Restaurantkette, eine Hotelkette und ein Busunternehmen, führte durch eine eigene Fernsehmusikshow und veröffentlichte eine Platte nach der anderen. Die türkische Jugend liebte ihren kurdischen »Ibo« und seine schmachtvolle Stimme; sie liebte klassische Volksmusik, denn darin ging es um Liebe und Heimat.

Die Vielfalt an Kopfbedeckungen der Männer in Urfa war faszinierend: Tücher, rotweißkariert, schwarzweißkariert, die Mützen gehäkelt, die Turbane weiß und schwarz, die Kopftücher fliederfarben. Manche trugen sie gegen den Staub, den Wind, den auffliegenden Sand, manche aus Gewohnheit, manche aus Tradition, manche aus Verbundenheit mit Allah. Şanliurfa, heiliges Urfa, jeder Schritt ein Tritt auf zweieinhalbtausend Jahre Kulturgeschichte, war Scharnier und Schmelztiegel des anatolischen Orients: von Süden kamen die Araber, von Westen die Türken, von Osten und Norden die Kurden. Sie brachten ihre Varianten des Islam, der Sitten, der Gemeinschaft, der Überlieferungen, der Märchen, der Küchen und Kleider mit und lebten in der Hoffnung auf friedvolle Mehrtracht. Brote waren meist langgezogene Teigtücher, die erst auf eine Marmorplatte gebreitet wurden, geteilt und belegt mit gegarten Auberginen, Lammhack, Tomaten und Peperoni, zur Rolle gewickelt, in Papierhüllen gesteckt. Dazu gab es immer Ayran und hinterher eine Zitrone zur Zahn- und Fingerreinigung, bevor der Tee kam mit drei Würfeln raffiniertem Zucker.

Um in den heiligsten Bezirk der heiligen Stadt zu kommen, zu jener schlichten Felsgrotte, die Urfa zum Pilgerort aller drei Offenbarungsreligionen adelte, nahm ich den Weg Richtung Hauptmoschee durch den Basar und geriet sofort in den Hoheitsbereich der Stoffhändler, deren Werben ich mich nur durch hartherzige Ignoranz zu entziehen vermochte. Ich ging durch zahlreiche Gassen, jeder Fußgänger hatte mit Moped-, Roller- und Fahrradfahrern, Eselreitern und Einspännern um die paar verfügbaren Meter Weg zu konkurrieren. Auf dem Trottoir einer lichtlosen Sackgasse im Basar saßen vier teetrinkende Polizisten auf kleinen Schemeln, nebenan war ein pedantisch sein Terrain abfegender Schneider aktiv, ein Dönerwirt hackte Zwiebeln, ein Moped knatterte, Teigwürste wurden mit hölzernen Rollen zu Fladenbroten geformt, Teetassen schlugen auf ein Tablett, man hörte den flink rührenden Blechlöffel, Fleisch bruzzelte, und von überallher erklang Ibo. Ich studierte die Muße eines einäugigen greisen Schneiders, der in der Gasse der

Teppichhändler vor einer schwarzen Eisennähmaschine sitzend einen Faden einzufädeln versuchte, was ihm nach zwei Minuten gelang. Gegenüber war zum anstehenden Mahl ein Tischlein mit gehobelten Zwiebeln gedeckt, hüfthohe Gewürzsäcke standen nebeneinander, darin Safran, Nelken, Urfa-Chili, Kreuzkümmel und Teeblätter, hinter denen eine auf der Treppenstufe sitzende Alte den Enkel zu sich herabzog, dem Unwilligen den Kopf küßte, während ein feiner Herr vorbeikam und beständig seine vom Gassenstaub beschmutzten Slipper mit einem Taschentuch wischte, ohne Aussicht auf dauerhafte Reinheit.

Ich ging durch die Gassen der Messerschleifer und Kupfermacher in das Viertel der Moscheen, das man in Urfa Dergah nannte, und spazierte durch den schönen, mit angelegten Bächen durchzogenen Park in den Innenhof der erst 1987 definitiv vollendeten Mevlid-i Halil-Moschee. Oben, auf dem Felsen, standen in monumentaler Absicht die beiden kaum versehrten Säulen, die sowenig aus dem Bild der Stadt wegzudenken waren wie Urfa aus der Mythologie der Menschheitsgeschichte. Die Sonne schien, und eine Gruppe verschleierter Frauen postierte sich vor dem einen der beiden Eingänge zu einer Grotte und ließ sich von einem jungen Mann fotografieren. Der rechte Eingang war für Männer, der linke für Frauen. Die Schuhe hatte man draußen abzugeben, Haut durfte nicht zu sehen sein. In den Stein im Rundbogen des Eingangs war ein arabischer Surenvers gemeißelt. Das tiefe Brummen eines Generators war zu hören, gedämpft, und durch ein Eisengitter hindurch hatte man den schlechten Blick in eine ausgemeißelte, flache, sehr geräumige Höhle. Der Rest war Mythos, und hier begann der Glaube, Glaube zu sein. Man hatte zu glauben, daß in jener Grotte der Erzvater Abraham geboren worden war; man hatte zu glauben, daß Abrahams Geburtsgrotte über die Jahrtausende unangetastet geblieben war; man hatte zu glauben, daß das aus dem Grotteninneren in ein Becken geleitete Wasser, das aus einem schlichten, ständig laufenden Wasserhahn getrunken werden konnte, heiliges und also heilendes war, obwohl es, offen gesagt, nicht anders schmeckte als gewöhnliches Leitungswasser, vielleicht entkalkt, ja, aber nicht süß oder bitter oder nach dem Honig der Ewigkeit.

Am Brunnen im Innenhof zwitscherten sich zwei Spatzen vielleicht eine biblische Geschichte zu, auf der Kuppel gurrten bräsige Tauben. Den Weg heraus zum Anbau der Moschee lief man direkt auf eine Gruppe iranischer Frauen zu, hörte eminentes Wehklagen und sah, wie sie immer wieder Körner aus kleinen Schälchen nahmen und in den rechteckigen Teich warfen. Jedesmal spritzte es auf, als ob das Wasser jubeln würde, und man hörte Schläge auf seiner Oberfläche, ein Platschen, und noch eines. Ich tastete mich heran und wäre von einer schwarzverhüllten, leicht korpulenten älteren, jedenfalls sehr mit ihrer religiösen Erregung beschäftigten Dame um ein Haar ins Wasser gestoßen worden. Es war unmöglich, den Frauen zu entkommen. Sie standen überall. Manche hatten die Hände erhoben. Andere beteten das Wasser an. War die eine Gruppe unter großem Aufruhr fortgezogen, kam bereits die nächste. Busladungsweise wurden die Iranerinnen in den heiligen Bezirk gekarrt, begleitet von ein paar iranischen Männern, deren höchste Aufgabe darin zu bestehen schien, mit der Digicam Legionen von Erinnerungsfotos an jenen großen Tag zu machen.

Die Legende besagt, daß Abraham, als er auf der Existenz nur eines einzigen Gottes bestand, sich den Groll des babylonischen Königs Nimrod zuzog, der ihn daraufhin zum Tode verurteilte, Abraham in einen Katapult auf jenem Fels, in dessen Grotte der Erzvater geboren worden war, spannen und über die Stadt werfen ließ, auf daß er unten im Scheiterhaufen zur Landung und zu Tode käme. Doch dann geschah das Unglaubliche: Der Scheiterhaufen verwandelte sich in einen Teich, und die Holzscheite wurden zu Karpfen. Gott dankte für Abrahams Treue.

Der gesamte Teich war bis heute bevölkert von Hunderten übermästeter Karpfen, und wer immer sie mit den Körnchen aus der Schale fütterte, welche drei clevere Geschäftsleute für umgerechnet einen Euro verkauften, der fütterte vielleicht von Gott gesandte Tiere, jedenfalls die unsterbliche Legende des alttestamentarischen

Urfa. Wer einen Karpfen fing und verzehrte, wurde von Gott mit Blindheit bestraft.

Hier also war die Geburtsstätte des Monotheismus. Abraham, der Vater aller monotheistischen Religionen, war der berühmteste Sohn der Stadt Urfa. Dann kam schon Ibo Tatlises.

Paranoia, crescendo

In den Arkaden der alten Karawanserei Yetmish Hami, unter Sultan Selim 1566 mitten im Basarviertel erbaut, wo ich Ramazan und seinen Freund Murat mit dem schnellen Auto treffen sollte, waren im Erdgeschoß Teehäuser und auf der Empore Schneidereien und Schustereien. Es war Sonntag morgen, ein Araber mit blauen Augen, weißem, dünnem Bart thronte unbeeindruckt vor einem Schachbrett und ließ sich nicht einmal dann eine Regung entlokken, als seine wechselnden Gegner entnervt die Könige aufs Brett warfen und unter Schimpfen ein paar Münzen auf den Tisch legten. Plötzlich, aber keineswegs unerwartet rief der Muezzin zum Gebet, und die Männer standen abrupt auf und verließen das Teehaus, und innerhalb von einer Minute war das Karree leer. Nur einer war wie verabredet sitzen geblieben, grinste und rauchte.

Murat war ein attraktiver Mann von fünfundzwanzig Jahren, mit leicht abstehenden großen Ohrmuscheln, dünnen Koteletten, einer großen Nase und mit Schaum oder Mousse bearbeiteten, nach hinten gewellten schwarzen Haaren. Er war stolz, sich als einen fanatischen Kurden bezeichnen zu können.

»Die wahre Türkei ist in Urfa«, sagte er zur Begrüßung, gab mir und Ramazan die Hand, »die alte anatolische Kultur: Freundschaft, Hilfsbereitschaft und Freundlichkeit. Wo findest du das in Istanbul, Konya oder Adana?«

Wie groß Murats Herz auch immer sein mochte, nichts konnte ihn dazu verlocken, seine Ernsthaftigkeit zu verlieren. Schnell war klar, daß man es bei ihm nicht mit einem leichtfüßigen oder hedonistisch veranlagten Menschen oder einem heldensüchtig erprobten Tragiker zu tun hatte. Er hatte keine Frau und keine Freundin, aber er hatte eine Schwester, auf die er achtgab, und seine brüderliche Sorgfaltspflicht ging, daran ließ er keinen Zweifel, tatsächlich so weit, daß er sich in der Pflicht sah, zum Wohle der Familie den künftigen Mann der Schwester auszuspähen und vorzustellen. Und hätte es nun je ein anderer gewagt, mit ihr auf der Straße spazierenzugehen, so hätte der Mutige von Glück sagen können, wenn er von Murat und seinen Brüdern danach die Erlaubnis bekommen würde, die Schwester heiraten zu dürfen. Waren die Brüder weniger mild gestimmt, hätten sie den Mann umgebracht. Das sagte Murat ohne Umschweife, als sei es in moralisches Erz gemeißelt.

Was ihn selbst betraf, so hatte Murat sich zweimal gegen den Wunsch seiner Eltern zur Wehr gesetzt, eine von ihnen präsentierte Frau zu heiraten, woraufhin das familiäre Band zerrissen war. Sein Vater sprach nicht mehr mit ihm, doch seine Mutter nahm sich die unerhörte Freiheit, für ihren liebsten Sohn im stillen weiter nach der einen oder anderen passenden Gattin zu suchen. So war Murat bis zum heutigen Tag unverheiratet und brach mit einer weiteren Tradition kurdischer Ethik, derzufolge ein Rekrut, der seinen Wehrdienst abgeleistet hatte, in den Stand der Ehe eintreten mußte; Murat war schon seit drei Jahren raus aus der Armee. Ohne größere Notwendigkeit ließ er einen Satz fallen, so leise, daß man ihn fast überhört hätte.

»Wer eine Freundin haben will, muß mit der Familie brechen und nach Istanbul durchbrennen.«

Zwischen Murat und Ramazan entzündete sich ein kleiner Streit, dessen Sinn mir erst später klar wurde, dann hatte sich Ramazan durchgesetzt, und wir machten uns auf den Weg in seinen Geburtsort Siverek, eine größere Kleinstadt, eineinhalb Stunden nördlich von Urfa, 110 000 Einwohner, ausschließlich Kurden. Es nieselte. Wir fuhren mit Murats altem Dogan an den gesichtslosen Trabantensiedlungen stadtauswärts, wo Ramazans Vater gerade ein Hochhaus bauen ließ. Die Stacheldrähte des karstigen Sperrbezirks zogen sich über Kilometer die Schnellstraße entlang. Urfa war eingerahmt von militärischen Sicherheitszonen, was die strategische Wichtigkeit der Stadt unterstrich: Sie war vierzig Kilometer von der syrischen Grenze entfernt und lag am Rande des kulturellen Hoheitsgebiets der Kurden. Das Dorf Halfeti, in dem PKK-Führer Abdullah Öcalan geboren wurde, fand sich eine dreiviertel Stunde westwärts von Urfa, dort war Öcalan noch immer der Held schlechthin, und seit seiner Verhaftung 1999 und der Verurteilung zu lebenslanger Haft wegen Hochverrats war er ein Heiliger aller Kurden. »Wir alle sind Öcalan«, hieß ein Slogan. Tötete man Öcalan, besagte eine Weisheit, kämen tausend Öcalans nach. Auch wenn der Kurdenführer seit Jahren als einziger Häftling in einem Hochsicherheitsgefängnis auf der Insel Imrali im Marmarameer einsaß – der Staat kämpfte gegen eine lebende Legende, die er nicht zerstören konnte.

Die Wischblätter quietschten, das Gebläse stockte, alle Scheiben waren von innen beschlagen. Wir hörten Ahmet Kaya aus dem Autokassettendeck, wofür man, wäre man dabei vor zehn Jahren ertappt worden, ebenso verhaftet worden wäre wie für das Sprechen der kurdischen Sprache auf der Straße. Kurdisch und Türkisch waren zwei völlig verschiedene Sprachsysteme: Das Kurdische leitete sich aus dem Persischen, das Türkische aus dem Stamm des Turkischen ab. Wer kurdisch sprach, war unüberhörbar und fiel auf, ähnlich wie ein Russe in Deutschland. Kaya war der populärste kurdische Sänger, er kam aus Diyarbakır, und glaubte man der Version von Murat und Ramazan, war er so lange von der Türkei drangsaliert, mit Berufsverbot belegt und zur Flucht gedrängt worden, bis er ins Exil nach Paris ging, wo er vor einigen Jahren einem gebrochenen Herzen erlag.

»Dreißigtausend Menschen mußten sterben, damit wir heute auf der Straße kurdisch sprechen können«, sagte Murat.

»PKK-Leute?«

»Die meisten. Aber auch die kleinen Helfer in den Dörfern.«

»Wer der PKK half, wurde von der Türkei erschossen, wer der Türkei half, wurde von der PKK erschossen«, rief Ramazan von der Hinterbank.

»Du weißt nie, wer Staatsspitzel, wer PKK-Spitzel ist«, sagte Murat und wischte mit einem Tuch Ausgucklöcher.

»Ist jetzt anders, oder?«

»Na ja, seit sechs Jahren etwa ist es besser, gut ist es noch lange nicht, ab er es entspannt sich«, sagte Murat.

»Früher konnte die Polizei dich auf der Straße schlagen – *das* ist jetzt vorbei«, sagte Ramazan.

»Wegen der EU«, sagte ich.

Sie schwiegen.

Auf den Hügeln neben der Schnellstraße prunkten ockerfarbene Landvillen im Hacienda-Stil. Es kamen endlose Nußbaumfelder, ein mit gefüllten Baumwollsäcken überladener Traktor hinderte Murat minutenlang daran, die Straße als Privatpiste zu betrachten, was die Ausschüttung mehrerer Angsthormone erfreulich eindämmte. Je näher wir Siverek kamen, desto verspannter wurde Murat. Mehrmals nacheinander sah er in den Rückspiegel. Ahmet Kaya war schon vor einiger Zeit zum Schweigen gebracht worden. Ramazan döste unter einer Baseballkappe. Die Sonne schien freundlich. Ich vermeinte ein Auto zu erkennen, das ich kurz vor der Abfahrt in Urfa gesehen hatte. Murat merkte, daß ich den Wagen im Außenspiegel sah. Er sagte, daß er gerade keine feste Stelle habe und sich mit Gelegenheitsjobs über Wasser halte. Ich nickte und sah in den Spiegel. Sein Bruder habe auch keinen Job.

Aha.

Viele seiner Freunde hätten keine Jobs.

Hm.

Wir fuhren ins Zentrum von Siverek, und obwohl wir in eine schmale, fast abseitige Gasse bogen, folgte uns der Wagen. Murat nahm im Rückspiegel Kontakt mit Ramazan auf, der sich umdrehte und aus dem Rückfenster sah. Es war nicht von der Hand zu weisen, daß ich mit dem Augenblick, da ich mich in Murats Dogan begeben hatte, in die Spirale meiner eigenen Paranoia geraten war.

War der Verdacht abwegig, daß ich in Urfa in den Augenschein von Spitzeln genommen worden war, die über jeden meiner Schritte Bescheid wußten? War einer bei Kuaför Kadir ein inoffizieller Mitarbeiter der türkischen Polizei und hatte vernommen, daß ich manches an der türkischen Variante von Demokratie problematisch fand? Oder war der fanatische Murat ein Spitzel der PKK und berichtete, informiert von seinem Kumpel Ramazan, von meiner Abscheu gegen jede Form von Gewalt?

Ich nahm mir vor, mich in Siverek bedeckt zu halten und auf keines der meist offenen Gesprächsangebote einzusteigen. Wo immer ich ging, wurde ich gemustert. Blicke wanderten von Kopf zu Fuß, manche standen geradezu, ihre Absicht war aufs erste unergründlich. Ein Motorroller knatterte fahrlässig eng an mir vorbei, der Mitfahrer drehte sich zu mir um, sein rotweißkariertes Kopftuch zitterte im Fahrtwind, und sein schwarzer Blouson war zum Platzen gebläht. Ramazan kannte den einen oder anderen, Murat beruhigte sich mit einer Packung Zigaretten. Zwei Männer ohne Kopftuch folgten uns zum Basar. Sie waren uns schon seit zwei Gassen gefolgt. Sie trugen Anzüge und Kopftücher und sprachen nicht miteinander, was ungewöhnlich war, denn ein Gespräch fand immer statt, wo zwei Menschen zusammenkamen. Die Schlaglöcher der Straßen waren notdürftig gestopft, in manchen hatte sich schwarzes Wasser gesammelt. Wir erreichten den Basar, gingen vorbei an Säcken mit getrockneten Aprikosen, mit Rosinen, Feigen, Datteln, Nüssen, Holzkisten mit Salaten und Gurken; in den kleinen Läden hingen frisch geschlachtete Schafe, überzogen von einer stinkenden Fettschicht, die Wirbelsäulen am Genick durchtrennt, man sah den Hieb. Ich erinnerte mich an einen Satz von Ibrahim, daß man in Urfa und Umgebung noch immer grundsätzlich niemandem trauen dürfe; daß die Spitzel des türkischen Geheimdienstes sich mit dem rotweißkarierten Kopftuch und der sackartigen Salvar kleideten und sich als überzeugte Kurden unters Volk mischten, um beim Gang zur Toilette per Handy die Kollegen der Sonderpolizei zu benachrichtigen und dann bei der Verhaftung eines Denunzierten scheinheilig empört zu sein.

Ramazan wollte, daß ich den Goldhändler Faisal kennenlernte, der in seinem fensterlosen Shop von etwa zehn Quadratmetern ein dickes Bündel Geldscheine öffnete und zu zählen begann.

»Onkel!« sagte Ramazan.

Sie küßten einander auf die Wangen. Ich wurde vorgestellt und bekam nach dem Handschlag einen Tee. Onkel Faisal war dick und um die vierzig. Es dauerte gerade zwei Minuten, dann kam das Gespräch auf das »Judenspiel«.

»Die Juden kaufen Mesopotamien für ein Groß-Israel auf«, sagte Faisal.

Der Kunde verließ den Laden, ein Freund kam herein.

»... erst Irak, jetzt vielleicht Iran, dann Syrien, übermorgen die Türkei. Wer weiß, ob Bush uns nicht auch auf die Achse des Bösen setzt ...«

Es wurden Sträuße von Verschwörungstheorien geflochten, und regelmäßig entfleuchten den erregten Männern antijüdische Phantasien, die schwer auszuhalten waren und bei Licht betrachtet in ihrem Eifer eine große Nähe zur Platitüde hatten.

»Israel steckt hinter allem.«

»Das halte ich für unbewiesen.«

»Was macht Israel mit den Palästinensern?«

»Was haben die Türken mit den Armeniern gemacht?«

»Das war damals, und wir wissen gar nicht genau, was da passiert ist. Mir geht um es das Heute. Mit Israel und Amerika kann es keinen Frieden und keine Freiheit in der Welt geben.«

Neben seinen Ketten und Uhren lag Faisal vor allem die Korrektur jener scheinbar neuen Ideologie der Europäer am Herzen, den Islam mit Terror gleichzusetzen.

»Die Kurden haben in Europa immer Freiheit gesehen. Jetzt ist Europa gegen uns, verbietet die Freiheit, das Kopftuch zu tragen, und schließt sich an Amerika an und sieht in allen Muslimen nur noch Terroristen.«

Sidik war auf vergleichbare Weise voluminös wie Faisal, ähnlich groß, ähnlich alt. Breitbeinig saß er mit vier Männern im namenlosen, hellgrüngestrichenen Teehaus auf einem Plastikschemel, trank Tee und schwieg, wie es teetrinkende Männer gerne machen. Ich weiß nicht warum, aber ich hatte von dem Moment an, da wir dieses Teehaus betraten, eine mimische Beziehung zu Sidik. Vielleicht lag es an seiner Traurigkeit, von deren Varianten ich mich aus unerfindlichen Gründen seit jeher angesprochen fühle. Er trug eine Sackhose und einen blauen Umhang und das rotweißkarierte Kopftuch. Seine Arme waren kräftig und die Finger fleischig. Unter den Nägeln nistete der Dreck des Alltags. Ich sah an seinem kleinen Finger einen wunderschönen Silberring und starrte darauf. Keiner außer Sidik merkte es. Der Ring war länglich und lief, breiter werdend, auf die Fassung zu, in der ein schwarzer Stein steckte.

Sidik hatte das Tuch vom Kopf genommen und auf sein Knie gelegt. Die Glatze war rasiert, die Haut des schöngeformten Kopfes so bronzefarben wie das Gesicht und die Arme. Die fünf Männer waren Baumwollpflücker und saßen von 9 bis 12 und von 13 bis 18 Uhr im Teehaus, als unterläge es tariflicher Bestimmungen. Ich sah mich im Raum um und wollte schon aufatmen, da erkannte ich einen der beiden Männer, die uns gefolgt waren. Zwei der Baumwollpflücker hatten acht Kinder, zwei zwei und einer keine. Sidik hatte vier Söhne zwischen vierzehn und achtzehn. Zweimal war er schon losgezogen, um ein Mädchen für seine beiden Älteren zu finden. Er zahlte den Vätern der künftigen Bräute jeweils dreitausend Euro. Für die beiden anderen Söhne hatte er noch drei Jahre Zeit. Sidik verdiente zehn Cent pro Kilogramm gepflückter Baumwolle. Mehr als hundert Kilogramm Baumwolle pro Tag schaffte kein Mensch. Der Großhändler diktierte dem Zwischenhändler die Preise, und wenn der den Pflückern mehr bezahlte, wurde er bestraft. Je weniger eine Familie bekam, desto mehr ihrer Kinder mußten in der Pflücksaison ran. Die Kinder standen nachts um vier auf und gingen mit den Eltern auf die Felder. Sie schafften zehn Kilo am Tag. In die Schule gehen konnten sie nicht. Den ganzen Sommer nicht. Wenn sie halbgebildet waren, war es ihr Glück.

»Was sollen eure Kinder später machen?«

»Baumwolle pflücken, heiraten, auf Europa hoffen.«

Wenn es gut ging, brachte Sidik zehn Euro am Tag nach Hause. Es ging nur im Sommer gut. Im Winter saß er von morgens bis abends im Teehaus. Und zur Zeit ging es nicht einmal im Sommer gut.

Die fünf Männer arbeiteten auf den Feldern von Bayir Üzü, acht Kilometer von Siverek entfernt. Yilmaz Güney, dessen Poster in vielen Geschäften der Stadt an den Stellen hingen, wo man gewöhnlich Atatürk erwartete, soll dort geboren worden sein, und wenn nicht in Bayir Üzü, dann im Dorf nebenan, was machte das schon, ein Held der Kurden würde er ewig bleiben. Jeder in Siverek wollte Yilmaz Güneys ehemaliger Nachbar sein. Jeder kannte ihn oder mindestens einen seiner Cousins.

Die Malaise von Bayir Üzü war folgende: Im Dorf gab es zwei reiche Familien, die beide behaupteten, das große Baumwollfeld gehöre ihnen. Seit 1973 standen sie deswegen vor Gericht. Im Dorf lebten achtzig Familien. Vierzig scharten sich um den einen Großgrundbesitzer, vierzig um den anderen. Die Baumwollpflücker sammelten das Geld, das ihr jeweiliger Patriarch benötigte, um die Anwaltskosten zu zahlen. Fünfzig Anwälte waren von beiden Seiten über die Jahre verschlissen worden, für jeden neuen legte die Großgrundbesitzerfamilie eingangs achttausend Euro auf den Tisch. Die letzte Hoffnung des Kurdendorfes Bayir Üzü auf Lösung der Farce war der EU-Beitritt der Türkei. »Europa«, sagte der jüngste der fünf Männer im namenlosen Teehaus, »gibt uns das Feld zurück, denn es geht um Gerechtigkeit, nicht um Geld.« In Europa, sagte ein anderer auf türkisch, dürften sie endlich ihre Sprache sprechen, und Sidik flüsterte ihm auf kurdisch zu, er solle nicht so viel reden. Die fünf wirkten ängstlich und lobten plötzlich Nation und Atatürk zu übertrieben, als müßten sie ihre patriotische Loyalität unbedingt unter Beweis stellen, schließlich war jedem Kurden in den Kurdengebieten bekannt, daß jeder Kurde von jetzt auf gleich verschwinden konnte und wochen-, monate-, manchmal jahrelang nicht mehr auftauchen würde, und wenn er dann zurückkam, so mit gebrochener Seele oder zerstörten Gelenken.

Einer zog seine Schuhe aus und ließ sie einen Bub für eine Münze putzen. Sie rauchten selbstgedrehte Zigaretten. Der Tabak in den großen Säcken auf dem Basar war billiger. Sie hatten kleine Etuis aus Blech für den grobgehackten Tabak und die Blättchen. Sie redeten nicht durcheinander, meist waren sie einer Meinung. Sie hatten Gesichter ohne Mimik.

Sidik rührte mit dem Löffel im Teeglas.

»Schöner Ring«, sagte ich. »Dein Hochzeitsring?«

Ohne ein Wort zu sagen, nahm er ihn ab und legte ihn in meine Hand. Von da ab gehörte er mir. Widerstand gegen das hohe Geschenk wäre zwecklos und überdies ein kultureller Affront gewesen. Ich gab eine Runde Nescafé aus. Zahlen durfte ich nicht. Was sollte man tun, wenn ein solches Ansinnen mit der empörten Bewegung von zehn starken Baumwollpflückerhänden zurückgewiesen wird? Zweimal ging meine Hand zum Herz, einmal jeweils ihre, Tesekkür, besten Dank. Dann standen sie auf, jeder gab mir, als wäre er ein Konfirmationsknabe, artig die Hand. Ich nahm den Ring von Sidik und steckte ihn an den Mittelfinger.

Ramazan erhielt einen Anruf und schlug vor, ins überbevölkerte Viertel Sirinkuyu zu gehen. Murat war irgendwo unterwegs und sah den Mädchen nach. Wir spazierten auf der breiten Straße mit grobem Kiesel, über die starkbefahrene Schnellstraße und trafen am Eingang des Viertels Ali und seine Kinder, die mit einer Dose kickten, wobei die Mädchen weitaus besser waren.

Die Elendsgeschichten setzten sich fort. Ali hatte keinen Beruf. Er war Baumwollpflücker. Er war fünfzig und sah aus wie siebzig. Seine Kinder gingen nicht zur Schule, weil sie pflücken mußten. Die Schule war zu weit weg. Wie hätten seine Kinder hinkommen sollen, da keine Busse fuhren? Staat und Stadt gaben Alis Familie kein Geld, obwohl er fast blind war. Jedes Jahr arbeiteten Ali und seine Frau vierzig Tage auf dem Baumwollfeld. Und die anderen dreihundertzwanzig? Die Familie hatte fünfundzwanzig Lira am

Tag. Sie saßen im Hof und rauchten oder tranken Tee. Oder Raki. Raki? Nein, nein! Alis beinah blinde Augen funkelten. »Wir haben kein Geld fürs Essen, wie können wir dann Alkohol kaufen?«

Alis Mutter kam. Ihr Gesicht war tätowiert. Sie stellte sich vor. »Ich bin Kurdin.« Ihre Schuhe hatten keine Schnürsenkel. Alis Schuhe und die seiner Kinder auch nicht.

»Bei uns sind die Frauen frei«, sagte Ali.

Wo sollten sie auch hingehen?

Alis Nichte kam heraus, ein schöne Frau von neunzehn Jahren mit Nasenstecker. Sie schneiderte die Kleider, die sie trug, selbst: an diesem Tag einen blutroten Baumwollkaftan. Sie grüßte stumm. Vielleicht hatte sie keine Stimme. Vielleicht nur Scham.

»Die Türkei ist nur was für Reiche«, sagte Ali. »Wir bleiben für immer zweitklassig. Wer kein Geld hat, hat keine Freiheit.«

Alis Haus war aus bloßem Stein, innen unverputzt, oben abgedeckt mit Ästen. Den Boden bedeckten Sägespäne, in denen die nackten Kinder saßen und mit Welpen spielten. Unter einer Plastikplane war getrockneter Kuhdung aufgeschichtet. Fünfzehn Personen lebten hier auf hundert Quadratmetern. Bad und Toilette gab es nicht.

»Hier würde nicht einmal ein Hund gern leben«, sagte Ali.

Keiner im Viertel hatte eine grüne Versicherungskarte. Ohne grüne Versicherungskarte konnte man nicht zum Arzt. Ali war auf dem Amt, um nach Unterstützung zu fragen. Ihr Kurden kriegt zu viele Kinder, hatte man ihm dort gesagt, wenn ihr die nicht ernähren könnt, dann kriegt eben keine!

Die Nachbarn saßen auf verrosteten Gartenstühlen. Vater, Sohn, Bruder, Schwiegersohn. Der Schwiegersohn war ein Cousin des Sohnes.

»Wir geben unsere Töchter den Verwandten«, sagte der Großvater. Er hatte weiße Brusthaare, ein fliederfarbenes Kopftuch und rauchte Selbstgedrehte.

»Können die Töchter denn auch nein sagen?«

»Die Eltern wissen besser als die Kinder, was für sie gut ist, sie müssen darauf hören, was die Eltern sagen.«

»Und wenn die Eltern sich irren, und der Mann schlägt die Frau?«

»Wenn die nachher Probleme haben in der Ehe, schickt der Mann die Frau zurück zu den Eltern. Dann darf sie nicht mehr aus dem Haus, bis sie einen neuen für sie gefunden haben.«

»Ist das Liebe?«

»Es gibt keine Liebe.«

»Wir Armen«, sagte der Enkel, »haben nur eine Frau. Die Reichen haben drei Frauen.«

Hennen liefen gackernd umher. Ein Motorrad röhrte.

»Warum haben viele Kurden so viele Kinder?«

»Das ist Gottes Wille«, sagte der Alte.

»Hilft Ihnen dann die PKK?«

Alle schnalzten, »Tsss«, und warfen den Kopf zurück

»Nur Allah kann helfen.«

»Der türkische Staat sagt, wenn es den PKK-Terror nicht gäbe, dann hätten Sie hier Arbeit und Freiheit.«

»Es gab mal einen Unternehmer, der hatte Angst, hier eine Fabrik zu bauen.«

»Angst wovor?«

»Vor der PKK.«

»Alle verlieren durch die PKK, die Menschen, das Volk, das Land.«

Ramazan drängte, Murat, der irgendwo in der Stadt unterwegs war, hatte ihm am Telefon gerade Ungutes berichtet, und das Gespräch mit Ali und den Nachbarn hatte eine unwillkommene Brisanz erhalten.

»Gibt es bei euch einen Vorsteher oder einen aus der Partei?« fragte ich in die Runde.

Sie sahen sich an, und sogleich begann eine heftige Diskussion. Der Alte zeigte auf den Platz, wo eine dunkelgelbe Baumaschine gerade einen Leitungsmast anschleppte, um den eine Schar begeisterter Kinder hüpfte.

Er komme gleich, und gleich war in zwanzig Minuten, die wir im Teehaus an der Hauptstraße warteten. Stand da am Straßenrand nicht der Wagen, der uns seit Urfa verfolgte?

Der Vorsteher der lange verbotenen radikalen Kurdenpartei DEHAP kam nicht allein, vier Männer begleiteten ihn. Alle gaben mir die Hand. Seine Begleiter musterten jeden Anwesenden im Raum. Er könne nicht laut reden, sagte er. Ich verstand. Wir bestellten Tee und Nescafé für alle.

»Sagen wir es geradeheraus: Siverek ist eine der ärmsten Städte der Türkei, und dieses Viertel hier«, er tippte mit dem Zeigefinger auf den Tisch, »ist das ärmste von Siverek, in das die ärmsten Leute aus den ärmsten Dörfern der Umgebung geflohen sind.«

In den vergangenen fünfzehn Jahren waren über dreitausend Dörfer zwischen Urfa und Diyarbakır zerstört worden, verbrannt, vernichtet, vom türkischen Militär auf der Suche nach PKK-Kämpfern, von PKK-Kämpfern auf der Suche nach Kollaborateuren mit der türkischen Armee, durch Kriegshandlungen und Vandalismus. Massenhafte Landflucht in die Städte war die erste, massive hygienische und soziale Probleme in den Städten die zweite Folge.

Das Selbstverständnis der DEHAP als Speerspitze des anatolischen Sozialismus konnte einem nicht verborgen bleiben, und ich erfuhr, daß neunzig Prozent der Menschen keine Arbeit hatten und viele für fünf Monate im Jahr runter in die Çukurova reisten, Baumwolle pflückten und in Zelten schliefen. Hatte der Staat die Kurden von Siverek vergessen? Ignoriert? Wollte er sie bewußt demoralisieren?

Murat rief Ramazan an und berichtete, wir würden von der Zivilpolizei beobachtet. Der Vorsteher sah Ramazan skeptisch an. Irgend etwas stimmte nicht, entweder mit Ramazan oder mit dem Vorsteher. Der sagte, er gehe zu keinem offiziellen DEHAP-Treffen, weil die türkische Polizei den Teilnehmern dann unterstellte, mit der PKK zusammenzuarbeiten oder mit dem Ziel eines autonomen Kurdistan die Souveränität der Türkei in Frage zu stellen, und dann hätten sie den passenden Vorwand, ihn zu holen und für zwei, vier, acht, Gott weiß wieviel Jahre in den Knast zu stecken, tags und nachts zu schlagen, an den Armen aufzuhängen, bis er vor Schmerzen ohnmächtig würde, Zehen und Finger mit Elektroschocks zu malträtieren, bis erst sie abstarben und dann die Seele starb.

Im Fernsehen kam die Nachricht, Offiziere des militärischen Geheimdienstes hätten einen kurdischen Buchhändler in Semdinli getötet, das Volk sei in Aufruhr, Erdogan sei gekommen, habe kurdischen Kindern über den Kopf gestreichelt und um Vertrauen geworben. Einer sagte, die Armee provoziere wieder Gewalt und stifte Unruhe, auf daß es bürgerkriegsähnliche Zustände gebe und die EU-Mitgliedschaft der Türkei in Europas Hauptstädten in Frage gestellt werde. Plötzlich stand der Vorsteher auf. Murat kam mit quietschenden Reifen vorgefahren, sprang heraus und nötigte uns in den Wagen.

»Mit wem hast du gesprochen?« fragte er.

Ich zählte Ali auf, seine Mutter, die Nachbarn, den Alten und den Vorsteher.

»Allah gebe, daß sie morgen noch leben!«

Wir fuhren in der Hälfte der Zeit zurück nach Urfa, die wir für die Hinfahrt gebraucht hatten. Es war dunkel, und die Sicht war schlecht. Murat hatte Ramazan angebrüllt. Ramazan haßte es, angebrüllt zu werden. Ich schob eine gewisse Schuld auf meine Neugier. Die Stimmung war auf dem Nullpunkt. Hinter uns fuhr ein Jeep. Murat war nervös und sah immer wieder in den Rückspiegel. Er wartete geradezu darauf, daß wir angehalten würden.

»Ihr seid die ganze Zeit beobachtet worden«, sagte er.

»Woher willst du das wissen?« fragte Ramazan beleidigt.

»Meine Quellen wissen es.«

»Quellen täuschen sich.«

»Nicht meine.«

»Was macht dich so sicher?« warf ich ein.

»Hör mal, ich bin seit Jahren unter Beobachtung, ich kenne sie, ich kenne ihre Methoden, ich kenne ihre Maskeraden, in den Teehäusern, auf der Straße, ich weiß, wie sie gehen und telefonieren. Und du wirkst ja nicht gerade wie ein gebürtiger Kurde …«

Er sah Ramazan im Rückspiegel an. Der Blick war vieldeutig. Ich entschied mich für die Variante »strafend«, weil Ramazan hätte wissen müssen, daß Sirinkuyu ein Nest radikaler Kurden und von Spitzeln durchsetzt war. Ich war mir nicht mehr sicher, ob nicht auch Ramazan ein Spitzel war. Seit der überstürzten Abreise hatte er mir nicht mehr direkt in die Augen gesehen. Er hatte die Baseballkappe ins Gesicht gezogen und schmollte. Vielleicht war aber auch Murat ein Spitzel und tat nur so, als müsse er mich vor Spitzeln beschützen, um mir ein falsches Gefühl von Sicherheit zu geben. Vielleicht waren sowohl Murat als auch Ramazan Spitzel für dieselbe Sache der PKK und boten mir die Inszenierung eines scheinbaren Zwists. Mir wurde klar, wie sehr ich in Urfa und Siverek aufgefallen sein mußte: Kein anderer sah aus wie ich, kein anderer benutzte öffentlich einen Spiralblock, kein anderer sprach mit Menschen und machte sich dann Notizen.

Wir erreichten Urfa um neun, gingen ins Café Sila und tranken Tee. Ein Trio spielte Lieder von Ahmet Kaya. Ramazan und Murat sprachen kein Wort. Die summenden, wippenden und klatschenden Zuhörer schrieben die gewünschten Titel kurdischer Klassiker auf Servietten und legten sie dem Saz-Spieler aufs Knie.

Ich trank Apfeltee und wußte, daß die Zeit der Unschuld vorüber war. Ich war nicht mehr länger Beobachter. Ich war Teilnehmer. Ich begab mich unter die Obhut einer feinnervigen Vorsicht und beschloß, Urfa am nächsten Tag durchaus überstürzt zu verlassen, ohne auf eine Nachricht von Ara Güler zu warten, den ich angeblich in ein paar Tagen in Trabzon treffen könnte, weil dort, im Kulturzentrum, eine große Retrospektive seiner Arbeiten von 1956 bis 2006 stattfinden sollte.

Paranoia in Diyarbakır

Ich sah in den Lauf einer Maschinenpistole

Um zwölf hieß es, der Bus nach Diyarbakır fahre um drei. Um drei hieß es, an diesem Tag fahre überhaupt kein Bus. Um halb vier hieß es, es führen Busse, aber keiner fahre nach Diyarbakır. Um fünf hieß es, es fahre ein Bus nach Diyarbakır, aber erst um acht. Das war das letzte Wort, und ich saß drei Stunden in einer Art Café am Busbahnhof in Urfa und erschlug die Zeit damit, zu sehen, ob unter all den Kommenden und Gehenden ein immer Gleicher übrigblieb. Aus dem Ghettoblaster vor einem Krämerladen brüllte Türk-Techno, im Fernseher des Cafés lief ein Historienfilm, der die blauen Augen seines Helden Yilmaz Güney unverhältnismäßig oft mit großem Aufwand in Szene setzte. Männer saßen auf Schemeln, stierten in die Glotze, rauchten und tranken Tee.

Um acht wurde ich auf neun vertröstet. Es war kein anderer Fahrgast mehr auf dem Bahnhof. Ich trank den dreißigsten Tee. Um 9.15 Uhr rannte der Ticketverkäufer der Busgesellschaft mit brennender Kippe auf mich zu, packte meinen Arm und brachte mich – wir mußten über mehrere Bordsteine und eine Mauer hüpfen – zu einem Platz ohne Beleuchtung an der Unterführung Richtung irgendwo. Folgte uns einer? Wer würde mich abholen? Wohin würde die Reise gehen? Nahm ein Verhängnis seinen Lauf?

Ich hatte geschlummert, während die anderen, ohne auch nur einmal zu lachen, ein Mister-Bean-Video auf türkisch sahen. Es regnete. Die Nacht war hinterhältig. Der Bus Richtung Mardin fuhr konstant anständig. Plötzlich wurde er langsamer und blinkte. Warum hielt er mitten auf dem lichtlosen Land? Zwei schwerbewaffnete Soldaten kamen herein und befragten den Fahrer. Ich fläzte mich in den Sitz, rutschte mit dem Po auf die Kante und drückte mich so gut es ging in die Ecke, das Gesicht halb hinter dem Vorhang der Scheibe.

Eine Stunde später folgte eine zweite Kontrolle, Militärjeeps, Polizeiautos und Motorräder waren zu sehen. Augenscheinlich suchte der Staat jemanden, und ich hatte eine Vermutung. Der Bus fuhr an den Straßenrand. Eine Reihe vor mir, linker Hand, spähte ein junger Mann über die Schultern nach hinten. Ich tauchte ab. Drei Soldaten mit MP kamen in den Bus, einer lief einige Meter den Gang entlang, sah sich die Reisenden an und ging wieder. Es waren noch fünfzig Kilometer bis Mardin, von dem die Kleinverlegerin Yasemine aus Istanbul genauso geschwärmt hatte wie der feine Herr Yurttas aus Antakya. In Mardin, hatten sie gesagt, könne man das biblische Zeitalter noch spüren, in Mardin herrsche ein bewundernswerter Friede der Religionen.

Weil ich der eigenen Paranoia entfliehen und also unbedingt und unmittelbar aus Urfa weg wollte, schien mir die kleine Stadt, von der so viele schwärmten, ein guter Kompromiß auf dem Weg nach Diyarbakır zu sein. Urfa, Mardin und Diyarbakır bildeten ein Dreieck im Herzen des türkischen Kurdengebiets.

Es regnete ohne Unterlaß. Der Bus fuhr jetzt prinzipiell langsamer. An den Straßen standen ausnahmsweise Laternen und gaben heliumgelbes Licht. Etwas wie Weltvertrauen wuchs. Auf der E 90 hoppelte ein Einspänner mit Esel, Autos lichthupten einander an und hupten dann ohne Licht. Wir kamen durch ein Dorf und erreichten kurze Zeit später in der kleinen Stadt Kiziltepe eine wegweisende Kreuzung. Links ging es nach Mardin, rechts Richtung Syrien und Irak. Der Bus fuhr rechts heran. Der Fahrer öffnete die Türen, stellte den Motor aus und machte das Licht an. Drei Sicherheitskräfte kamen herein, sahen sich suchend um, sahen sich ein zweites Mal um und gingen wieder. Niemand im Bus sprach. Es war, als atmeten alle zugleich auf. Warum aber warf der Fahrer den

Motor nicht wieder an? Ich setzte mich aufrecht und konnte über die Köpfe der anderen sehen, daß er seine Papiere nicht in die vorgesehene Plastikhülle bekam. Vermutlich war er ein Pedant. Die Soldaten standen draußen, zwei rauchten, einer lief auf und ab. In dem Moment, da ich ihn sah, trafen sich unsere Blicke und verhakten sich für jene kurze Zeit ineinander, die der Mensch braucht, um sich eines Geschehens gewahr zu werden. Wie entfesselt trommelte er an die Karosserie und rannte vor zur Fahrertür, ein zweiter folgte. Ich begann zu zittern.

Er stürmte herein, die Maschinenpistole ums Schultergelenk, kam den Gang nach hinten und schrie mich an. Ich verstand naturgemäß wenig, sah aber in den Lauf seiner MP. Der Mann in der Reihe links sagte auf englisch erregt: »Ausweis, Ausweis.« Ich hielt ihm meinen Reisepaß hin. »Ausweis, Ausweis«, sagte er. Der Soldat redete auf mich ein. »Ausweis, Presse, Zertifikat«, sagte der Mann. Ich wußte, was mit Journalisten geschah, die unangemeldet im Kurdengebiet recherchierten.

Nein, sagte ich, ich hätte keinen Presseausweis. Ich sei kein Journalist. Ich sei ein deutscher Kunsthistoriker auf der Suche nach urchristlicher Kirchenkultur im Südosten der Türkei, Urfa, Mardin, Sie verstehen? Ich sprach begeistert von meiner Mission und zeigte vorsorglich angefertigte Skizzen, mehr schlecht als recht konstruierte Glockenstühle und frühchristliche Kreuzzeichen.

Der Mann übersetzte, während der Soldat meinen Reisepaß immer wieder in die linke Handfläche schlug und mich eine elendig lange Weile ansah.

Ich hielt seinem Blick stand. Dann mußte er sich entschieden haben, mich nicht für den zu halten, der ich war und den sie tatsächlich suchten.

Als wir in der Unterstadt von Mardin ankamen, stieg ich aus und ließ mich von einem anderen Aussteigenden im Taxi mitnehmen.

»Sie haben Glück gehabt«, sagte er, »die Soldaten suchen einen europäischen Schnüffler, der aus Urfa und Siverek kommt und nach Diyarbakır will. Es geht um die Sache der Kurden, da sind alle sehr nervös, gerade hat es wieder Tote in Van gegeben.«

Bevor wir das Hotel in der Altstadt erreichten, kamen wir an drei weiteren Kontrollposten vorbei, konnten aber, da die Soldaten den Taxifahrer kannten, ohne weitere Probleme passieren. Ich verabschiedete mich, war innerlich entleert, erschöpft und zitterte noch immer. Vergeblich suchte ich eine Lokanta oder ein Restaurant. Ab zweiundzwanzig Uhr herrschte Ausgangssperre in Mardin, erfahrungsgestützte Vorsichtsmaßnahmen aus dem Krieg der Türkei gegen die PKK in den neunziger Jahren, als die kleine Stadt eine der meistumkämpften PKK-Hochburgen war. Ich fragte drei Jugendliche, die keine Ahnung hatten, nach einem Dönershop. Dann kamen zwei Sonderpolizisten auf uns zu, kontrollierten die Pässe, ließen mich gehen und nahmen die drei mit aufs Revier.

Am nächsten Morgen stieg ich die steilen Gassen der Stadt ganz nach oben, bis unterhalb der Zitadelle, und schaute über die weite mesopotamische Tiefebene bis an die zwanzig Kilometer entfernte Grenze zu Syrien. Ringsum sah man die Radaranlagen der USA, die Ähnliches im Sinn hatten und gewiß bis Damaskus spähen konnten. Zur Sicherheit, falls freundlicherweise ein in Kenntnis meiner Person gesetzter Spitzel auf mich achtgeben würde, besuchte ich einige der alten Kirchen, fertigte ausgiebig Skizzen und Zeichnungen der Giebel und Portale an. In der »Kirche der vierzig Märtyrer« aus dem 6. Jahrhundert war dort, wo normalerweise der Altar ist, ein Bettgestell mit zerrupfter Matratze und zurückgeschlagener Wolldecke. Die Apsis war das Wohn- und Schlafzimmer des Küsters. Licht schimmerte durch ein kleines Fenster mit zerborstenen Scheiben. Das orangefarbene Seil für den Glockenzug hing direkt neben dem Kopfkissen des Greises, der nirgends aufzufinden war.

Es gab im kleinen Mardin insgesamt elf Kirchen, in denen nach wie vor sonntags die Messe gelesen wurde, vor allem syrisch-orthodoxe und armenisch-orthodoxe. Fünfundsiebzig christliche Familien lebten in der Stadt, manche der Alten sprachen noch aramäisch, die Sprache Jesu. Die anderen sechzigtausend Einwohner waren syroaramäische Araber oder Kurden. Mardin war im Kerngebiet der christlichen Expansion in ihren ersten Jahrhunderten. Es erlebte seine Blüte im 13. Jahrhundert, wurde vom Lauf des Schicksals diversen mongolischen, persischen, turkmenischen Schlächtern und Herrschern in die Hände gespielt und lag bis heute ohne Anspruch auf ewiges Glück im Einfallswinkel der Weltgeschichte.

Von weitem entdeckte ich einen Mann, den ich schon in Urfa gesehen zu haben glaubte – dieses kindliche Gesicht, diese Pummelbäckchen, die schütteren Haare … Ich überlegte und kramte aus dem Kurzzeitgedächtnis einen Mann aus, der mich nach dem Besuch bei Kuaför Kadir in Urfa allzu verbindlich begrüßt und mir Chauffeurdienste nach Harran angeboten hatte. Er war mir schon damals merkwürdig vorgekommen. Jetzt stand er etwa hundert Meter entfernt, täuschte Interesse am Treiben der Birinci-Straße vor und wurde wie ich Zeuge, auf welch geschickte Weise vier Männer aus einem Kleinlaster eine Reihe gerade geschlachteter Lammkörper abtransportierten. Es gab angenehmere Gerüche. Die Köpfe waren abgetrennt und lagen im Eck, die tote Zunge hing schräg heraus, was durchaus blöde aussah. Auffällig unauffällig schlich mein potentieller Verfolger in den Basar, ich folgte ihm, verlor ihn nach ein paar Gassen, verlor Mardin und den Bezug zu Mardin und hatte bereits jedes Gefühl für Raum und Zeit verloren.

Mardin blieb unübersetzbar. Das Äußere der Stadt war mit meinem Inneren nicht mehr synchronisierbar. Mardin war der Kulminationspunkt einer Entfremdung im scheinbar Vertrauten. Etwas hatte sich verselbständigt. Es ging jetzt nicht mehr um Ara

Güler und, sollte ich ihn je treffen, die Frage, wie er die Metamorphosen der Türkei beurteile. Es ging um mich und mein Verhältnis zu einem mir fremden Land, dessen Syntax ich zu verstehen geglaubt und das angefangen hatte, gegen meine Empfindungen zu arbeiten.

Der Minibus nach Diyarbakır hatte Platz für zwölf Menschen. Ich stieg als achtzehnter zu. Man preßte mich auf die hintere Bank. Links saß eine dicke junge Frau mit grünschwarzem Kopftuch, rechts ein schnaufender Kurde, dessen Bauch so umfangreich war, daß er die Beine spreizen mußte, um den Wanst zu verstauen. Minibusfahrer waren stets zum höchsten Wahnsinn in der Lage, also hielt ich mich an den Aufkleber im Fenster »Mit Allahs Segen« und versuchte, meine zwischen Männerbauch, Frauenhüfte und Rucksack am Boden eingeklemmten Beine alle zehn Minuten millimeterweise zu heben, damit wenigstens etwas Blut durch die Adern floß. Es war schwierig, einem schmatzenden Patriarchen auf kurdisch beizubringen, daß Beinfreiheit ein Menschenrecht ist, also fügte ich mich in mein Schicksal und dachte an Hatice und Halet, überlegte, wann ich nach Trabzon fahren sollte, wie eine Ausstellung dort organisiert sein würde, ob es ein ruhiges Zimmer für ein Gespräch geben würde. Ich malte mir aus, was für ein Mensch Ara Güler wohl war, den man mir als rüde und zart, als chauvinistisch und melancholisch, als umgänglich und unzugänglich zugleich geschildert hatte.

Es folgten zwei Polizeikontrollen. Die Beamten sahen im Kofferraum nach versteckten Waffen oder Drogen oder versteckten Botschaften. In der Kleinstadt Aksu stiegen vier Fahrgäste aus und zwei zu. Vom gewonnenen Platz profitierte allein die vordere Sitzbank. Einer der Zugestiegenen trug einen Ledermantel. Als wir nach vier Stunden auf der weit abseits gelegenen Bushaltestelle kurz vor Diyarbakır ankamen, sagte er, ich solle ihm folgen, er bringe mich zum Hotel Kaplan. Woher wußte er, daß ich genau dorthin wollte?

Ja, so war es gewesen: Ein anderer Fahrgast hatte mich während der Fahrt nach meinem Ziel in Diyarbakır gefragt, und ich hatte für alle vernehmbar geantwortet. Der andere war der andere Zugestiegene gewesen.

Der Minibus hielt in irgendeiner Straße im Zentrum. Ich begleitete den Mann mit dem Ledermantel, es sprühte warmen Regen, die Schlaglöcher waren voller Wasser, was die wenigsten Autofahrer scherte. Er führte mich in die Gasse, an deren Beginn man bereits das Schild »Otel Kaplan« sehen konnte, das an einem mehrstöckigen Gebäude hing. Wie jeden Tag um fünf Uhr war der Strom ausgefallen. Die Stadt war wie betäubt. In den Kuaförsalons hielten junge Buben dem Kantenkünstler zwei Kerzen hin. Generatoren sprangen an, Händler priesen Nüsse und Gemüse. Dann setzte der Muezzin der alten Moschee zu einem betörenden Allahu ekber ein und kam sehr nah an die Meisterschaft des großen Mustafa aus Antakya heran, und ich nahm mir vor, diesen bezaubernden Tenor in den kommenden Tagen unbedingt zu besuchen.

War es Zufall, daß gerade bei meiner Ankunft im Hotel Kaplan Ali und Samet in der Lobby saßen und Zeitung lasen? Gab es in Anatolien so etwas wie Zufall? War es scheinbarer Zufall? Worin bestand hier der Unterschied zwischen scheinbar und zufällig?

Es war nichts los im Kaplan. Kein Servicepersonal trug Handtücher oder schob einen Wagen. Der Fernseher hatte Zwangspause. Kein Mensch checkte aus. Gewöhnlich checkt immer einer aus, wenn man eincheckt. Alle Schlüssel hingen am Bord. Ein Rezeptionist kam erst nach drei Minuten. Er sei beim Beten gewesen. Ich bekam einen Sondertarif in Zimmer 107. Es roch nach alter Tapete.

»Ich bin Ali«, sagte der kleinere der beiden mit rotem Blouson und Baseballkappe. »Da drüben ist mein Freund Samet.« Samet nickte. Sie saßen da, als hätten sie mich erwartet. Wir tranken Tee, und Ali sagte, er arbeite für die BBC. Strom und Licht kehrten zurück. Auf Kanal 7 sah man Tayyip Erdogan vor einer aufgebrachten Menge sprechen. Samet zappte, und ich sah Angela Merkel vor dem Bundestag sprechen. Um die Kanzlerin beneidete Deutschland niemand. Gerhard Schröder dagegen war den Türken ein Held.

Ali hatte sauber gestutzte Koteletten und einen kurzen, von der Oberlippe in Rundform ums Kinn verlaufenden Bart. Er war füllig und klein, hatte Schlupflider, leicht wabbelige Arme, abgekaute Nägel und am rechten Ringfinger einen breiten Silberring, der meinem aus Siverek nicht unähnlich war. Am Abend gingen wir auf Initiative von Samet in den Caglayan-Danceclub im Zentrum von Diyarbakır. Wir setzten uns an einen wie vorbestellten Tisch. Ali und Samet wurden vom Chef, der Watte in den Ohren hatte, per Handschlag begrüßt. Eine schöne, dünne, recht blasierte Schwarzhaarige kam herum und gab jedem Besucher mit heiligem Ernst ihre zerbrechliche Hand. Sie war stark geschminkt und rauchte affektiert. Drei weitere Frauen saßen am großen Tisch nah am Eingang, vier Ober mit weißem Hemd und roter Krawatte warteten auf bestellende Gäste. Der Raum füllte sich. Eine Disco-Kugel drehte sich über der Tanzfläche. Es gab vier Séparées mit Holzbänken und roten Tischlampen. Geröstete Pinienkerne wurden gereicht, Raukesalat, Gurken, Karotten, Yoghurt, Raki und Wasser. Ein Polaroid-Fotograf bot erfolglos seine Dienste an. Ali hatte in kurzer Zeit eine Menge erst mit Wasser verdünnten, dann unverdünnten Raki getrunken und tanzte zum rhythmischen Klatschen mehrerer Gäste mit anderen Besuchern kurdischen Ringelreigen. Samet saß meist still da und sagte, er sitze meist still da. Ali warf die Beine hoch, schwang ein weißes Tuch und flippte ein wenig aus. Die schöne Blasierte im beigefarbenen Wildlederrock und schwarzen Wildlederstiefeln sah ihrem ausgeblasenen Rauch nach und spielte gelangweilt mit einigen Haarspitzen. Manchmal rieb sie ihre brombeerrotlackierten Fingernägel. Wohlsituierte Männer im Nadelstreifenanzug kamen herein und erhielten zur Begrüßung eine Flasche Raki. Die Blasierte steckte den kleinen Finger zwischen die blutrotgeschminkten Lippen und streichelte die Kante ihrer unteren Schneidezähne. An der Wand über dem Synthesizer hing das Foto des bereits sehr alten Herrn Atatürk. Die Lieder wurden lauter, die Arabesken verrückter.

»Willst du mit einer kurdischen Animierdame sprechen?« fragte Ali.

»Wäre interessant«, schrie ich, auf der ständigen Suche nach weiteren Formen weiblichen Selbstverständnisses, in sein großmuscheliges Ohr.

Er sprach die aufgedrehteste der vier Damen an und trug mein Anliegen vor. Natürlich, sie war begeistert, ein Interview für ein Buch, toll, eine Ehre. Lässig hing eine Art Stola über ihre Unterarme. Morgen sollten wir sie anrufen. Sie schrieb ihre Nummer auf eine Serviette und gab sie mir, ohne daß Ali sie sehen konnte. Er fragte nach ihrem Namen. Sie hieß Büssem. Er sagte, er habe sie noch nie gesehen, obwohl er mit ihrem Keyboarder scherzte, der angeblich ein alter Freund von ihm war. Sie lachte und sagte, so sei das Leben manchmal. Mit dem einen seiner beiden Feuerzeuge zündete er sich eine Zigarette an. Auf beiden Feuerzeugen und auf beiden Handys hatte er ausgeschnittene Porträts von sich geklebt.

Ein kannenklopfender Kaffeehändler kam herein und servierte Mirra, äußerst starken Kaffee, für einen Euro. Die Blasierte rauchte Kette. Im umherspritzenden Licht der Silberkugel blitzte ihr silberner Ring am Mittelfinger auf wie ein Signal. Zu vorgerückter Stunde kam eine junge, lebenslustige Matrone und sang kurdische Liebeslieder. In ihrem Dekolleté hing eine Goldkette. Die erste von sechs im Halbrund auf der Tanzfläche aufgestellten Champagnerflaschen knallte, und jemand heftete der Sängerin einen Fünfzig-Lira-Schein an die Kette. Dann wurde die Blasierte endlich von einem Gentleman in Nadelstreifen zu einem Drink eingeladen, setzte sich zu ihm und legte den Kopf auf seine Schulter. Ihr Arbeitstag begann, als wir zum Kaplan aufbrachen.

Der Alte zückte sein Messer

Jeden Abend und jeden Morgen wurden auf Kanal 7 drei Top-News in langen Berichten gebracht: erstens die Meldungen über neue Anschläge, Panzeraufmärsche und MG-Feuer in der östlichen Türkei, in Van, Hakkari, Muş, überfallene Soldaten, die unter Anti-PKK-Protesten beerdigt wurden, weinende Väter, kreischende

Mütter. Zweitens Neuigkeiten in der Causa Sahin, denn die Anrufung der Medizinstudentin Leyla Sahin war vom Europäischen Menschengerichtshof Den Haag gerade negativ beschieden worden mit der Begründung, das Tragen des Kopftuchs sei kein Menschenrecht, was erheblichen Tumult verursachte, weil die Querelen dieses Falls die Türkei seit Jahren beschäftigte. Leyla Sahin war ein Symbol für die Richtung und Entwicklung des politischen Islam in der Türkei. Sie hatte sich vor sieben Jahren wiederholt geweigert, im Gebäude der Universität Istanbul ihr Kopftuch abzunehmen, und war nach mehreren Verwarnungen der Universität verwiesen worden, woraufhin sie in Den Haag auf die Verletzung ihrer Menschenwürde geklagt hatte. Nach der Entscheidung des Gerichtshofs berichtete Kanal 7 über öffentliche Kundgebungen in allen türkischen Städten, es gab Expertenmeinungen und Podiumsdiskussionen. Die dauererregten Medien überschlugen sich, während sich Ministerpräsident Erdogan diplomatisch geschickt zurückhielt, um die Sympathien des Westens nicht zu verspielen und die Kraft, die diesem symbolischen Konflikt innewohnte, dafür zu nutzen, den Laizismus und Säkularismus zwar nicht selbst zu unterminieren, aber zuzulassen, daß das von kemalistischen Kreisen in Jurisprudenz und Militär argusaugenscharf bewachte Kopftuchverbot ohne Probleme von radikalislamischen Kreisen attackiert werden und sich der islamistische Funke so weiter verbreiten konnte.

Und drittens waren Aufnahmen der aktuellen Hadsch nach Mekka zu sehen.

Am Morgen, als Bilder von ausgebrannten Autos in Batman und einer Demo in Erzurum über den Schirm liefen, kam Ali mit einer dreiviertel Stunde Verspätung ins Kaplan. Samet tauchte gar nicht erst auf. Ali war schlechtgelaunt und trug ein hellblaues Hemd unterm dunkelblauen Nadelstreifenanzug, angeblich maßgeschneidert in London, wo er angeblich seit 1998 lebte, obwohl er kein wirklich gutes Englisch sprach. Diyarbakır war angeblich seine Geburts- und Heimatstadt, und angeblich war er einige Tage hier im Urlaub, weil er kurz zuvor angeblich für die BBC zwei anstrengende Monate lang mit seinem Kamerateam im Irak gewesen war. Wir aßen zu Mittag im teuren Restaurant seines Freundes Ömer, zu dem er mich, auf Kosten des deutschen Gastes, unbedingt ausführen wollte. Am Nebentisch saßen zwei Zivilpolizisten mit Funkgerät, Handschellen und Pistolen. Als sie gingen, grüßten sie Ali. Er lud zum Backgammon und gewann vier zu eins. Daß er ein Spiel verloren hatte, konnte er nicht begreifen.

Einen leidenschaftlicheren Tenor als den Muezzin der Großen Moschee hat es nie gegeben. Mit einer Leichtfüßigkeit sprang er nach dem ersten »Allaaaaaaaa-hu-ekberrrr« die sofort erforderliche Oktave zum »Allllllahhh« nach oben, um sie dann mit schierer Eleganz wieder zum »ekberrrr« herunterzukehlen. Ali drängte mich in den Innenhof. Er zog es vor, im Teppichgeschäft Bazaar-21 am Eingang des Hofs zu warten, wo er Freunde habe und immer willkommen sei, da rannte lachend eine Liliputanerin auf ihn zu, die er packte und durch die Luft wirbelte. Ich ging in die alte, berühmte Moschee, in deren Sandsteingemäuer reliefartige Platten mit dem aramäischen Symbol der zwei Löwen integriert waren – die Moschee war vor der Islamisierung Anatoliens eine Kathedrale gewesen. Ein torkelnder, barfüßiger Mann mit offenem, zerlöchertem Mantel kam auf mich zu, hob jede soziale Distanz auf und berührte mit seiner Nase beinahe die meine. Er redete auf mich ein, ich wich zurück, er setzte nach, seine Stimme wurde lauter, die Betenden waren irritiert und sahen sich um, dann schrie er mich an: »Heilig! heilig!« und »kurdisch kurdisch«. In höchstem Maße an der stilvollen Beilegung eines möglicherweise ausbrechenden Kulturkonflikts interessiert, packte ich meine Schuhe, ging über die Schwelle, zog sie draußen an und war froh, dem Alten entschwunden zu sein. Am Brunnen setzte ich mich. Da stand er plötzlich neben mir und hielt ein Messer in der Hand. Ich wich aus und sah von weitem Ali die Treppe hinabgehen. Er sah mich nicht. Der Alte verzog sich schimpfend und drehte sich immer wieder fluchend zu mir um. Als er an Ali vorbeiging, sagte er ihm etwas, und Ali tatschte ihm die Schulter.

Ali stellte mich zwei engen Freunden vor, den Besitzern des Bazaar-21, das angeblich sehr gut ging, wie alles, mit dem Ali in Berührung war oder kam, sehr gut ging oder war.

Nein, ich hätte kein Interesse am Kauf eines Teppichs, beschied ich freundlich, nein, auch nicht zu den besten jemals gebotenen Preisen. Draußen lief der barfüßige Alte vorbei und setzte sich auf eine Bank im kleinen Park. Es war drei Uhr. Angeblich schlief Büssem noch. Ali konnte sie nicht erreichen. Er würde es später nochmals versuchen. Woher kannte er ihre Nummer?

»Du arbeitest bei der BBC?« fragte ich ihn.

Er zeigte unaufgefordert seinen gelben BBC-News-Paß, auf dem das Wort »Correspondent« falsch, nämlich »Correspondant« geschrieben war. Zufällig hatte er ein ganzes Portfolio von Fotografien dabei. Kein Bild war darunter, auf dem er nicht zu sehen gewesen wäre. Erst zeigte er drei Abzüge von sich beim Militär, von denen ihn zwei als eine Art kurdischen Rambo stilisierten. Dann präsentierte er das kleine Foto eines völlig zertrümmerten UN-Jeeps im Kosovo.

»Der Fahrer war ein enger Freund von mir, er hat einen Laster übersehen, er war sofort tot. Ich habe mit Mühe überlebt«, sagte er und zog ein weiteres Foto hervor, auf dem angeblich er, Ali, zu sehen sein sollte, kurz nach einer mehrstündigen Operation des Schädels, dessen Basis gebrochen gewesen sein sollte. Das Gesicht war geschwollen, der Kopf in weißen Mull gewickelt. Ali zeigte seine lange Narbe über dem rechten Auge und sagte nichts, weil er auf die Macht dieser Narbe hoffte.

»Der Unfall war 1995 in der Nähe von Pristina. Sie mußten mich am offenen Schädel operieren.«

Der Fahrer war sein Schulfreund aus Diyarbakır gewesen, die beiden hatten als Übersetzer für die UN im Kosovo gearbeitet.

»Ich habe seine Frau und die beiden Kinder mit einem Teil meines Schmerzensgelds unterstützt.«

Mit dem Rest der angeblich fünfzigtausend Euro hatte er eine lange Reise gemacht, vor allem nach Belgien, wohin zu gleicher Zeit auch Samet gereist war, der dort eine Freundin gehabt hatte, die, wie er sagte, »durchgedreht« gewesen sei und zuviel gesoffen habe.

Im hinteren Zimmer des Bazaar-21 spielte Samet schlechtgelaunt mit einer Feile. Er verdiente zu wenig Geld durch gelegentliche Dolmetschertätigkeiten für Journalisten und Politiker in den Krisengebieten des Nahen Ostens. Die Konkurrenz war groß, das Interesse am lukrativen Krieg im Irak ebbte langsam ab, und Samet war kein Kämpfer in eigener Sache. Er wirkte depressiv und sprach nicht mehr mit mir, weil ich darauf bestanden hatte, die horrende Rechnung im Caglayan-Danceclub wenn nicht zu dritteln, dann wenigstens zu teilen. Wer hatte die Ehre auf seiner Seite: der eingeladene Gast oder die einladenden Einheimischen?

Kurz nachdem ich gekommen war, verließ Samet das Teppichgeschäft ohne Gruß. Ich sagte mich für einige Stunden von Ali los und ging durch die Gassen der Altstadt. Es wurde weniger gehupt, als ich erwartet hatte. Die Trottoirs waren sauber und die Auslagen der Patisserien appetitlich. Es gab überraschend viele Apotheken, in deren Schaufenstern großformatige Kondompackungen zu kleinen Pyramiden geschichtet waren. In eine ging jeden Tag ein großgewachsener Streifenpolizist, aß sich den Bauch voll und verließ den Laden stets, ohne zu bezahlen. Die Angst des kurdischen Besitzers vor der Polizei war eine untilgbare Hypothek der Seele. »Inschallah!« sagte er und zuckte die Achseln.

Weder von übertriebener Freundlichkeit noch ausgeprägter Feindschaft war etwas zu spüren, und trotz seiner düsteren Geschichte als heimlicher (und vielleicht künftiger) Hauptstadt der PKK wirkte Diyarbakır merkwürdig licht, heiter, geordnet, auf eine Art gelassen. Und obwohl dem so war, hatte ich das Gefühl, die Menschen seien ruppiger, rauher, weniger herzlich, vielleicht grundsätzlich mißtrauischer, im mindesten vorsichtiger. Als ich von der Gasse der Kohlen- in die Gasse der Textilhändler bog, hatte ich wieder das Gefühl, verfolgt zu werden. Ich ließ mir nichts anmerken und ging weiter. Ein Teppichhändler winkte mich ehrerbietig und handelslustig zu sich, bot mir Tee und die günstigsten je gebotenen Preise, da kam plötzlich Ali aus dem Hinterzimmer. Er sei in der Gegend gewesen, und Teppichhändler Bashir hier, er klopfte ihm auf die Schulter, ein alter Freund. Es war nicht leicht, den hoffnungsfrohen Teppichhändler final zu enttäuschen.

Ali war ein Händler der Mythen und Legenden. In rakiseligem Zustand hatte er im Caglayan-Danceclub von sich erzählt. Mit sieben sei er Schuhputzer gewesen, dann habe er, wie so viele, angefangen, auf der Straße Taschentuchpäckchen zu verkaufen. Dann sei er Mitarbeiter bei Shell geworden, habe seinen Militärdienst absolviert, sei in die Militärakademie in Ankara eingetreten, sei für das türkische Corps bei der UN im Kosovo nominiert worden und schließlich, als einziger Kurde, was damals niemand wissen durfte, zum Leutnant bei der türkischen Armee aufgestiegen, die er dann überraschend verlassen habe. Danach habe er als Masseur im Hamam des Fünfsternehotels Karawanserei in Diyarbakır gearbeitet, sei anschließend nach London gegangen und habe über einen Bekannten bei der BBC angeheuert, für die er während des Irakkriegs als Reporter, Dolmetscher und »Stringer«, also Kontaktmann, gearbeitet habe.

All das klang wie eine zurechtgelegte, ein wenig aufsehenerregende, mit dem Pfund der eigenen Wichtigkeit handelnde Vita, die bewußt keine Zahlen oder nachprüfbare Fakten aufwies. Ich versuchte Ali in Widersprüche zu verwickeln und fragte hier und da, scheinbar beiläufig, die immergleichen Sachen in verschiedenen Variationen. Er war sicher und verfing sich nur ein einziges Mal bei einer scheinbaren Nebensächlichkeit, die er vielleicht auch deswegen als in ihrer Validität variabel gewählt hatte, weil allzu präzise Angaben auswendig gelernten Wiederholungen gleichen und so die Glaubwürdigkeit in Frage stellen könnten. Daß das erst recht aufgefallen wäre, wußte der clevere Ali.

Um mir die fortgesetzten Merkwürdigkeiten und die sich drehende Spirale der Paranoia bis zu diesem Zeitpunkt zu erklären, boten sich drei mögliche Theorien an, die allesamt meinem konspirativen Gemüt zuzuschreiben waren.

Theorie eins. Das Hotel Kaplan, dessen Chefs, ein Brüderpaar, angeblich Alis Freunde waren, war das Zentrum einer Verschwörung. Hier war das geheime Zentralkomitee für die kurdische

Sache, die Propaganda- und Agitationszentrale, in der alles zusammenlief, wo Daten gesammelt, Ausländer infiltriert, beeinflußt und instrumentalisiert wurden. Mit der PKK hatte es nichts zu tun, vielmehr agierte so der Geheimdienst der einst verbotenen Kurdenpartei DEHAP, und Ali und Samet waren Führungsoffiziere und ideologisch fanatisierte Agenten, die gegen Staat und Regierung arbeiteten und ohne die Milizen der sozialistischen PKK ein autonomes Kurdistan mit der Hauptstadt Diyarbakır anstrebten.

Theorie zwei. Ali war ein Spion des Staates, und ihm war vom türkischen Militär folgende »Aussteiger«-Legende verpaßt worden: Er habe einen schweren Unfall gehabt, dann habe er den lukrativen Dienst bei der Armee wegen Folterungen an kurdischen Delinquenten quittiert, die er als Kurde, auf Befehl seines türkischen Kommandanten, nicht hätte durchführen können, damit er nun als Armee-Spitzel im Hotel Kaplan ausländische Journalisten, die fast immer für die kurdische Sache und gegen die türkische arbeiteten, abfangen, durchleuchten und ihre mögliche Sympathien für den Feind beim Ministerium melden konnte, das sich dann mit gebotener Sorgfalt mit ihnen auseinandersetzen würde.

Theorie drei. An jedem Nachmittag trafen sich die Inoffiziellen Mitarbeiter der PKK im Bazaar-21 an der Großen Moschee: Ali, Samet, die beiden Zivilpolizisten aus dem Restaurant Ömer, Büssem, der Mitreisende von Mardin nach Diyarbakır im Ledermantel und die Liliputanerin mit dem zu großen Kopf, die im Vorgarten zur Moschee Taschentuchpäckchen verkaufte. Sie waren bezahlte Agenten und empfingen ihre Befehle vom Chef der Aktion Kurdische Befreiung im Dienste der PKK, den scheinbar sanftmütigeren der beiden Brüder vom Bazaar-21.

Während ich meine Sympathien für eine der drei Theorien zu ergründen suchte, fiel der Strom aus. Wenig später erklang das Allahu ekber des Muezzin, ich passierte das Hotel Karawanserei, in dem keiner einen Masseur Ali kennen wollte, und spazierte auf der imposanten Stadtmauer aus schwarzem Basalt herum, bis mir zwei Männer von unten bedeuteten, ich möge jenes Viertel am südlichen

Stadttor, in dem ich mich gerade befände, schnellstmöglich verlassen, man pflege dort Ausländer hinreichend zu überfallen.

Ali sang mit größter Zartheit

Es ist manchmal erstaunlich, wie schnell eine fremde Person anfängt, zum Personal des eigenen Lebens zu gehören. Ali war so jemand. Obwohl ich mich nicht entscheiden konnte, ihn zu mögen, beschäftigte er mich unablässig. Mehrfach hatte er mir das Versprechen abgenommen, ihn in seiner Wohnung zu besuchen, die Samet, in einem seltenen Anflug von Heiterkeit, als »Wunderhöhle« bezeichnet hatte. Ich mußte es als Ehre verstehen, daß er mich einlud, und es war sicher mein Anteil am Ehrenkodex der deutsch-kurdischen Freundschaft, zu meinem Wort zu stehen und zu kommen. Mit Ehre war zweifelsohne die Achtung gemeint, mit der die Offenheit des Einladenden beantwortet wurde, wobei Geld oder die Begleichung einer Rechnung eine nicht unerhebliche, letztlich aber untergeordnete Rolle zu spielen schien, weil die Achtung eine menschliche Haltung ist, die man nicht in Zahlen oder Scheinen, sondern nur in der Geste ausdrücken kann. Die Ehre war das höchste sittliche Gesetz. Wer die Ehre verletzte, verletzte die Menschlichkeit. Das war ein Prinzip, und es begann für Ali damit, eine Einladung prinzipiell nicht auszuschlagen und sein Wort zu halten. Täuschung wäre Enttäuschung. Enttäuschung Entehrung.

Erst gingen wir essen, zu einem anderen Freund, einem sehr guten, kein Zweifel, es gab das beste Lamm Diyarbakırs, Tomaten, Auberginen und Reis. Ali aß mit schöner Leidenschaft, vermißte hier und da gewisse Manieren bei mir (es sei eine Frage der Ehre, den angebotenen Raki auch dann zu trinken, wenn man keinen Raki möge), und mir kam es merkwürdig vor, daß er seine offensichtlich durch keine Hand geschützte Zahnzwischenraumreinigung nicht unter die Rubrik »gute Manier« subsummierte. Ich fragte, wann genau er das erste Mal im Irak gewesen sei, und glich seine Antwort mit der Aussage vom Morgen zuvor ab. Das Jahr stimmte, der Monat nicht. Ich fragte, wann er nach London gegangen sei. Er war sensibel genug.

»Damit du mir glaubst«, sagte er kühl, als hätte er Skepsis erwartet, und zog das zweite, nie benutzte Handy aus der Tasche. Er hatte angeblich vor zwei Monaten in der Nähe von Bagdad mit einem Team von der BBC in der Hotellobby gesessen, da habe ein Junge sie gefragt, ob sie etwas ganz Besonderes filmen wollten. Der Reporterinstinkt habe sie gegen ein paar Dollarscheine zusagen lassen. Das Ergebnis spielte Ali jetzt vor. Er drückte auf Play und gab mir sein Handy.

Man sah vier vermummte islamische Fundamentalisten, die auf bekannte Art ihre Kalaschnikows in die Luft hielten und eine Erklärung verlasen. Auf dem Boden lag ein kurdischer Lastwagenfahrer aus Mardin, der angeblich mit den Amerikanern zusammengearbeitet hatte. Er lag auf dem Bauch, die Hände waren auf dem Rücken zusammengebunden. Dann holte der Anführer ein Schlachtermesser und trennte den Kopf vom Rumpf. Das Blut schoß in Fontänen aus dem offenen Hals. Er hielt den Kopf mit den toten Augen an den Haaren hoch und legte ihn auf den Rücken. Die Zunge hing schräg aus dem Mund, und er sah etwas blöde aus. Die im Handyclip leicht verzerrten Schreie und das Stöhnen des Opfers brannten sich ins akustische Gedächtnis. Ali wollte die Szene ein zweites Mal zeigen. Ich sah ihn an. Er ließ keinerlei Regung erkennen. Wenn es stimmte, daß er für die BBC im Irak gewesen war, wenn es stimmte, daß dies sein Handy war und wenn es stimmte, daß er es war, der diese Szene aufgenommen hatte: Wieso bewahrte er erstens ein solch fürchterliches Video auf? Wieso zeigte er es zweitens einem fast Fremden? Wieso wollte er es drittens ein weiteres Mal abspielen? Wieso hatte er viertens noch zwei ähnliche Clips gespeichert?

Bevor wir in die »Wunderhöhle« fuhren, wollte er mir unbedingt Arzu präsentieren. Wir gingen durch den sozialistisch anmutenden Park in Diyarbakırs Neustadt. Arzu wartete am Zaun eines Stadtverwaltungsgebäudes, vor dem ein Mann mit Schreibmaschine auf

Analphabeten wartete. Sie trug einen sehr eng anliegenden Lederblouson, eine engsitzende dunkle Jeans, einen engen weißen Strickpullover und eine Art Hundehalsband. Ihre Haare waren offen, bronzeblondgesträhnt, schulterlang. Sie war eine der modernen Frauen der jungen Generation, gerade vierundzwanzig geworden, arbeitete im staatlichen Notariat, Computerarbeit, von acht bis fünf mit einer Stunde Mittagspause. Abends sah sie fern mit ihrer Mutter und den Geschwistern, um zehn ging sie schlafen. Der Vater war vor fünf Jahren an Lungenkrebs gestorben, die Familie lebte von einer kleinen Beamtenrente und ihrem, Arzus, Verdienst. An den Wochenenden besuchte sie die Familie des Onkels oder hörte Musik und tanzte in ihrem Zimmer. Die zwanzig Tage Urlaub im Jahr verbrachte sie bei ihrem anderen Onkel in Bursa. Mit Freundinnen ging sie nicht aus. Es gab in ihrer Gegend ohnehin nur den Music Club, da gingen nur Männer und Huren hin.

Man hatte an ihren Blicken und den ungeschickten Versuchen, seine Hand zu halten, zu vermuten, daß Arzu Ali liebte, weil er ihr die Welt versprach, weil er Ehre forderte und ein Mann mit Prinzipien war, der sich zweifelsfrei, weil es die Ehre, nicht die Liebe erforderte, um 1870 in Preußen sogar für sie duelliert hätte. Natürlich bestellte Ali, ohne Arzu zu fragen, und wir aßen Lahmacun.

»Im Haus muß der Mann der Boß sein«, sagte er, während er seine rechte Hand unsittlich in ihren Schoß grub. Arzu begehrte auf, ohne etwas zu sagen.

»Der Mann steht höher als die Frau«, sagte Ali.

»Warum?« fragte ich.

»Weil er der Mann ist.«

»Und das ist der einzige Grund?«

»Er hat für alles die Verantwortung.«

»Ich finde«, hob Arzu schüchtern an, »Mann und Frau sollten die gleichen Rechte haben ...«

Ali lachte. Viele Frauen dächten so. Das sei Quatsch. Die Männer hätten die Verantwortung. Wenn es darauf ankäme, würden die Männer haften. Sie würden das Geld heranschaffen, und wer das Geld heranschaffe, habe das Recht zu herrschen. So sei es nun mal. Er strafte Arzu für ihre Haltung mit Ignoranz und erzählte von seinen Fahrten mit einer Motoryacht, bis Arzus Mittagspause zu Ende war.

Die Geschichte von Ali und Arzu ging seit drei Jahren. Es war beinahe tragisch. Sie liebte einen Mann, dem sie einerlei war, und lebte in der Hoffnung, er werde sie bald heiraten. Er gab dieser Hoffnung stets neue Nahrung.

»Wozu soll ich sie heiraten?« sagte er, nachdem er sie geküßt und ins Notariat gebracht hatte und mir den Arm ins Kreuz legte. Neben dem Restaurant war ein Beerdigungsinstitut. Etwa hundert Männer erwiesen dem Toten die letzte Ehre. Sie beteten nacheinander am Sarg, kamen einzeln heraus, standen zusammen und rauchten. Eine Frau war nicht zu sehen.

Als wir zu seiner Wohnung fuhren, an Hochhäusern in rußbeschmutztem Siena, verdrecktem Ocker, Braun, Terracotta und tristem Mausgrau vorbei, auf den Sezai-Karakoc-Boulevard im Bezirk Sehitlik, sagte Ali, daß er Arzu kein bißchen liebe. Er war scharf auf ihre Brüste und ihre Treue. Ihre Liebe war berechenbar. Er benutzte Arzu für seine Selbstliebe.

In allen drei Zimmern seiner Wohnung im fünften von sechs Stockwerken eines gesichtslosen Hochhauses in der Neustadt hingen gerahmte Fotos von Ali. Ali beim Militär in Heldenpose, Ali mit Stirnband vor türkischer Flagge, Ali in Muskelshirt in einer Küche, Ali vor untergehender Sonne. Die Wände waren türkis und rosa gestrichen. Eine Saz hing im Wohnzimmer, ein osmanischer Dolch, Reitertaschen, eine Karte von Kurdistan. Er machte zwei Lavalampen an. Die künstlichen Fische seines Aquariums schwammen dämlich umher. Dann holte er neuen Raki und verschwand unanständig lange in seinem Schlafzimmer. Nach fünfzehn Minuten kam er zurück und lachte, seine Augen waren glasig. Er hatte sich batteriebetriebene rotgrünblinkende Ohrringe angesteckt, ein schwarzes Piratentuch mit dem Aufdruck »Komando« angelegt, dicke Silberringe auf jeden einzelnen Finger gesteckt, das schwarze, enge Muskelshirt angezogen, eine unvorteilhaft enge Radlerhose und die neuesten Turnschuhe von Puma. Das Lid hatte er sich mit Maskara bestrichen. Ich sah ihn zum ersten Mal im Zustand der Halbnacktheit, er hatte haargekräuselte Waden und ein blaues Kußmund-Tattoo auf dem rechten Bizeps.

»Wie findest du mich?«

»Interessant«, sagte ich.

»So gehe ich am Wochenende in den Music Club.«

Er sei ein guter Tänzer, sagte er, und wenn er das Gefühl hatte, ein wichtiger Satz sei irgendwo verlorengegangen, sagte er ihn nochmals, also wiederholte er, daß er ein ebenso guter Poolbillarder sei, kaum einer schlage ihn, nicht einmal Samet, vielleicht sei er der beste Poolbillarder von Diyarbakır, jedenfalls der beste Backgammonspieler der Stadt, er brauche das Spiel, das Spiel sei sein Leben, er liebe das Spiel.

Ali war ein Spieler, der nicht nur den Sieg, sondern ebenso einen Gewinn brauchte. Er spielte immer um etwas. Er würde um die Welt spielen. Das Spiel benötige den Ernst des Gewinns, ein Spiel um des Spielens willen sei Unsinn, sagte Ali und wies erneut darauf hin, daß er vermutlich der beste Billardspieler der Stadt sei und der beste Backgammonspieler. Im Spiel war nichts wichtiger als die Ehre. Alis Leben war eine einzige Frage der Ehre.

Wir rauchten Wasserpfeife mit Honigmelonentabak und aßen Pistazien. Dann ging er ins Schlafzimmer und schaffte vier große Alben mit penibel eingeklebten Fotos aus den letzten zehn Jahren heran. Motive, Aussagen und Stilisierung der Bilder glichen sich. Es war nicht überraschend, auf jedem Bild ihn selbst zu sehen. An seiner Seite, unter oder über ihm aber war jedesmal eine andere Frau. Die Frauen auf den Fotos waren meist deutsch, mit roten oder platinblondierten Haaren. Viele von ihnen waren dick und über vierzig. Ich sah die Fotos an, sah, wie er das Spiel seiner Posen vollzog und die Bewunderung der Frauen genoß. Offensichtlich war Ali der kurdische Casanova an der türkischen Süd- und Westküste, Antalya, Alanya, Bodrum, Marmaris gewesen und vielleicht Animateur in einem Dreisternehotel. Vielleicht war er es noch immer. Vielleicht hieß er auch gar nicht Ali. Mein Verdacht war bereits umfassender.

Als ich die Bilder von seinen Ausflügen als Kapitän auf kleinen Motorbooten in der Hand hielt, die Frauen kaum bekleidet auf den weißen Lederpolstern, Fotos, auf denen er allerlei Frauen nicht nur im Arm hielt, wurde mir klar, daß er kein Casanova im klassischen Stil war. Er hatte sich sein Geld als Callboy verdient und zeigte mir nun die Galerie der einsamen Frauen aus Deutschland oder Holland, die sich auf dem freien Markt der Liebe und Erotik bedauerlicherweise schwertaten. Einige der Fotos waren gerade noch anzüglich, andere hatten deutlich pornografischen Charakter; man sah gelockte Hinterköpfe in seinem nackten Schoß versunken. Die Selbstverständlichkeit, ja Geltungssucht, die er an den Tag legte, mir, dem Fremden, diese Zeugnisse lasziver Triumphe aufzudrängen, war so verstörend und faszinierend zugleich wie die Selbstwahrnehmung seiner Verführungskraft, die in einem grotesken Widerspruch zum zweifelhaften Charme seiner letztlich bulligen, fettwanstigen Erscheinung stand.

Während ich weitere Alben durchblätterte, legte er eine Kassette ein, die er vor zehn Jahren, als dies in Diyarbakır Lebensgefahr oder Todessehnsucht bedeutete, im illegalen Studio eines befreundeten Produzenten aufgenommen hatte. Es waren drei Lieder zu hören, in denen Ali auf kurdisch über seine Liebe zu Diyarbakır sang. Er hatte ein apartes Organ und konnte den Ton halten. Womöglich war er der beste Sänger der Stadt.

Zärtlich war die Nacht, im Himmel stand der Halbmond, und Diyarbakırs Straßen waren leer. Ali saß im Schneidersitz auf seinen Teppichen aus Kappadokien und stimmte mit heiligem Ernst und gereifter Stimme in den Gesang ein. Er konnte jedes Wort auswendig. Wer weiß, wie oft er sich an seinem eigenen Gesang erfreute. Das erste Lied war exakt zurechtgespult. Wie verletzlich er wirkte in seinem Aufreißerdreß, wie zerbrechlich seine Hülle war! Wie arm erschien mir der Mann, der acht Jahre älter aussah, wenn es stimmte, daß er einunddreißig war. Je länger er die Lieder mitsang, je tiefer seine Inbrunst wurde, je wahrhafter die rührende

Zartheit, die durch den Gesang zum Ausdruck kam, desto mehr hatte ich Zeit, meine Verschwörungstheorien ins Absurditätenarchiv meines aufgewühlten Geistes zu schieben und mir klarzumachen, daß Ali nichts weiter war als ein armer, junger, trinkender, sehnsuchtsvoller Angeber, der keine Freunde und keine Freundin hatte, der das Tanzen liebte und seine Zeit mit dem faden Samet verbrachte, der das Spiel brauchte, um seinem Leben heiligen Ernst zu geben, der Liebe suchte und die Frauen nicht lieben, sondern nur sammeln konnte.

Ali aus Diyarbakır war der einsamste Hochstapler, dem ich je begegnet war.

Die Krähen von Kars

Der Mann im Pelz wackelte keck mit dem Po

Ich wollte aus vielerlei Gründen nach Kars, flog deswegen nach Trabzon, von wo aus man Kars am besten erreichen konnte, und mußte mir, weil die Ankunft im Dunkeln lag, in Trabzons Innenstadt ein Hotel suchen.

Ich fühlte mich um die Unschuld der Reise betrogen. Mein Blick war schuldig geworden. Ich hatte mich in die Spirale der Paranoia begeben und wußte noch nicht, ob dies eher mit mir oder mit dem Land zu tun hatte oder ob es der Einfluß des Landes auf meine Gemütsverfassung war. Obwohl in Trabzon gerade eine Ara-Güler-Ausstellung vorbereitet wurde, wollte ich erst nach Kars, der Stadt der Kälte und der Krähen, vierzig Kilometer von der Grenze zu Armenien entfernt, weil Ara Güler, wenn er denn kam, erst in vier Tagen erwartet wurde. Kars schien mir genau richtig, um Abstand zu gewinnen von den paranoiden Anwandlungen, denen ich im Gebiet der Kurden nicht mehr entkommen konnte.

Es war ein milder Abend in der leichtlebigen Stadt Trabzon am Schwarzen Meer. Fledermäuse umschwirrten die Tentakel der Kräne des Hafens, dessen Container und Verladeanlagen der halbe Mond für geheimnisvolle Stimmungen mit listigem Zwielicht illuminierte. Das Hotel Anil sei preiswert und gut gelegen, hatte mir ein wie üblich die Deutschen liebender Passant geraten, also checkte ich ein, zweiter Stock, Zimmer zur rückseitigen Straße, wo sich die Restaurants und Nachtclubs aneinanderreihten und russische Frauenstimmen zu hören waren. Eine gewisse Frivolität weste in Trabzon. Jeder Ankommende mußte sofort den sündensüßen Leichtsinn spüren, mit dem eine Belle von eins achtzig in weißen Schaftstiefeln und schwarzem Minirock das Kopfsteinpflaster der Güzelhane-Straße zur eleganten Aufwertung ihres Hüftschwungs nutzte, das Handy und einen erfreulichen Gesprächspartner unentwegt am Ohr.

Die Abwesenheit religiösen Eifers adelte die Innenstadt zu einem Reservat sinnlicher Genüsse. In den Schaufenstern der vielen Kioske und Krämerläden waren Raki-, Sekt- und Bierflaschen drapiert, als gäbe es mit ihnen zugleich eine Konzession zur Selbstvergessenheit, und regalweise Scotch, Whisky und Wodka versprachen, einen genauso zur mystischen Auflösung des Ichs zu bringen wie das derwischartige Gebet in Konya.

Um 23.45 Uhr torkelte eine besoffene Türkin in knallengem Shirt aus dem Restaurant Dostler, also ging ich hinein. Am Tisch saßen neun Mädchen und summten. Drei von ihnen waren platinblond mit Pony, dicken Lippen und sehnsuchtsvollem Blick. Eine spielte mit dem Handy, eine andere sang, die meterhohen Beine verschränkt, »Listen to your heart« von Roxette, das, ohne Gefühl für emotionale Dramatik, der schnauzbärtige Dicke an seinem Synthesizer hinschnulzte, als sei er der lächelnde Klon des großen Ibo Tatlises.

Die Mädchen gingen zu zweit oder zu dritt auf die Toilette, kamen giggelnd und frisch parfümiert wieder heraus, wie beste Freundinnen, die dasselbe Pferd ritten, setzten sich und spähten jeden Hereinkommenden gemeinsam aus. Eine Dunkelhaarige aber hielt sich abseits, rauchte und trank ein Bier. Sie hatte etwas Fatalistisch-Stolzes, eine Attitüde von Gravität. Es dauerte eine ganze Weile, dann kamen wir ins Gespräch.

Am folgenden Mittag fuhr ich mit dem Mietwagen auf der E 010 die Schwarzmeerküste ostwärts, Richtung Georgien, über Rize nach Cayeli, wo ich, nachdem ich nur kurz ausgetreten war, Freundschaft mit einer politisch desinteressierten Fischerfamilie schloß. Die Schwarzmeerküste war deutscher, geordneter, unmusikalischer, kälter, eifriger, weniger verschabt und abgefressen als die Dörfer und Städte im Süden und Osten. Da es in diesen Graden gewöhnlich viel regnete, war alles grün und saftig und wirkte gesund und privilegiert. Die herankriechende Dunkelheit vor Augen, preschte ich weiter nach Arhavi, überholte auf der markierungslosen Küstenschnellstraße in der landesüblich waghalsigen Manier schleichende Lkws, die, ohne Rücksicht auf in die Straße sprintende Senioren, viel schleichendere Laster überholten (ein gewisses Temperament verführte die türkischen Fahrer unentwegt zu tollkühnen Taten), und bog bei Hopa rechts in die beschneiten Berge ab, Richtung Artvin, wo ich bei unerwartet niedrigen Temperaturen in einem verratzten Zweisternehotel an der Inönü-Straße abstieg, auf dessen Treppe ich erst zwei mächtigen Huren begegnete und dann einem mafiösen Trio lederbejackter, laut lachender, zigarrerauchender Kerle, deren Füße so selbstsicher auf den gebrechlichen Stufen aufsetzten, daß das ganze Haus einem Beben ausgesetzt war.

War noch um Rize herum, wo die gesamte Teeproduktion der Türkei stattfand, eine fast liebliche, toskanaartige Hügellandschaft zu bemerken gewesen, mit Villen, Teegärten, Teeterrassen, Treibhäusern mit Kiwibäumen und verzärtelten Teebaumstecklingen, die dann in die Plantagen gepflanzt wurden, so war die Gebirgskleinstadt Artvin von proletarischer, unsinnlicher Härte. Die Techniker des Staudammprojekts, die tagsüber im Tal an einem der sieben geplanten Mammutdämme arbeiteten und abends oder am Wochenende für ein zartes Gran gelebter Sinnlichkeit mit jungen georgischen Huren die sechs Serpentinenkilometer nach Artvin hochkurvten, stiegen hier nächteweise in den billigen Hotels ab, in denen es meist ein trauriges Restaurant mit Plastikblumen auf rosa Tischdecke gab, wo sich flüchtige Beziehungen verhandeln und erkaufen ließen.

Die üblichen Geschäfte hatten bis spätabends geöffnet, Obst und Gemüsehändler und eine grellausgeleuchtete, spätsozialistische Lokanta, in der junge Russinnen kichernd Fleisch und Brot aßen. Ich setzte mich an einen Nebentisch, trank Ayran und zerkaute einen Lammspieß, da fiel mir ein kurioses Geschöpf in den Blick. Ich zahlte ad hoc, sprang hinaus auf die Inönü-Straße, die einzig nennenswerte Hauptstraße der Stadt, und verfolgte das Geschöpf mit seinem bis zum Boden reichenden Pelzmantel, das powackelnd mit kleinen Schrittchen vorwärts ging, auf daß sich alle nach ihm umdrehten. Unverhofft wurde ich von einem Mandarinenhändler auf meine Herkunft angesprochen, sah, daß die Früchte die gesamte Fahrerkabine seines Dogan bis zum Schaltknüppel füllten, und hatte mein Objekt bereits aus den Augen verloren. Die Hoffnung, diesen Menschen wiederzusehen, war beinahe müßig, denn nichts konnte mich davon abhalten, das unfromme Artvin am nächsten Morgen Richtung Kars zu verlassen; der Weg war lang und würde beschwerlich sein.

Nach Ansicht einer Gruppe Studenten gab es nur zwei Möglichkeiten, den Rest jenes Abends sinnvoll zu verbringen: im Restaurant Atatbari oder im Restaurant Teras, was gleichermaßen reizlos sei, allerdings von unterschiedlicher Güteklasse. Ein Blick ins Atatbari genügte, und ich stieg die Treppe zum Teras hinauf.

In dessen furchterregend verkitschten Saal kam um exakt 21.54 Uhr lächelnd ein kleiner, gedrungener Mann Mitte Dreißig auf eine Bühne, das rote Hemd bis zum Brustbein geöffnet, auf der rasierten Brust ein Amulett, schwarze Stretchhose, spitz zulaufende, abgetragene Slipper, stolze Glatze mit verwirrtem Kranz, dessen strähnchendurchsetztes Haar sich, mit reichlich Gel bearbeitet, nach hinten zu einen Entenschwanz formen ließ. Er setzte sich auf den Rand der Empore, hielt das Mikro mit abgespreiztem kleinen Finger in der Rechten und beschrieb mit der Linken große Kreise, als ginge es in seinen Liedern um so etwas wie die sieben Arten des guten Lebens. Keck wackelte er mit seinem Popo und hielt das linke Handgelenk, um das kaum sichtbar ein Goldkettchen baumelte, nach unten gewinkelt. Der hagere Pianist bearbeitete seinen einen mexikanischen Bläsersatz imitierenden XD9-Synthesizer so virtuos wie ein tierlieber Informatikstudent, und der Sänger spitzte neckisch die Lippen, während seine hinreißend blauen Augen mit den künstlichen Kerzen der Deckenlüster um die Wette strahlten.

Obwohl ihm niemand zuhörte, manche Begleiterinnen an ihren Cocktails nippten, das Interesse ihrer Männer sich den Brüsten georgischer Huren widmete oder Paare schweigend Nüsse und Gurken aßen, feierte er den softpoppigen Gesang so innig wie Hochstapler Ali die kurdische Folklore. Er zelebrierte die Lust der harmlos frivolen Geste, jedes Wort exakt betonend, als koste er, den Granatapfellikör seiner klebrigen Musik ausgießend, einen wertvollen Nektar, und auf bewundernswerte Weise scherte er sich kein bißchen um die fortschreitende Ignoranz seiner Weghörer.

Rasch bemerkte etwas in ihm, daß ich der einzige war, der ihm fasziniert zuhörte, und er lächelte mich mit dem schönsten Charme an, den die rauhe Poesie Artvins zuließ, ehe er sich zwischen zwei Liedern eine Zigarette anzündete, die er senkrecht (und etwas ungelenk) zwischen den Fingern hielt. Keiner applaudierte. Er verbeugte sich artig, was die Bekundung prinzipiellen Dankes war, der dem Gott der Musen geschuldet war.

Keineswegs war der Sänger von Artvin ein attraktiver Mann, mit zu wulstigen Lippen und einer zu hohen, kantigen Stirn, die, wie alles an ihm, zur Übertreibung neigte. Aber er war ein paradiesvogelschrilles Exemplar ostanatolischer Homosexualität, wie es, dem islamischen Sittengesetz zufolge, in solch unerhörter Öffentlichkeit eigentlich nicht zu erwarten, vielleicht sogar einzigartig war.

Mein in die Ermattung getriebener Geist legte mir nahe, das Teras gegen zwölf zu verlassen, als der Sänger, von fast allen unbemerkt, die erste Pause machte und Musik vom Band eingespielt wurde. Er hatte meine Aufbruchbewegungen beobachtet und war powackelnd zur Tür geeilt, wo er sich, den Finger am Mundwinkel, hinstellte und »Hallo« lächelte. Er hieß Gülkan und kaute seit vielen Jahren Fingernägel. Ob mir sein Pelz heute nachmittag gefallen habe. Ja, sagte ich. Warum ich ihm nicht weiter gefolgt sei. Der Mandarinenverkäufer, sagte ich. Er lachte und bot mir eine Zigarette an. Danke, sagte ich, lieber würde ich jetzt mit ihm reden. Oh, ob ich warten könne. Wer weiß, sagte ich.

Ein Gespräch über Freizügigkeit und Freiheit in Artvin kam nicht zustande, weil seine Nacht als angestellter Sänger des Teras bis mindestens fünf Uhr früh ging, er danach wie üblich stockbetrunken war und ich am nächsten Morgen um sechs nach Kars aufbrach.

Die Fahrt durch den Canyon von Okcular sollte eine der schönsten der gesamten Türkei sein, eine Expedition in die vor- und frühgeschichtliche Grandezza einer privilegierten Natur, und so war es. Unten lief der Bach, auf den Pässen lag Schnee, und wer ohne Ketten fuhr, rutschte die Serpentinen rückwärts herunter und landete in einer tiefverschneiten Aue. Auf den Feldern des Hochlands waren hingepunktete Dörfer und Steinhäuser kaum zu unterscheiden von zufälligen Formationen eines Steinschlags vor hunderttausend Jahren. Am Straßenrand lagen vom Schnee bestäubte Ruinen ehemaliger armenischer Dörfer, dazwischen von Mensch und Tier bewohnte Scheunen und Schuppen. Irgendwann kam rechts der Nationalstraße ein Weiler, ein Hund riß an der Kette und zweiundzwanzig Gänse und vier Kinder marschierten zwischen sechs Pyramiden geschichteter Kuhscheiße im Schlamm umher. Die Annäherung an eine Bauernfamilie auf tausendsechshundert Meter Höhe ging nur über das Wohlwollen des Hundes. Der war zu gewinnen über die Kinder. Die Kinder über die Faszination einer Fotokamera. Die Eltern über begeisterte Kinder.

Zaghafte Begrüßung also. Das Klicken des Auslösers. Kindliches Staunen. Schäferstündchen des Hundes. Sieben Frauen, drei Männer. An der Wand: ein Riesenposter der Kaaba.

»Mekka?«

»Mekka!«

Getuschel, Genuschel.

»Mekka! Mekka!«

Zahnlose Beschwörung. Auffliegende Gänse vor dem Fenster. Muzo, der Kleinste, hatte einen conterganartig verkrüppelten Arm. Binali, der Patriarch, sah in den Himmel und zuckte die Schultern: »Allah!« Dann schwieg man. Es gab einen Trauerfall zu beklagen. Der Mann der Tante. Oh, ein stummes Wehklagen. »Tee«, befahl der Patriarch. Die Tochter des Sohns brachte Zucker. Alle waren am Morgen früh aufgestanden. Sie standen immer früh auf. Alle taten nach dem Aufstehen immer nichts. Was sollten sie tun? Das Heu schichten, ja, vielleicht. Auf dem Ballen döste meist der Hund. In die Moschee gehen, ja, sicher. Die Moschee war im Nachbardorf. Ihr Minarett ragte in den hellblauen Himmel.

Unerwartet raste ein Wagen der Ambulans vorbei. Danach hing tiefe Stille in der Luft. Nicht einmal der Wind rauschte. Das Holz verbrannte im Ofen. Wärme waberte. Man saß zusammen und schwieg. Reden brauchte man nicht. Das reine Miteinander reichte. Man hatte genug gesagt.

»Auf Wiedersehen.«

»Wenn Allah es will.«

»Ja, wenn Allah es will.«

Ein alter Mann kehrte von irgendwo heim und stapfte durch den Schnee in sein Dorf, das nicht zu sehen war. Er winkte und stapfte weiter. Das Dorf lag drei Kilometer Richtung Horizont. Dort sah man zu Mauern geschichtete Steine, ummauerte Felder, Hügel und wellenförmiges Land. Kilometer um Kilometer verstrich, und man merkte es nicht. Ein anderer Alter in einem schwarzen Mantel ging neben der Straße. Er sah aus wie ein Wanderprediger. Ein Friedhof folgte, zwölf Gräber und eine türkische Fahne. Der Friedhof war so großflächig, daß man glauben mußte, die Dorfbewohner hätten sich und ihre sterbenden Angehörigen der nächsten zweihundert Jahre bereits einkalkuliert.

Es ging bergab, der Druck ließ nach, Schnee wurde Wasser. Weizengelbe Strohfelder kamen. Eine Moschee im Rohbau mit Backsteinen. Arbeiter hämmerten an der Blechkuppel. Von weitem sah man eine Stadt. Die Sonne kroch hervor. Auf dem Kopfsteinpflaster rumpelte ein Einspänner. Polizeiwagen schlichen umher. Ich war in Kars angekommen.

Den ersten Eindruck bestimmten die vielen chic gekleideten Frauen, vermutlich Gattinnen von Rekruten und Offizieren aus Istanbul, Ankara, Konya oder Adana, die für drei Jahre hier stationiert waren. Kars war der letzte türkische Stützpunkt vor Armenien, vor Georgien, vor Iran und gegen die Kurden im Süden. Also war die Stadt von beinahe unermeßlicher strategischer Relevanz. Besonders augenfällig war ihre architektonische Geschlossenheit. Es wirkte alles wie aus einem Guß und in einer Farbe, als sei Kars innerhalb von einem Jahr aus den Händen eifriger Petersburger Arbeiter entstanden.

Der Spitz des Gouverneurs pinkelte an die Platane

Der Zufall wollte es, daß ich in eine aufgeregte Besprechung des Zeitungsherausgebers, des Führers der islamischen AKP, des Direktors des staatlichen Krankenhauses und eines bekannten Geschäftsmannes im Schreibwarenladen neben dem Gouverneurspalast platzte. Sie reichten sich Brot, Lamm und Gurken und diskutierten kreuz und quer über neue politische Initiativen, bis der Krankenhausdirektor, der mich, wie am Telefon angekündigt, gern unter seine Fittiche nehmen wollte, zum Aufbruch blies, weil ich die Erlaubnis des Gouverneurs benötigte, damit er, der Direktor, mir sein Krankenhaus zeigen und über Aids und die generalstabsmäßige Gesundheitsvorsorge der Huren von Kars Auskunft geben lassen durfte.

Wir gingen zum Amtssitz des Gouverneurs, einer der schönsten Villen der Stadt, die die zaristischen Russen gebaut hatten, als Kars nach dem Krimkrieg 1856 und vor allem von 1877 bis 1921 zum russischen Imperium gehört hatte. Zwei Securitymänner in einem mit heliumgelbleuchtender Birne ausstaffierten Häuschen, in dem neben dem Stadtplan von Kars ein Poster des jungen Atatürk hing, der mit Schnauzer und Rundbrille aussah wie der flanierende Walter Benjamin während der Arbeit am »Passagenwerk«, befanden sich kurz vor dem Kältetod. Der staatlich privilegierte Wachhund, ein herzhaft kläffender, nicht zu besänftigender Spitz, der, kaum daß wir angekommen waren, an der erstbesten Platane seine kleine Wichtigkeit unter Beweis pinkelte, saß die meiste Zeit zitternd an der Eisenschiebetür der Einfahrt. Das Ächzen der Krähen im Chor war wie ein Hohngesang auf ihn. Manchmal sah er zu ihnen hinauf, in die mächtigen Bäume der Kopfsteinalleen, und mir war, als fielen dann stinkende Dinge vom Himmel.

Der ranghöchste Wachmann nahm unser Anliegen zur Kenntnis, sagte aber, der Gouverneur speise noch, aushäusig, und fahre danach ins Kino der Stadt, wo am Abend das Filmfestival eröffnet werde. Selbstverständlich nehme er die Handynummer des Krankenhausdirektors entgegen und werde uns, sollte der Gouverneur sich zur Sache Sprecherlaubnis für Amtspersonen positiv äußern, sogleich Bescheid geben.

Der Gouverneur von Kars speiste nicht nur aushäusig, sondern auch ausgiebig, und wir fuhren die Atatürk-Straße herunter zum Sehir Sinemasi, stellten den Wagen ab und warteten, daß der, wie man sagte, etwas faule, verschlafene, ältere Herr, der nun einmal zum Unwillen der Bevölkerung und zum Pech des beliebten Bürgermeisters vom Innenministerium in Ankara als höchster Repräsentant des Staates in Kars stationiert war, die Lobby des Kinos betreten würde.

Ein herrlicher Auflauf fand statt: Lokaljournalisten mit großen Spiralblöcken, Fotografen und Kameraleute drängten ins Warme, viele junge, gut gekleidete Menschen in Lederjacke, Jeans, Mantel und Turnschuhen mischten sich darunter, und dann trippelte keine zarte, zerbrechliche Schönheit unter Blitz- und Kameralicht herein, sondern eine großgewachsene Femme fatale mit roter Lockenpracht, grünem Filzumhang und schwarzer Sonnenbrille, die sich an einen der Tische neben mich setzte und sich, ohne die Sonnenbrille abzunehmen, die Lippen schminkte. Polizisten und Sicherheitsleute mit Walkie-talkies standen am Eingang und vermittelten ein Gefühl von unerhörter Bedeutsamkeit. Stadträte schneiten herein und wurden großzügig übersehen, dann kam der Bürgermeister mit Gefolge. Einige applaudierten, er schüttelte Hände, lachte, wie ein Bürgermeister eben lachen muß, tauschte Satzfetzen mit diesem und jenem, kam geradewegs auf mich zu, gab mir die Hand und sagte, wenn der Gouverneur mir irgend etwas verwehren sollte, möge ich umgehend zu ihm, dem Bürgermeister, kommen.

Er lächelte mich an, und ich fand Gefallen an seinem grauhaarigen Schnauzer.Und nun, sagte er in einem gefälligen, angenehmen Timbre, sei ich sein Ehrengast, und ich ging an seiner Seite in den vollbesetzten Saal des großen Kinos, wurde in einer der vorderen VIP-Reihen Platz zu nehmen gebeten und saß unverhofft neben der Femme fatale, die am Handy ein Gespräch nach dem anderen führte und noch keine Zeit gefunden hatte, die Sonnenbrille abzunehmen.

Kurz nachdem der Bürgermeister die Eröffnungsrede des »Festivals für jungen Film« zu halten angesetzt hatte, kam, geschützt von Polizisten, Securityleuten und Bodyguards, ein kleiner dicker Herr in einem schlechtsitzenden Zweireiher ins Kino, nickte und nahm in der ersten Reihe neben dem norwegischen Botschafter Platz, ohne den Bürgermeister eines Blicks zu würdigen. Eröffnet wurde das Festival mit dem preisgekrönten Streifen »Unschuld«, einem Film über eine singende Cabaret-Hure und ihre ewige Liebe zu einem brutalen Gangster. Hauptdarstellerin war Derya Alabova, die Diva des jungen türkischen Kinos, eine großgewachsene Curly Sue mit fatalistischem Aufschlag eigentlich schöner blauer Augen.

Der Beifall war enorm. Sie erhob sich, der Flanellumhang verrutschte, manche riefen »Bravo«, und alle schauten auf ihren scheinbar neuen Begleiter, also nickte ich grüßend in die Menge, als ein paar Blitzlichter erstrahlten. Der norwegische Botschafter kam und gab uns die Hand, dann nahm der Assistent des Gouverneurs mein Anliegen, meinen Namen und die Empfehlungen des Zeitungsherausgebers und des Führers der regierenden AKP entgegen, wollte den Fall dem gerade in mehrere Gespräche verwickelten Gouverneur so bald als möglich vortragen, ehe derselbe nach dem Bürgermeister, welcher draußen auf der Atatürk-Straße bereits zwei Fernsehinterviews zu »Unschuld« gab, kommentarlos das Kino verließ. Curly Sue schrieb Autogramme und warf mir eine Kußhand zu, dann stieg sie in eine Limousine, und der Bürgermeister rief herüber, ich solle ihn am nächsten Tag besuchen kommen, wenn ich wolle, auch privat.

Die Erlaubnis des Gouverneurs kam nicht. Wir fuhren trotzdem zum Krankenhaus und sahen, wie der diensthabende Stationsarzt Hüseyin auf der Unfallchirurgie mit der Zigarette im Mund eine Spritze setzte. Es roch nach Urin, die Geräte waren veraltet, die Türen offen, jeder konnte hereinkommen. Ich wollte der gynäkologischen Abteilung einen Besuch abstatten, um herauszufinden, ob die Huren kostenlose Impfungen und Aids-Tests bekamen.

»So ist es«, sagte Hüseyin und schlürfte Tee.

Zweimal im Monat wurden alle bekannten Hotels und Restaurants einer Razzia unterzogen und die Frauen, die mit meist auf drei Monate beschränktem Besuchervisum aus Aserbaidschan oder Dagestan herüberkamen, auf der Stelle, nackt oder angezogen, wie und wo auch immer man sie auftrieb, in die Mannschaftswagen der Polizei gesteckt und zur Inspektion ins staatliche Krankenhaus gebracht. Jene, die keinen türkischen Paß hatten, erhielten auf Kosten des Landes Medikamente und, wenn sie dies wollten, allerlei Operationen. Danach wurden sie sofort über die türkisch-georgische Grenze in ihr Heimatland zurückgeschickt, von wo sie kurze Zeit später mit einem neuen Besuchervisum wieder in die Türkei einreisten. Prinzipiell wurden die Huren auf Hepatitis B und C untersucht, die weitverbreitet waren, um Ansteckung unter türkischen Männern und Familien und vielleicht dem ganzen Volk und den Ausbruch von Seuchen zu verhindern. Es war nicht leicht, die Huren zu finden. Sie hatten keinen festen Wohnsitz und zogen von hier nach dort. Der Hurentourismus war in den letzten Jahren so beliebt geworden, daß Hüseyin von einem kleinen Wunder sprach.

»In fünf Jahren hat es nur einen einzigen Fall von Aids gegeben«, sagte er. Seit fünf Jahren hatte das staatliche Krankenhaus die technischen Möglichkeiten zu Aids-Tests, die seit fünf Jahren auch konsequent durchgeführt wurden.

Die meisten Männer gingen zu privaten Ärzten, um ihre Freierbiographie unter der Decke zu halten, und dennoch mußten sie, gab es einmal eine Razzia, zur Laboruntersuchung ins staatliche

Krankenhaus, weswegen Hüseyin einen guten Überblick über die sexuellen Ausschweifungen städtischer Honoratioren und Amtsträger hatte und klar wurde, warum der Gouverneur sich mit einer Interview-Erlaubnis bis ins Jahr 2010 Zeit lassen würde.

Während Hüseyin mit dem Stethoskopkabel spielte wie mit einer Gebetskette, abwechselnd rauchte, hustete, Tee schlürfte, die Nase hinaufzog und gähnte, berichtete eine Assistenzschwester von gelegentlich vorkommenden Abtreibungen, die bis zum dritten Monat ohne Angabe von Gründen legal seien und nach dem dritten Monat eine medizinische Indikation verlangten.

Zu keiner Stadt paßte der Muezzin weniger als zu Kars. Folgerichtig war er pflichtorientiert, dünnstimmig und leidenschaftslos. Bedeckte Frauen waren hier die Ausnahme, jedes gesichtete Kopftuch kam einer kleinen Sensation gleich. Aus den Boutiquen dröhnte amerikanischer Heavy Metal oder türkischer Trash Rock, über den Platanen der Straßen verteidigten tausend Krähen den Luftraum und entleerten sich unangekündigt, aber zum Glück nicht konzertiert. Die Häuser waren aus dunklem Tufa-Stein, einer Art Schiefer. Selten gab es mehr als zwei Stockwerke, deshalb fielen die Minarette der Moscheen in den neuen Vierteln besonders ins Auge. In Kars herrschte anstelle von Allah vornehmlich das Militär, und auch wenn sie nicht bedrohlich wirkten und gemächlich fuhren, waren die Laster und Jeeps überall zu jeder Uhrzeit präsent. Die Stadt war mit sich im reinen, und die Grenzregionen waren ruhig. Nur wenn Kühe die Bannlinie zum Iran mißachteten, gab es anscheinend Probleme.

Kars war die Stadt mit der größten Temperaturspanne, sommers bis plus vierzig Grad, winters bis minus vierzig. Wer solche Gefälle auszuhalten hatte, mußte ein belastbares und offenes Gemüt besitzen. Womöglich war das kleine Kars die kosmopolitischste Stadt der Türkei, obwohl sie nicht mehr als fünfundachtzigtausend Einwohner zählte, welche aber von unterschiedlichster Identität und Kultur waren. Es gab Osseten, Dagestaner, Tscherkessen, Tschetschenen, Turkmenen, Kurden, Türken, Aserbaidschaner, Armenier, die in den Straßen mit-, über- und nebeneinander lebten, und das, wie zu hören war, überaus friedlich. Kars lag im Einflußbereich von Georgien und Armenien und war in den letzten Jahren zum Fluchtpunkt verfolgter Menschen aus den krisen- und kriegsgeschüttelten Republiken der ehemaligen Sowjetunion geworden. Nachrichten über religiöse Unstimmigkeiten zwischen Sunniten, Schiiten, Christen oder Atheisten gab es nicht und hatte es lange nicht, manche sagten: nie, gegeben. Deswegen war auch der eine oder andere, egal welcher Abstammung, keineswegs gut auf den Istanbuler Paradeschriftsteller Orhan Pamuk zu sprechen, der Kars in seinem Roman »Schnee« zum Schauplatz eines Kulturkampfes zwischen radikalen Islamisten und staatstreuen Kemalisten gemacht hatte und vor vier Jahren zur Recherche ganze zwei Wochen in einem teuren Hotel in der Stadt gewohnt haben sollte.

Seit die subversiven Bewegungen fundamentalistischer Kreise wie dem Nakschbandi-Orden in der Türkei größer wurden und mancherorts, da die Konservativen sich zunehmend religiös zu radikalisieren begannen, zu tektonischen Aufwerfungen führten, hatte die Regierung in Ankara den Gouverneuren ihrer Provinzen Anweisungen zur vorsorglichen Eindämmung unkontrollierbarer Umtriebe gegeben. Der Gouverneur von Kars hatte also kürzlich verfügt, daß in Zukunft die Türen der Moscheen vor und nach dem Gottesdienst geschlossen werden müßten, um zu verhindern, daß Korankurse wie bislang offen abgehalten wurden. Würde der Staat den Moscheen eine derartige Autonomie gewähren, müßte er sie auch den armenischen und griechisch-orthodoxen Kirchen gewähren, würde somit sein in der Verfassung garantiertes Monopol der Religionskontrolle aufgeben und hätte die islamische Fundamentalisierung von der einen, die christliche von der anderen Seite zu befürchten.

In den Straßen von Kars, dessen Innerstes wie ein Schachbrett entworfen war, ohne daß man allerdings weiße und schwarze Reihen zur Unterscheidung hatte (was eine gewisse verwirrende Gleichförmigkeit mit sich brachte), schlossen die Handwerker allmählich ihre Garagen und Shops, es war spät am Abend und dazu ein langer Tag gewesen, und es war immer ein langer Tag, der früh begann. Sie schoben die Rolläden morgens um sieben hinauf, als jeder Atemzug noch ein Kondenswölkchen in der Kälte ergab, und holten sie nachts um elf, manchmal zwölf wieder herunter, so daß die Krähen erschreckten, weil der Krach in die Stille platzte. Tarifrechtliche Bestimmungen gab es nicht, keine Gewerkschaften, keinen Urlaub. Die Handwerker waren ihr Leben lang Ein-Mann-Unternehmen und mußten auf die Kraft ihrer Hände, die Geschicklichkeit ihrer Finger, die Robustheit ihres Körpers und die Bezahlbarkeit neuer Brillengläser hoffen.

Beflissene Angestellte von Käsegeschäften fegten Ladenschwelle und Trottoir mit einer milchigen Lauge, die Supermärkte ließen letzte Kunden ein, in einem der zahlreichen Honigläden der Stadt machte der Verkäufer kurz vor Ladenschluß das Geschäft der Woche, während die ersten Huren über das Kopfsteinpflaster stöckelten und die Restaurants in den Seitengassen besuchten, wo sie an der Bar sitzend darauf warteten, an einen Tisch gebeten und zu einem Sekt oder Bier eingeladen zu werden, um schließlich, wenn sie ihren Markwert verhandelt hatten, listig, lustig und vermutlich wenig lustvoll in eines der vielen Hotels der Stadt mit ihren dreckigen Fenstern zu gehen, deren Besitzer, die von nichts wußten und die Sexindustrie offiziell natürlich keinesfalls unterstützten, für ihre weiblichen Dauergäste extra niedrige Zimmerpreise arrangiert hatten. Wenn man durch die Gassen flanierte und in die Restaurants hineinsah, konnte man durchaus auf die Idee kommen, es handle sich, hochgerechnet, in Kars um ein paar hundert Huren, die man, hatte man ein paar Stunden Geduld, am selben Abend zweimal ins verschabte Hotel Holland, ins verrottete Hotel Güler Yüz oder ins traurige Gungoren Hotel gehen sah, dessen Plastikschild ausgerechnet beim O geborsten war. Niemand unternahm etwas gegen die Invasion der Huren im Osten der Türkei, weil die Lust ein wirtschaftlicher und ihre Erfüllung ein sozialer Stabilitätsfaktor war. Lieber sollten die Männer ins Gungoren Hotel gehen als ihre Frauen schlagen oder saufen oder zerstören oder vergewaltigen.

Herr Alibeyoglu war eine mittlere Berühmtheit

Am nächsten Morgen saß ich neben dem norwegischen Botschafter in einem großen schwarzen Ledersessel vor dem Schreibtisch des Bürgermeisters, und der blonde Hüne übersetzte mir mit dem humorvollen Kameradengemüt eines Schulbuben, was der Bürgermeister und seine Assistentin hinsichtlich des geplanten Musikfestivals zu beflüstern hatten. Der Bürgermeister war, abgesehen davon, daß er ein gutaussehender Mann von Mitte Vierzig war, eine mittlere Berühmtheit. Er fühlte sich für alle Belange zuständig: für die Kommunal-, Abwasser- und Kulturpolitik, für das Wohl der Republik und die Annäherung an Armenien. Größer als sein missionarischer Drang und Arbeitseifer war nur die Verachtung für den Gouverneur, was daran lag, daß derselbe im Gegensatz zum Bürgermeister, der eine Art Volkstribun war, nicht gewählt, sondern von oben implementiert wurde, also die Seele des Volkes nicht kannte, dem er vorstand, und sich mit allerlei Annehmlichkeiten umschmeicheln ließ, ohne auch nur einen Finger für Kars krumm zu machen. Womöglich störte den Bürgermeister aber auch, daß er, wann immer er eine Straßenbaumaßnahme, ein Recyclingprojekt, ein Tanztheaterereignis initiieren oder die Stadtentwicklung im Ganzen vorantreiben wollte, was nach Lage der Dinge oft vorkam, Plazet und Geld des ihm übergeordneten Gouverneurs brauchte. Der wiederum hatte entweder Probleme mit der ungleich größeren Popularität des Bürgermeisters oder mit dessen politischem Hintergrund, denn Nayif Alibeyoglu war bekennender Moslem und 1999 von vielen fanatischen Kurden gewählt worden.

Es gab für den Bürgermeister von Kars keinen Grund, am Samstagmorgen nicht bereits um acht Uhr eine Akte zu studieren. Sein Büro war ein Großraum in einem neugebauten Hochhaus etwas abseits der Innenstadt, in den zu gelangen nur er den Aufzug benutzen durfte. Besucher hatten vier Stockwerke Treppen zu steigen, was eine Tasse Tee rechtfertigte.

Der Bürgermeister trug einen weißen Wollpullover und eine graue Bundfaltenhose, er war sauber rasiert und roch fein. Im Regal stand ein gerahmtes Foto, auf dem er Arm in Arm mit Tayyip Erdogan zu sehen war. An der Wand hing ein gerahmtes Poster vom rauchenden Atatürk in Nadelstreifen auf einem schwarzen Ledersessel, der jenen, in denen der Botschafter und ich saßen, nicht unähnlich war. Bürgermeister Alibeyoglu war erst Mitglied der kurdischen DEHAP, dann der konservativen Mutterlandspartei gewesen und war schließlich in die regierende AKP gewechselt. Vor seiner politischen Karriere war er Kinobesitzer, Privatschullehrer, Cafébetreiber und Vorstandsmitglied des Fußballclubs Kars Spor an der Seite von Gaffar Okan gewesen, den sie »Vater« genannt hatten und dessen Foto in manchen Geschäften von Kars hing. »Vater« Okan war jener zur Legende aufgestiegene Polizeichef, der in den neunziger Jahren mit langem Atem und Hingabe angetreten war, die Türkei von Terror und Korruption zu befreien. Er hatte PKK-Nester in Kars und Diyarbakır ausgerottet und die fundamentalistischen Organisationen bekämpft, unter anderem die Hisbollah, die Gottesstaat und Scharia anstrebte. Er hätte es vielleicht eines Tages zum Präsidenten gebracht, wenn er nicht am 24. Januar 2001 nach dem Verlassen des Polizeipräsidiums um siebzehn Uhr auf dem Sezai-Karakoc-Boulevard direkt vor dem Haus des Hochstaplers und Casanovas Ali im Bezirk Sehitlik in Diyarbakır vermutlich von Auftragskillern mit Kalaschnikows in seinem Auto zersiebt worden wäre. Ali hatte mir die Stelle von seinem Balkon aus gezeigt und erzählt, daß nach dem Attentat viele Menschen eine ganze Woche in Trauer gewesen waren, bis er es vorzog, sich zum Thema nicht weiter zu äußern.

Der Bürgermeister sah auf meine Hand.

»Wo haben Sie den Ring her?«

»Aus Siverek. Ein Geschenk.«

»Sie waren im Kurdengebiet?«

»Ja.«

»Wie denken Sie über die Kurden?«

»Ich denke, daß jede Minderheit das gleiche Existenz- und Freiheitsrecht hat wie die Mehrheit. Das zeichnet ein ethisch gesundes Gemeinwesen aus.«

Der Bürgermeister nickte, und wenn ich es richtig deutete, war er erfreut.

»Und Sie denken, daß dies nicht geschieht in der Türkei?«

»Nun, ich denke, daß die Türkei auf einem guten Weg ist und die große Chance nutzen wird, Weiteres zu unternehmen, um in diesen Fragen einmal als vorbildlich zitiert werden zu können.«

Der norwegische Botschafter nahm diese Erklärung zum Anlaß, sich von Alibeyoglu zu verabschieden, und wurde des Privilegs teilhaftig, an den Fahrstuhl gebracht zu werden.

Als Herr Alibeyoglu wiederkam, schenkte er uns Tee nach, lehnte sich zurück und schwieg eine Minute. Er wußte, worauf ich hinauswollte, und war offen genug, das Vertrauen zu spüren, das sich zwischen uns entwickelte. Ob ein Gespräch rückhaltlos werden kann, entscheidet sich meist in den ersten Sekunden einer Begegnung, wenn durch eine Eingebung des Schicksals eine kommunikative Grammatik festgelegt wird, die mit Logik nicht nachzuvollziehen, durchaus aber auch mehr ist als nur zwischenmenschliche Chemie, deren Moleküle in heftigem Akkord neue Kohlenstoffbrücken bauen.

Es war nicht schwer, sich vorzustellen, unter welchem Druck der Bürgermeister stand, der Größeres anstrebte als regionalen Ruhm im ostanatolischen Grenzgebiet, wo es außer einigen verwunschenen Dörfern kaum Herausforderungen zivilisatorischer Bedürfnisbefriedigung gab. Er stand mit seinen Ambitionen vielleicht nicht im wortwörtlichen Kreuzfeuer, wie Gaffar Okan es getan hatte, sicher aber zog er vielfältige Antipathien auf sich bei seinem Versuch, auf eigene Faust eine Annäherung an die armenische Regierung zu organisieren oder an einem stabilen sozialen Frieden zu arbeiten, der denjenigen ein Dorn im Auge sein mußte, die Unruhe, Unordnung und Anarchie brauchten, um politisch zur Geltung kommen zu können. Das waren nicht nur nationalistische Militaristen und Islamgegner, sondern ebenso islamistische Radikale, kurdische Extremisten, prorussische Kommunisten und fundamentalistische Christen.

Herr Alibeyoglu war nach Armenien gereist, als man dies politisch für nicht opportun hielt. Er hatte Kontakt mit den armenischen Lokalpolitikern aufgenommen, als die Nationalisten der beiden Regierungen sich die Eiszeit schworen. Er hatte armenische Politiker nach Kars eingeladen und Karser Stadträte nach Armenien verführt und Kulturfestivals und Initiativen zwischen den Volksgruppen vereinbart, als die Türkei sich zu glauben genötigt sah, Armenien wolle sich für den, wie es offizielle Sprachregelung war, vermeintlichen Genozid von 1915 rächen. Zarte Sprossen einer Annäherung hatte es gegeben, ein gemeinsamer Humus war bereitet, da fiel Pamuks Roman »Schnee« vom Himmel über Istanbul und lieferte der, wie viele mutmaßen, vermutlich von russischen Geheimdiensten gesteuerten ultranationalen Regierung in Erewan die Rechtfertigung, sich von der »nationalistischen Türkei« abzugrenzen. Wenig später wurde Pamuk wegen »Verunglimpfung des Türkentums« angeklagt, weil er in einem Interview gesagt hatte, in der Türkei seien eine Million Armenier und dreißigtausend Kurden ermordet worden. Als schließlich aus Ankara die Nachricht kam, es gebe Ärger wegen der geplanten Pipeline von Aserbaidschan über Armenien nach Ceyhan bei Adana, war Kars endgültig ins Fadenkreuz der Weltpolitik zwischen Rußland und Amerika und der Kontrolle über das Öl des Kaspischen Meers geraten. Aber Alibeyoglu war nicht der Typ Mensch, den Weltpolitik beeinflussen konnte, wenn es um seine Ideen und Ambitionen ging.

Wir verließen sein Büro, stiegen in den Fahrstuhl und waren uns einig, daß kulturelle Verständigung das einzige Mittel ist, verfeindete Völker zueinander zu führen. Draußen spielten Kinder Fußball. Als wir zum Auto gingen, kamen sie herbeigerannt, riefen: »Hallo, Herr Bürgermeister!« und winkten ihm zu. Nayif Ali Abeyoglu winkte zurück und strich einem Mädchen übers Haar. Dann stieg er in seinen gepanzerten Dienstwagen und sagte: »Beide, Armenier und Türken, haben damals schlimme Sachen gemacht. Unter Hitler sind auch schlimme Dinge geschehen, und Sie«, er nickte mir zu, »sind dafür nicht mehr verantwortlich. Lassen wir also die Vergangenheit ruhen.«

Berber Metin setzte mir das Messer an den Hals

In Kars lag kein Schnee. In ausgewählten Teehäusern trafen sich Musiker und spielten Lieder vom Kaspischen Meer. Männer praktizierten Volkstanz. Die Musik in Kars hatte kaukasische Wurzeln und war getragen von der eitlen Schwermut eines kleinen Akkordeons. Soldaten mit dunkelblauer Uniform, weißem Helm und der Pistole im Halfter aus schneeweißem Leder patrouillierten wie einst auf den zaristischen Boulevards inmitten des Volkes. Sie waren hoch angesehen. Viele Eltern mochten sich einen Soldaten zum Mann der Tochter wünschen, denn das bedeutete gesellschaftliches Prestige. Die Zugehörigkeit zur Armee war ein Signal, wohlerzogen und gebildet zu sein. Jene, die den Militärdienst nicht, noch nicht oder unzureichend absolviert hatten, taten sich schwer, eine Frau, und noch schwerer, eine Arbeitsstelle zu finden. Oft war zu hören, daß Töchter einer Heirat nur zustimmten, wenn der Auserwählte Dienst geleistet hatte, und Arbeitgeber suchten fast ausschließlich jene, die ihrer Wehrpflicht nachgekommen waren, wofür sie Fragebögen ausgaben, die sehr genaue Angaben im Auge hatten. Für fast alle jungen Türken war es eine Ehre, in der Armee zu sein; die Armee beschützte ihre Nation, ihre Republik, ihre Identität. Ein einfacher Leutnant bekam rund hundertsiebzig, ein General immerhin vierhundert Euro im Monat, was weit über dem Durchschnittsverdienst lag. Ein akademisch Ungebildeter hatte achtzehn Monate abzuleisten, ein Universitätsabsolvent die Wahl zwischen sechs Monaten Dienst und dem Status als einfacher Soldat oder sechzehn Monaten Dienst plus Rang.

Jene Karser Rekruten, die frei hatten, flanierten mit ihren Frauen die beiden Boulevards entlang und inspizierten Männermode aus Milano und Fotos ihrer Kameraden, die, wie fast überall in der Türkei üblich, in den Schaufenstern der Fotogeschäfte neben den Bildern frisch verheirateter Paare ausgestellt waren. Diese Inszenierung von Glück und Gefühl hatte oft exhibitionistische Züge und wirkte auf einen in dieser Hinsicht calvinistisch veranlagten Westeuropäer im besten Fall kitschsüß. Im Normalfall war es unerträglich schwülstig, es sei denn, man konnte dem verträumten Blick in ergebene Augen bei Sonnenuntergang so etwas wie romantische Faszination abgewinnen.

Ich trieb durch die Stadt auf der Suche nach einem Berber. Die Krähen in der Atatürk-Straße entleerten sich so üppig, daß es auf die Autodächer platschte. Das Schicksal entschied sich für eine der Seitengassen gegenüber dem Bordellhotel Güler Yüz und führte mich zu Metin, der fünfundzwanzig war und einen breiten Goldring trug. Sein Cousin betrieb im Geschäft eine Lotterie, und zwei Freunde saßen da und taten nichts. Ein Taxifahrer kam herein und ging wieder hinaus. So war das oft: Einer kam und ging wieder, was keinen höheren Sinn ergab.

Die großformatigen, polierten Spiegel erfaßten alles, was sich im Raum tat. Von einem erhabenen Platz darüber, in den Nerzpelz gesteckt, schaute unter seinen schon ausgefransten Brauen Herr Atatürk zu, wie der kleine Gehilfe einen Messingpot mit heißem Wasser brachte, Berber Metin den Pinsel hineintauchte und mit dem benäßten Wuschel in einer Schale ein Stück Seife zu verrühren begann. Sein geschickter Schwung legte mehrere Schichten Schaum auf mein Gesicht, daß außer Augen und Nase nichts mehr frei war, und ich dachte, das Einseifen höre nie mehr auf. Ich spürte, daß meine Rasur ein Akt der Völkerverständigung auf der gemeinsamen Suche nach dem Verhältnis von Angst, Vertrauen und Hingabe werden würde; insofern war sie auch eine erotische Angelegenheit. Insonah eine existentielle. Metin steckte eine neue Klinge auf das Messer mit dem roten Plastikgriff und legte einen kantensauberen Kotelettenschnitt hin. Jedes noch so zahme, kaum wahrnehmbare, flaumartige Härchen in Mundwinkel oder Lippenmulde, das man, sollte man ein derartiges jemals im grellen Scheinwerferlicht einer Spiegellampe entdecken, zu ignorieren pflegt, nahm er sich mit einer fingerflinken Zärtlichkeit vor, was erklärt, warum der erste Durchgang zwanzig Minuten dauerte. Er spannte die Haut quadratzentimeter- und an den Problemstellen an Kiefer und Hals quadratmillimeterweise, ehe er mit seiner Fingerkuppe etwas Schaum auf den Part zwischen Oberlippe und Nasenflügel tupfte und kleine, schnelle, verläßlich sichere Schnitte setzte, während er die dort kaum dehnbare Haut tatsächlich in verschiedene Richtungen zu ziehen vermochte.

Tee wurde serviert, Männer kamen herein und gingen hinaus. Zwei Lotteriespieler lösten ihre Scheine, die Tasten der Kasse mußten gehämmert werden wie die einer Schreibmaschine aus den dreißiger Jahren. Dann folgte der zweite Durchgang, wobei das Einseifen gerade mal drei Minuten dauerte.

Wieder arbeitete Metin sich über mein Gesicht, nahm sich dann die Nackenpartie vor, und ich sah im Spiegel, daß seine Fingernägel zur Hälfte hennarot gefärbt waren. Das in meinem Kragen aufbewahrte Handtuch fegte schließlich ein paar rasante Bewegungen lang über die jungfräulich erregte Haut, dann holte er aus dem Regal Arko-Coolwater, das so limonensüß roch wie das Kolonya, welches jeder Gast am Ausgang eines Restaurants zur Reinigung in die Hände geschüttet bekam, verteilte das Wässerchen überall und rieb die Problemstellen mit Fonex-Hautbalsam ein. Ich roch, wie so viele türkischen Männer, nach Liebe und Leichtsinn und fast ein wenig androgyn. Schließlich massierte Metin meine Stirn, die Schläfen und die Nackenmuskeln, die verhärtet waren, weil ich die Spannung von Angst und Vertrauen erst im Übergang vom dritten zum letzten Viertel positiv aufzulösen vermochte. Ich stand auf, sah, daß die beiden Männer von vorhin immer noch da saßen und nichts taten, zahlte zwei Euro fünfzig und beschied das Angebot eines zufällig hereinkommenden Taxifahrers mit einigem Bedauern negativ.

»So glatt war ich in dreißig Jahren nicht«, sagte ich zu Metin, der sich verbeugte wie ein gehorsamer Meßdiener. Ich nahm meine rechte Hand von der betasteten Wange zum Herzen, gab dem kleinen Gehilfen einen großen Schein und schritt hinaus in die Kälte von Kars.

Das heliumgelbe Licht der zaristischen Laternen illuminierte die Düsternis einer seelenlosen Nacht. Die Ruhe von Kars war ein trügerischer Schlummer, in den Eingeweiden der Stadt gärten Grotesken und unvermutete Geschichten. Spionageaktivitäten, Okkupationen, Menschenrechtsverletzungen, eine Stadt, in der sich russische und türkische Spione bis vor kurzem noch gegenseitig observiert hatten und es vielleicht immer noch taten. Über den Umständen thronte die Zitadelle, eine armenische Burganlage aus dem 16. Jahrhundert, heute war dort oben Militärsperrgebiet. Der Weg hinauf führte an Hütten und Häuschen vorbei und an trinkenden oder fernsehenden Menschen, die mit ein paar Gänsen und Hühnern zum Leben auskommen mußten. Ihre Hunde waren nicht so eitel wie der Spitz des Gouverneurs, dafür bedeutend träger. Auf dem Zitadellenhügel hörte man das Hintergrundrauschen der Ebene, den Atem des Landes und den Odem des Himmels, und man sah die in stummer Trauer verfallenden Hamams unten am Fluß, direkt neben den ottomanischen Wassermühlen, die vom Fortschritt aussortiert worden und ein Zeichen des Todes der Kulturen waren.

Die Krähen von Kars schliefen nicht. Sie waren die eigentlichen Herrscher einer Stadt, hinter der die Tristesse einer sibirischen Steppe begann, eine in ihrer Ereignislosigkeit berauschend öde Landschaft, deren primitive Stromleitungen die einzige Verbindung ins 21. Jahrhundert waren. Auf roter Erde führte schwarzer Asphalt strichgerade Richtung Armenien, ehe man, kurz vor einer Weggabelung zwischen Nichts und zweimal Nichts, an ein Monument geriet, einen pyramidal zulaufenden Marmorkeil, eingerahmt von strammen türkischen Flaggen, in den folgendes gemeißelt war:

DIESES MONUMENT WURDE ZUR ERINNERUNG AN JENE TÜRKEN ERRICHTET, DIE IN DIESEM DORF IM JAHRE 1918 VON ARMENIERN ABGESCHLACHTET WURDEN.

Eine Messingtafel lieferte die notwendigen Erläuterungen:

Dieses Monument wurde 1992 vom Gouverneur der Stadt Kars errichtet in Erinnerung an unsere unschuldigen Mitbürger, die während eines armenischen Versuchs, das Dorf Subatan von der Landkarte zu tilgen, ihr Leben verloren haben. Nach dem Abkommen von Brest-Litowsk Ende des Ersten Weltkriegs, während die Russen sich aus dieser Gegend bereits zurückzogen, veranstalteten die Armenier ein Massaker in allen Dörfern im westlichen Arpacay. Sie kamen in dieses Dorf mit dem Namen Subatan, trieben die Menschen zusammen und nahmen ihre Wertsachen, sperrten sie in den Heuschober, übergossen ihn mit Kerosin and zündeten ihn an. Mit Äxten schlugen sie die Köpfe von Frauen und Kindern ab, schnitten den schwangeren Frauen die Bäuche auf, rissen die Babys heraus, steckten Bajonette in ihre Herzen und ließen sie von Hunden in Fetzen reißen. 570 Türken wurden hier auf brutalste und schmerzvollste Weise ermordet.

Um das Grellweiß der Schneefelder an der armenischen Grenze hatte sich die Sonne verdient gemacht. Die Dörfer waren ohne Menschen und voller Minarette. Kühe weideten und Jungpferde tobten. Von der Straße flogen Elstern auf. Auf dem Wagen eines Einspänners stand ein Junge und pfiff eine Melodie, sein Gaul trabte durch den aufsteigenden Rauch eines Schornsteins. Das letzte türkische Dorf hieß Ocakhi, und man brauchte guten Willen und ein wenig Zeit, sich vorzustellen, daß in fünfzehn Jahren hier vielleicht das Ende Europas sein könnte.

Es roch nach verheizter Kohle. Wenn kein Hahn krähte, hörte man nur das Pulsieren des eigenen Bluts. Eine Gänseschar marschierte im Gleichschritt. Zwei Buben mit schlimmer Rotznase schaufelten Kot vom Einspänner. Dann sah ich ein Tor mit Hakenkreuz. Es war die Einfahrt ins phänomenale Ani, Hauptstadt des Königreichs Aschot III. aus dem 9. Jahrhundert, Weltkulturerbe, Ruinenfeld. Wo die in byzantinischer Farbherrlichkeit ausgeschmückte Basilika stand, lief der zärtlich perlende Grenzfluß vorbei. Einen Fußbreit auf der anderen Seite, in Armenien, hob ein erschöpfter Bagger lautlos eine Grube aus. Man erkannte die Absicht einer neuen Grenzstation. Ani, die alte Metropole christlich-armenischer Kultur, war heute türkischer Kulturstolz, und der Staat hatte es, wie nicht anders zu erwarten, nicht unterlassen, diesen Triumph symbolisch zu besiegeln, indem er das Terrain bis zur letzten Neige mit seinen blutroten Fahnen gekennzeichnet hatte.

Irgendwie, ich kann nicht sagen, wodurch, begann ich zu träumen und spürte, versunken in die Steppenpoesie des nordostanatolischen Hochlands, dessen Berge den ewigen Schnee trugen, die Kraft der Verschmelzung von Völkern, Kulturen, Philosophien, Religionen, der Klangfarben des fernen und nahen Ostens, der Reiterrufe der Seldschuken, die im 5. Jahrhundert auf die singenden Christen folgten und nach Westen strebten, der besitzergreifenden Muslime, die hier den Islam zu verwurzeln begannen, und ich hatte den Eindruck, am Ende der aktuellen Welt mitten im Zentrum der verflossenen alten zu stehen.

Dann klingelte mein türkisches Handy mit einem so schmerzhaften Ton, daß ich traurig wurde. Es war so weit, Ara Güler würde in Kürze in Trabzon eintreffen. Die beste, vielleicht einzige Chance, den großen Mann endlich zu treffen.

Die Stadt der Frauen

Die Fingernägel der Hure von Trabzon waren unlackiert

Just in Trabzon angekommen, suchte ich wieder das Dostler auf, wo neun platinblonde Frauen an einem Tisch saßen, summten, träumten, flirteten oder alles zugleich taten. Ayna saß abseits, an einem eigenen Tisch. Sie rauchte Kette und trank Bier. Sie hatte schwarze Augen in Mandelform, auf deren Schwung vor allem die mit schwarzem Stift dünngezogenen Brauen hinwiesen.

Ayna. So hieß sie nicht wirklich. So hatte sie sich vor fünf Jahren genannt, als sie als Touristin von Dagestan nach Trabzon gekommen war, weil ihr eine Freundin vorgeschwärmt hatte, wie toll das Leben in dieser Stadt sei und wie liebenswert die Männer. Sie war betrunken, ich merkte es nicht, sie hatte es später gesagt. Ich bin jeden Abend betrunken, hatte sie gesagt, sonst halte ich meinen Beruf nicht aus.

Es war ein schlechter Abend im Dostler. Ein paar der Üblichen kamen herein. Ayna merkte kurz auf und zündete sich dann eine *Muratti* an. Sie hielt sie im vorderen Drittel zwischen den Fingern. An Ayna wagte sich keiner der Üblichen heran. Sie rauchte edel.

Eine Kollegin ging auf einen der Üblichen zu. Sie bestellte Wein und Sekt. Sobald sie am Tisch saß, kostete jedes Getränk vierfach. So finanzierten sich Restaurants wie das Dostler. Die Hure und ihr Freier lachten und brachen irgendwann auf.

Ayna ging auf die Toilette, telefonierte kurz und kam mit frisch geschminkten Lippen an meinen Tisch. Wir sprachen über mich und dann über sie, über meine Eindrücke von der Türkei und ihre, über deutsche und russische Universitäten und ihren Abschluß in Jura, und wir merkten, daß wir uns gut leiden konnten. Der Chef des Dostler kam vorbei, legte die Hände auf meine Schultern und spendierte eine Flasche Sekt. Es war seine Art, ein Geschäft einzufädeln.

Aynas Handy klingelte. Das Taxi war da. Sie würde ins Fischrestaurant Süleyman direkt am Meer fahren. Sie legte sich die Federboa um. Wir verabredeten uns für den nächsten Mittag. Der Sekt ging aufs Haus.

Das Capital Radio spielte Madonna

Um sieben Uhr früh gruben sich die Baggerschaufeln in das verkommene Haus direkt neben dem Hotel Anil. Sein Abriß war logisch und der Lärm höllisch, mein Bett vibrierte. Ich stand auf, unter Begrüßung eines Schwarms gurrender Tauben auf der Stromleitung der Güzelhane-Straße, inspizierte die Jungfräulichkeit des Trabzoner Morgens und beschloß, seine Einladung zur Stadterkundung auf der Stelle anzunehmen. Auf der Suche nach einem frischen Croissant flanierte ich die Uzun Sokasi hinauf, wo es unerklärlich viele Schuhgeschäfte für Frauen gab und Boutiquen mit eleganten, weißen Mänteln und enganliegenden Kleidern und Parfümerien, deren im Schaufenster ausgestellte Bestseller »Cecile Diva« oder »XO Extraordinary Romantic« von Alix Avien waren. In dem Maße, in dem Trabzon bereits frühmorgens geschäftig wirkte und forschgehende Träger von dunkelblauen Busineß- oder braunen Nadelstreifenanzügen und silberrotgestreiften Krawatten samt schickem Schuhwerk in allerlei Büros und Banken eilten, fehlte der Stadt jede Art von religiöser Inbrunst (wenn allerdings, wie Islam und Protestantismus ja durchaus nahelegen, auch Arbeit eine Form des Gebets sein sollte, so mußte man sagen, daß die Menschen in Trabzon überaus religiös waren.)

Die meisten wirkten küstenkühler, herzgedämpfter, alles in allem gemäßigter, und trotz seiner Beherrschtheit war Trabzon laut und aufgeregt, so daß einem die Stille von Kars wie ein ferner Traum vorkam. Angesichts eilig marschierender Frauen in teurem Kostüm oder engen Jeans und Blazer, die äußerst souverän und selbstgewiß wirkten und irgendwo den Ton anzugeben schienen, war die Cliquenhaftigkeit der Männer hier weitaus besser zu ertragen als in Kappadokien, Urfa oder Antakya. Mitten im Park, dem Meydan, stand eine der größten Statuen von Kemal Atatürk, dessen Anliegen bekanntlich die Emanzipation der Frau gewesen war.

Auf Trabzons Straßen, die anständigen Asphalt ohne Splitter oder Grobkiesel hatten, wurde ein Fremder so gut wie nie angesprochen, und in der kleinen Patisserie Palet in der Straße der Republik, in der es zum Frühstück Sandwich, Bagel, Café latte und Espresso macchiato gab, spielte Capital Radio aus Ankara mindestens Madonna und Aerosmith. Die Farben der Häuser waren wohltuend: Tiefrot, Türkis, Ockergelb, Wiesengrün. Expressionen südfranzösischer Pastellpoesie und italienischer Siena-Sattheit. Durch die Gassen roch man das Schwarze Meer, und jede Dattelpalme, die sich in ihren Fluchten zeigte, war ein kleines Glück. Die Hafenstadt Trabzon war warm, weich und weiblich. Es war die Stadt der Frauen. Die Stadt des Körpers.

Ich saß im Teehaus gegenüber dem Hotel Sarp, wartete auf Ayna und beobachtete das Leben in der Güzelhane-Straße. Immer wieder stiegen großgewachsene Frauen mit rotgetönten oder blondierten Haaren in Stöckelschuhen aus Taxis oder Limousinen mit dunklen Scheiben und schleppten sich, in matter Müdigkeit, ins Sarp oder Anil. Andere kamen aus dem Kaplan oder dem Erzurum oder dem Ural oder dem Can oder dem Yuvan. Zerzauste Platinblonde in Lederhosen gingen die schmale, sich windende Straße hinauf, manche mit kleinen Mädchen oder Buben an der Hand, die mit einem Plastik-MG herumfuchtelten oder ihr neues Spielzeugauto auf den Grad an Zerstörbarkeit testeten. Am Eck der Güzelhane-Straße hatte eine Ehemalige vor zwei Jahren eine Boutique mit kyrillischem Schriftzug eröffnet und verkaufte meist schrille Unterwäsche, Strumpfhosen, Leopardenbodys, Lederblousons, hochhackige Kunstlederstiefel, Strapse, Negligés und Miniröcke. Sie hatte einen Türken geheiratet und ein bißchen Wohlstand dazu, und für die meisten Frauen hier war sie der empirische Beweis, daß es so etwas wie Glück tatsächlich gab.

Ayna legte sowenig Wert auf übertriebene Pünktlichkeit wie auf ausschweifende Telefongespräche. Der äußerlich den großen Einstein imitierende Besitzer des Teehauses hielt mir irgendwann ein englischsprachiges Buch vor die Nase, mit dem er belegen wollte, daß es die Religion war, die die Wissenschaft führe, leite, dirigiere, ermutige, letztlich beherrsche. Kurz vor seiner anstehenden Deutung der großartigen Mirakel des Korans kam sie endlich.

Ayna trug eine Sonnenbrille, ein Coco-Chanel-Imitat. In jeder der beiden schöngeformten Ohrmuscheln hatte sie zwei Stecker und einen großen Reif.

»Von Attila«, sagte sie.

»Die Ohrringe?«

»Alles, was ich habe.«

»Wer ist Attila?«

»Mein Mann.«

»Du bist verheiratet?«

Sie nahm die Brille ab, man sah die tiefen Augenringe, stellte ihr schwarzes Nike-Täschchen ab, legte die Füße mit den weißen Nike-Turnschuhen auf einem Hocker ab, zog sich die Nike-Wolljacke übers weiße Nike-Shirt und ließ sich von Einstein eine Kippe anzünden. Sie kannten sich gut. Jeder kannte Ayna. Sie lebte seit fünf Jahren im Hotel Kaplan. Dreißig junge Frauen wohnten dort. Alle kamen aus Moldawien, Aserbaidschan, Georgien oder der Ukraine. Der türkische Volksmund nannte sie Natascha, und sie selbst nannten sich auch so. Das Kaplan war ein reines Natascha-Heim. Ein eingangloses, undefinierbares Haus in freudlosem Hellbraun mit unerhört kleinen Fenstern auf drei Etagen, die größeren Zimmer zwölf Quadratmeter. Den beiden tag- und nachtaktiven Portiers hätte man nicht begegnen mögen, deswegen sah man niemals einen Mann ins Kaplan gehen. Wenn nun Ayna die beiden anlächelte, waren sie zu keinem Widerstand in der Lage und ließen es sogar zu, daß ich sie in ihr Zimmer begleitete, nachdem alle Nataschas im Kaplan vorher in Kenntnis gesetzt wurden, daß ein guter Freund aus Deutschland kommen werde, um russische Kultur in Trabzon zu erforschen, was, wie zu hören war, bei allen Nataschas, die alles andere als kompliziert waren, das Elend der Melancholie hervorgerufen hatte. So erfuhr ich vom Alltag der Huren von Trabzon.

Ayna zahlte fünf Euro die Nacht, machte dafür ihr Bett selbst, putzte, wusch, bügelte und schnitt Gemüse. Zwei Mädchen teilten sich ein Zimmer, zehn auf jedem Stock eine Dusche mit Schimmel an den Wänden, einen Tisch im Flur und eine einfache Küche mit Gasbrenner, Kühlschrank, russischer Schweinewurst und abgepacktem Cappuccinopulver. Es lief laute russische Musik, auf den Betten lagen Ausgaben der russischen *Bravo*. Den halben Tag saßen sie in der Küche und redeten und lachten, und weil die alte Russin aus der Lokanta, die immer so herrlich gekocht hatte, seit zwei Jahren fort war, kauften sie jetzt bei einer alten Georgierin im Krämerladen ein und kochten dann Borschtsch und Blimini und hatten das Gefühl von Geborgenheit.

Sie waren Huren, sie verkauften ihren Körper, sie liefen ab acht in Lack und Leder, aber wenn sie morgens im Schlafanzug in der Küche saßen, ungeschminkt, zerzaust, von der Nacht erschöpft, dann erzählten sie sich von ihren Träumen und von der verlorenen Heimat, und wenn es vorkam, daß eine der Huren weinte, weil der Alkohol am Abend nicht rechtzeitig gewirkt hatte, dann nahm sie die Freundin in den Arm, und sie lachten sich aus den Tränen heraus, bis der nächste Abend kam. Etwas Stärkeres als die Familie der Nataschas konnte man sich kaum vorstellen, fand Ayna. Zwischen die Huren von Trabzon paßte kein Mann. Nur einer hatte es je geschafft. Er hieß Attila.

Keine Natascha in Trabzon war glücklicher als Ayna. Sie bezeichnete sich als Türkin, sie hatte einen türkischen Paß, weil sie einen türkischen Mann hatte. Ihr Mann hieß nicht Attila. Sie kannte ihren Mann nicht. Sie hatte den Mann geheiratet, hatte ihn am Tag der Hochzeit gesehen und dann nie wieder. Nein, sie dankte Gott, daß sie Attila hatte.

Ich bat sie, mir ihren Lieblingsplatz zu zeigen.

»Das ist weit in den Bergen«, sagte sie.

»Dann fahren wir eben weit in die Berge.«

Sie rief Attila an, klärte ihn auf, und dann kurvten wir die Serpentinen hinauf zum Kloster Sumela, wo sie oft betete. Gott spielte in ihrem Leben keine große Rolle, aber sie betete, weil sie abergläubisch war. Sie hatte ein kleines, rohes Wachtelei mitgebracht, pellte die Schale am Kopf auf und schlürfte es aus. Halsweh, sagte sie, zuviel geraucht am Abend zuvor, wie so oft. Ihre Nägel waren unlackiert. Sie hatte leicht entzündete Nagelbetten, an deren Haut sie gerne zupfte.

Das Kloster Sumela lag eine Autostunde von Trabzon entfernt, oben in den Bergen. Es war in eine heroisch ausgeschabte Felsgrotte gebaut und nur über einen schmalen Treppenstieg erreichbar. Der Weg dorthin war wildromantisch, so ähnlich wie Aynas Heimat Dagestan war. Es gab Wasserfälle, Bäche und Kamillenblumen, wie sie es vom Kaspischen Meer kannte und um Machatschkala herum, der Hauptstadt Dagestans im nordkaukasischen Bergland, das gleich neben Tschetschenien lag und augenscheinlich keine Republik war, in die man gern zurückkehrte, es sei denn, man mochte die Mafia.

»Die meisten christlichen Nataschas in Trabzon konvertieren zum Islam.«

»Und du?«

»Ich bin Muslimin. Ist besser.«

»Warum?«

»Eine christliche Kollegin ist kürzlich gestorben und sollte in ihrer Heimat beerdigt werden. Das war vielleicht ein Theater. Hure und so.«

»Und deine Eltern?«

»Meine Mutter ist Christin. Mein Vater war Muslim. In Dagestan sind Mischehen Alltag.«

»Wann starb dein Vater?«

»Vor zehn Jahren. Herz.«

Sie hörte dem Rauschen der Bergfälle zu und erbat sich eine Minute zum Beten.

Keine Frau in Trabzon war unglücklicher als Ayna, denn ihre große Liebe war verheiratet und hatte zwei Kinder, und Attila trennte sich einfach nicht von seiner Frau, Allah weiß warum, vermutlich, weil er Muslim war. So leicht war es eben nicht, seine Frau konnte man betrügen, nicht aber die Moral und das Pflichtgefühl, zumindest konnte das nicht der vierzigjährige Muslim Attila mit den großen Händen, der als Oberkellner im snobistischen Süleyman direkt am Meer arbeitete, um Geld für seine ungeliebte Frau und die geliebten Kinder zu verdienen.

Ayna ging ins Kloster Sumela und betete, daß Attila seine Frau endlich verließ. Attilas Frau ging in die Moschee und betete, daß Attila Ayna verstoße.

Attila hatte noch ein drittes Kind, von dem seine Frau nichts wußte. Es war Aynas Sohn. Er war eineinhalb und lebte in Dagestan bei Aynas Mutter, wo er auch zur Welt gekommen war.

»Jamal«, sagte sie und zeigte ein Foto. Alle drei Monate flog sie für hundert Euro über Istanbul nach Machatschkala zu ihrer Mutter und nahm das ganze Geld mit, das sie in drei Monaten in Trabzon verdient hatte, denn sie finanzierte das Leben des Sohnes, der Mutter, der Brüder und das Studium ihrer jüngeren Schwester. Ihre Familie dachte, sie hätte einen reichen Mann geheiratet, von dem sie Jamal bekommen hatte. Daß es Hurengeld war, mit dem Ayna ihr Leben finanzierte, wußten sie nicht, und daß der Vater ihres Sohnes nur einen alten Mazda fuhr und mit einer anderen Frau verheiratet war, auch nicht. Zwei Monate blieb sie gewöhnlich bei Jamal in Machatschkala, dann kam sie für drei Monate nach Trabzon zurück, um Geld zu verdienen und Attila zu lieben.

Der Abschied aus Machatschkala fiel ihr nie schwer. War sie in Dagestan, litt sie unter Entzug. Sie liebte die Türkei, sie liebte die Freiheit, die Zartheit der türkischen Männer, und sie liebte Attila, und weil dem so war und ewig bleiben sollte, rief sie ihn gleich an und sagte ihm, daß wir in Sumela seien, ja, in Sumela, wieder einmal, sagte sie dann zu mir, ein halbes Jahr sei vergangen, seit sie zuletzt hier gewesen war, mit einem ihrer Freier, was Attila nicht wissen durfte, denn er mochte den Gedanken nicht, daß sie Freier hatte und mit ihnen schöne Ausflüge machte.

Ayna zeigte sich als Klosterexpertin, wies auf die Tradition der Marienverehrung seit dem 5. Jahrhundert hin, führte durch die Ruinen von Kirche, Kapelle, Bibliothek und Mönchszellen, gab Auskunft über Baustil und den Alltag der Mönche und referierte, wann die traumhaften, von Buntheit und Fröhlichkeit zeugenden byzantinischen Fresken der Heiligen Jungfrau Maria restauriert worden waren. Es klang, als spreche sie über *ihr* Kloster, über den Schatz *ihres* Landes, und als ich sie fragte, ob sie wurzellos sei, hin- und hergeworfen zwischen Rußland und der Türkei, zwischen den Kulturen und Männern, sagte sie: nein, nein, nein, sie sei Türkin, sie habe den türkischen Paß, Trabzon sei ihr Zuhause, und Trabzon war ihr Zuhause, weil Attila aus Trabzon kam.

Ayna kam nach Sumela, um das Schlechte zu vergessen und das Gute zu erbitten. Hier mischten sich russischer Aberglaube und orthodoxer Gottesglaube, und bevor wir gingen, stand sie am Brunnen mit dem angeblich heiligen Wasser, nahm eine Münze, drehte und streichelte sie lange und warf sie dann hinein. Das Wasser habe ihr schon einmal einen Herzenswunsch erfüllt, sagte sie. Damals sei sie kurze Zeit später schwanger geworden.

Mit kleinen zarten Schritten stieg sie aus der Tiefe der Klosterhöhle die lange Treppe hinauf, und den Rest des Weges schwiegen wir.

Sex war den Männern egal

Die Invasion der Nataschas begann kurz nach dem Zusammenbruch des Kommunismus in der Sowjetunion vor sechzehn Jahren und kam einer Kulturrevolution gleich. Die türkischen Frauen verabscheuten die Frauen aus dem Osten, weil die ihnen die Männer raubten. Die Nataschas hatten einen immensen Vorteil: Sie waren von keiner moralischen Selbstverpflichtung in der Zurschaustellung weiblicher Reize gehindert, trugen das Haar offen, zeigten Brüste, betonten mit hautengen Lederhosen die Fülle ihres Fleisches, taten also all das, was den Überzeugungen des Propheten widersprach. Die türkischen Männer hingegen hatten zum ersten Mal das Gefühl, frei wählen und bestimmen zu können, wen sie liebten, und sie liebten, wen sie begehrten, da das Begehren in ihrem Leben aufgrund religiöser Erziehung bislang keine allzugroße Rolle spielen durfte. Der Ruf der Nataschas hatte sich in den Jahren erheblich verändert. Sie waren nicht mehr Hure, nicht mehr Prostituierte, nicht mehr Callgirl, sie waren Begleiterin, freie Unternehmerin, Liebes-AG.

Ayna schätzte die türkischen Männer, weil sie gut zu Frauen waren. Sie wollten sich kümmern, und das nicht im Sinne von Zuhältern. Zuhälter gab es auch. Brutale, gemeine, widerwärtige. Ayna kannte keinen. Wer aus Dagestan kam und die Brutalität der russischen Männer erlebt hatte, für den waren die türkischen liebenswerte Romantiker. Ayna beschrieb die türkischen Männer als einfühlend, verständnisvoll und hilfsbereit, die russischen als brutal, versoffen und egoistisch. Weil die meisten türkischen Männer nach dem Koran erzogen waren, tranken sie Tee und kaum Alkohol. Weil die Russen gar nicht erzogen waren, soffen sie Wodka und vergaßen sich.

Welche Probleme die russischen Männer hatten, war schwer zu sagen, die türkischen hatten mindestens zwei erhebliche. Das erste bestand darin, daß sie unbedingte Liebe wollten. Es war kaum zu glauben, aber Ayna schwor Stein auf Bein, daß den Männern Sex egal war.

»Sie wollen spazierengehen.«

»Spazierengehen?«

»Ja.«

»Ist das eine geheime Chiffre für Absonderliches?«

»Sie wollen sich selbst eine Frau aussuchen, sie an der Hand fassen und mit ihr durch einen Garten gehen, ihr eine Blume pflükken, in die Augen sehen und sagen können: Ich liebe dich.«

Das war das zweite Problem türkischer Männer: Ließ eine Frau dies zu, gingen sie verloren. Waren die Männer verliebt, hörte die Hure-Freier-Geschäftsbeziehung sofort auf, und die Natascha bestimmte ihr Leben. Gefiel ihr der Mann, nahm sie ihn in den Kreis ihrer Versorger auf. Für die Männer war das oft ein Verhängnis. Der Islam erlaubte ihnen bei entsprechender Auslegung vielleicht eine zweite oder dritte Frau neben der angeheirateten, sie mußten sie aber finanziell aushalten können.

Murat hatte beide Probleme. Er war ein gutmütiger, lieber Fischhändler mit rehbraunen Augen und gab mittlerweile fast sein gesamtes Einkommen für Ayna aus. Er hatte sie vor drei Jahren im Dostler kennengelernt, war viele Male mit ihr spazierengegangen, auf Trabzons Hausberg, dem heiligen Boztepe, im Kloster Sumela, am Ufer des Schwarzen Meers. Seit drei Jahren hoffte er, daß Ayna ihn eines Tages heiraten würde, während sie auf nichts mehr hoffte, als daß sie eines Tages von Attila geheiratet würde.

Ayna, Murat und ich saßen auf der Couch im Wohnzimmer von Murats Mutter. Sein Bruder war da, dessen Frau brachte Tee und Kekse, im Fernsehen lief KRAL, Tarkan mit seinem neuesten Video. Murats Mutter hatte ihm die Frau ausgesucht, mit neunzehn hatte er geheiratet. Geliebt hat er sie nie. Er liebte Ayna. Auch Murats Mutter liebte Ayna. Sie wußte nicht, daß Ayna eine Hure war und von Murat monatlich mit zweihundert, dreihundert, vierhundert Euro, je nachdem, wieviel sie brauchte, dafür ausgehalten wurde, daß sie mit ihm spazierenging und, wenn sie es wollte, kostenlos mit ihm schlief, was selten, drei, vier Mal im Monat, vorkam, weil sie Murat, der wabbelig war, weich und abends oft müde, reichlich unattraktiv fand. Attila, das Ebenbild eines verwegenen, brustbehaarten Beschützers, wollte nicht, daß sie mit den immergleichen Männern schlief, wenn sie schon Hure sein mußte. Er hatte Angst, daß einer dabei sein könnte, einer, in den sich Ayna verlieben könnte und der vielleicht keine Frau verlassen mußte. Attila haßte es, wenn Ayna mit Murat zusammen war, deswegen sagte sie ihm nichts davon. Letztlich war es so, daß Attila nichts tun konnte, weil er sie nicht auszuhalten vermochte, er verdiente zu wenig, deshalb mußte er sie an zwei oder drei Abenden in der Woche auch ins Dostler gehen lassen und war vor Eifersucht so zerfressen, daß er Murat, den er kannte, schon mehrmals zusammengeschlagen hatte und er und Ayna in ihren freien Nächten darüber stritten, wann sie mit welchem Freier wie oft zusammen sein durfte. Sie stritten immer öfter, und sie sagte zu ihm: Dann verlaß endlich deine Frau, und er wußte, daß er niemals recht hatte.

Der Abend im Wohnzimmer von Murats Mutter hatte etwas Tragisches. Seit dem plötzlichen Tod des Vaters lebte die Mutter zusammen mit Murats Bruder, dessen Sohn und Frau, die einmal eine georgische Natascha gewesen war, in der Wohnung mit den Biedermeierschränken, aus denen Murats Schwester Fotoalben holen mußte, die zeigten, wie süß der kleine Murat früher gewesen war (wie glücklich war die Mutter, als Ayna wieder einmal zustimmte!). Stolz zeigte sie mir Fotos von diversen Familienfeiern, zu denen Ayna eingeladen worden war, eine große Ehre für eine nichttürkische Frau, die mit Murat das großes Spiel der Lüge inszenierte und der Mutter die Hoffnung gab, sie, Ayna, werde ihren großen Sohn bald heiraten und jeden zweiten Tag vorbeikommen, hier, im Haus der neuen Familie, wo es abends ruhig war und der Blick auf das Schwarze Meer schön. Und auf den Fotos sah man Aynas Verlegenheit, wenngleich sie im Wohnzimmer ihren strengen, kühlen Ton bevorzugte und, da die Lüge sie allmählich zu bedrängen begann, zum Aufbruch rief, woraufhin Murat uns in die Natascha-Straße kutschierte und Ayna, weil sie es so gern hatte, vorher noch eine Tafel Haselnußschokolade und drei Schachteln *Murattis* für den Abend kaufte. Murat glaubte immer noch, daß sich Ayna von Attila getrennt hatte, und Attila glaubte, daß Ayna Murat verstoßen hatte. Zum Abschied gab sie Murat ein Küßchen auf die Wange. Auf den Mund küßte sie nur Attila. Manchmal war das Leben anstrengend.

Auf dem Weg ins Hotel Anil sah ich eine unter Kopftuch und zugeknöpftem Mantel sichtbar schwitzende Mama, hinter ihr eine am Handy weinende Natascha, gegenüber zwei Natascha-Wracks mit knallroten Silikonlippen. Aus dem »Gym – Body Sculpture« an der Güzelhane-Straße kam eine Platinblonde in grauer Jogginghose. Eine schwarzhaarige Hünin mit dunkelrotgeschminkten Lippen, schwarzer Lederjacke, dunkelroten Stiefeln, schwarzer Hose, dunkelroter Ledertasche und schwarzer Sonnenbrille betrat den Kuaför für Frauen (»Pediküre, Maniküre, Färben« in kyrillischer Schrift), eine dralle Mittvierzigerin mit weißem Kuscheltier ging ins Hotel Sarp. So lief es Stunde um Stunde. Trabzon scherte sich kein bißchen um die vielleicht merkwürdige Begebenheit, daß die Invasion der Nataschas das Moralgefüge der Türkei zu erodieren begann. Die türkischen Frauen hatten den Kampf mit den Nataschas aufgenommen und sich zu schminken begonnen, hatten die Kopftücher und Mäntel abgelegt und mit ihnen die moralischen Verpflichtungen. Sie hatten sich zur Freizügigkeit erzogen und laszive Libertinage erarbeitet. Sie kämpften um ihre Männer mit den Mitteln der Ungläubigen. Je mehr Nataschas aus dem Osten kamen, desto greller schminkten sich die Türkinnen, desto enger wurden die Hosen, die sie trugen. Es gab seit Jahren hohe Scheidungsraten. Männer verließen ihre Frauen und Kinder, um an der Seite einer Hure das wahre Leben zu spüren, oder sie arbeiteten doppelt soviel, um sie auszuhalten, und hatten keine Zeit mehr für die Familie, weswegen in der letzten Zeit manch türkische Frau wider alle Tradition ihren Mann verlassen hatte. »Die türkischen Frauen sind langweilig und gelangweilt«, sagte Ayna, »die Männer mögen es, wenn man mit einer Frau lachen kann.«

Trabzon, die verhurte Stadt, wie Ayna sagte, war teuer geworden und der Sommer die lukrativste Zeit, weil die türkischen Männer auf dem Bau, auf dem Feld oder im Handel viel verdient hatten. Da nahmen selbst die alten Nataschas, die welk waren und traurig, fünfzig Dollar die Nacht, und manchmal blieb es für sie bei einer Nacht im Monat. Hatte eine Hure wie Ayna fünf permanente Versorger, die sie liebten, und schaffte sie es, diese geschickt gegeneinander auszuspielen und jeden mit vorgetäuschter Hoffnung auf romantische Liebe zu betrügen, ohne daß er von den anderen wußte, hatte sie im Monat dreitausend Euro, was zehnfach so hoch war wie der Durchschnittslohn eines arbeitenden Familienvaters.

Der Muezzin ging unter in Trabzons Tragödien

Ich wurde uncharmant geweckt von der Abrißbirne, die jetzt die Fundamente des Nachbarhauses zu zertrümmern begonnen hatte; was sich wie ein Erdbeben anfühlte. Steine flogen durch die Luft, Schuttwolken reizten die Lungen.

In Trabzon schien die Sonne, was manchmal vorkam. Eine ewige Verlockung war das tiefschwarze Meer, obwohl an jenem Morgen eine junge Katze überfahren wurde und überaus tot auf der Natascha-Straße lag. Durch die Fensterfront des Hürriyet-Restaurants sah man die Kräne des Hafens und auslaufende Tanker. Die Böden des Beyaz-Konak-Restaurants wurden gewischt, aus dem Anil Pide Salon kam der Geruch frisch gebackener Fladen. Ein Apfelhändler hatte das Gewicht des straßenabwärts schiebenden Dreirads nicht mehr im Griff, die Äpfel purzelten herab und kullerten fröhlich fort. Ich hatte den Ruf schon fast vergessen, da kündigte sich der Muezzin mit einem langen Alllllaaaaahu ekbbbbbeeer an.

Doch alle Mühe war vergeblich. Der Ruf ging unter in Trabzons Trubel und Tragödien, und nach kurzer Gesangszeit schien es, als habe der Muezzin sich in das Unvermeidliche gefügt, und es herrschte wieder die Symphonie der hupenden Kleinbusse.

Nach Wochen war ich am Ziel. In der Buchhandlung der Uzun-Straße kündigte das Plakat mit dem Foto von Fischern in Istanbul-Eminönü die Eröffnung der Ara-Güler-Retrospektive am nächsten Abend an. Daß mich die Suche nach dem großen Choreographen der Türkei in den Schoß einer Hure in Trabzon geführt hatte, war eine der erstaunlichsten Begebenheiten meines reisepoetischen Lebens. Sich der Macht des Zufalls auszuliefern, sich dem Eigensinn des Schicksals zu unterstellen, hatte etwas derart Magisches, daß die eigentliche Motivation, die Ängste und Unzulänglichkeiten oft genug vergessen wurden, als regierte das Leben sich selbst.

Die Veranstaltung sollte im Kulturzentrum stattfinden, auf einem der vielen Hügel der Stadt, wo in einer Gartenanlage mit Springbrunnen und Teehaus eine Reiterstatue prunkte, die Sultan Süleyman den Großen darstellte, der 1495 in Trabzon geboren worden war und zum Herrscher der Goldenen Zeit des Osmanischen Reichs wurde. Ich ging über die Brücke, den Hang hinauf, rechts lag das Schwarze Meer mit einlaufenden Frachtern aus der Ukraine, in den Tälern der Hügel umspielten Qualmwolken verheizter Kohle kleinere und größere Minarette bescheidener, kaum auffallender Moscheen. Die Kasse des Kulturzentrums war geschlossen, also setzte ich mich in den Park und sah auf Trabzon herab. Eine Stunde später lächelte mich eine freundliche Beamtin an und holte in mehreren Telefonaten umständliche Informationen ein, was genau an diesem Abend im Kulturzentrum stattfinden sollte, ehe sie sagte, daß die Ausstellungseröffnung auf unbestimmte Zeit verschoben worden sei, weil der Künstler krank sei.

Ich hatte die Lektion in Fatalismus zu lernen gelernt und ging, unter Ausstoß eines lauten Schreis, den Weg über die Brücke zurück in die Altstadt, bog rechts ab und fand mich auf dem Textilbasar wieder. Ein weiteres Mal bestätigte sich die türkische Eigenart des Pragmatismus, alles, wo immer es ging, möglich zu machen. Schien es zwischen Oliveneimer, Nußsäcken, Bananenwagen, Hauswand und parkendem Auto in einer kopfsteingepflasterten Basargasse für einen laut dieselnden Kleintransporter partout kein Durchkommen zu geben, packten alle an, winkten, schrieen, justierten, und nach wenigen Minuten war der Wagen freudig hupend auf dem Weg in die nächste Gasse Richtung Fischmarkt, wo ihn nur eine rote Plastikwanne mit ausgeschabten Lammhüften zum Stehen und schließlich Hupen brachte.

Ich kam am Stoffgeschäft Gökyildiz Ceyiz vorbei und kaufte für zwei Euro zwei Paar Strümpfe. Ich war mir sicher, daß die Verkäuferin mit heiser in einen Sopran gepreßter Stimme und kastanienbraunem Kopftuch, die auf der Oberlippe und um das Kinn rasiert war, ein etwa vierzigjähriger Mann sein mußte. Ihr Gang, ihre Art, das Restgeld herauszugeben, waren so unelegant, wie man es von Männern kennt. Auch die gewünschte Hüfte war zu steif für weibliche Bewegungen, und es lag der Gedanke nahe, daß in Trabzon weitaus mehr Männer Frauen sein wollten als umgekehrt.

Ayna wollte, daß wir ins Süleyman gingen, ich sollte endlich Attila kennenlernen, der mich endlich kennenlernen und dabei den Grad seiner Eifersucht bestimmen wollte. Ayna und ich trafen uns im Teehaus in der Natascha-Straße, als eine kurzhaarige Frau mit stechendem Schritt und weißer Tasche aus dem Kaplan kam.

»Sie ist unsere Beraterin«, sagte Ayna.

»Worin berät sie euch?«

»Sie liest den Kaffeesatz oder legt eine halbe Stunde lang für vier Euro Karten und sieht in unsere Zukunft. Was sie sagt, stimmt immer.«

»Hast du dir gerade die Karten legen lassen?«

Sie lachte, und ich sah ihre schönen, großen, leicht gelblichen Schneidezähne.

Attila hatte Dienst im Süleyman, also fuhren wir hin und wurden zu Fisch eingeladen. Ayna hatte keinen Appetit, sie stocherte im Salat herum. Lieber rauchte sie. Draußen parkten die Mercedesse der Mitglieder des Trabzoner Rotary Clubs. Das Süleyman war eines der teuersten Lokale der Stadt, und Attila hatte einen guten Draht zum Chef, der augenscheinlich eine in der Türkei einflußreiche Persönlichkeit war, mit Kontakten bis hinauf in die politische Elite Ankaras. Im ersten Stock des Süleyman war eine geschlossene Veranstaltung, zigeunerhafte Musik, zwei Nataschas und viele ausgelassene Männer. Attila hatte sich umgezogen und gab jenem Fremden die Hand, dem seine Ayna ihr ganzes Leben erzählt hatte. Ihr Druck war hart.

Wir machten einen vergeblichen Spaziergang am Meer, weil dort alles für den Bau der Umgehungsautobahn aufgerissen war, stiegen ins Auto und fuhren stadtauswärts. Ich wollte in eine Hurendisko, und Ayna hatte das First Class vorgeschlagen, in das sie manchmal mit Freiern ging, was Attila nicht wußte, deshalb stimmte er zu. Er zog sich seinen langen schwarzen Ledermantel an, und ich merkte schon in den ersten Minuten, wie sehr er sich in den Mittelpunkt stellen mußte, um mich zu relativieren. Kurz hinter der Stadt gerieten wir in eine Polizeikontrolle. Ayna hatte keinen Paß dabei, wir waren zu schnell gefahren und hatten getrunken. Attila stieg aus, der Polizist erkannte ihn, jeder Polizist kannte Attila, er war die rechte Hand des Chefs vom Süleyman, und weil das so war, war nichts mehr ein Problem, und nach einer Minute fuhren wir unbehelligt weiter, und Ayna strahlte Attila an. Später hörten wir, daß in jener Nacht bei einer Großrazzia in Trabzon zwanzig Nataschas buchstäblich aus dem Verkehr gezogen, ins Gefängnis gesteckt und am Morgen des nächsten Tages über die Grenze nach Georgien geschickt worden waren. Die gesamte Natascha-Community hatte sich per Handy kurzgeschaltet, es war ein ständiges Piepen und Klingeln, man suchte zu eruieren, welche ein Visum gehabt hatte und welche man womöglich nie wiedersah. Die Trauer war groß.

Attila, sein Kumpel Sultan, Ayna und ich saßen im Danceclub des First Class. Die Musik wummerte erbarmungslos, das Licht spritzte umher. Eine Stunde geschah gar nichts, es gab Früchte, Nüsse und Raki. Dann kamen peu à peu meist in Weiß gekleidete, platinblonde Nataschas mit ihren Freiern und setzten sich auf die Ledercouches, daß man die weißen Slips durch die engen Hosen schimmern sah, oder andere in schwarzen Lederhosen und schwarzen Lederstiefeln, die meisten darauf bedacht, ihre ein Meter achtzig noch größer wirken zu lassen. Ayna drehte auf. Sie lachte und küßte Attila. Nur mit ihm konnte sie ausgehen und lachen und fröhlich sein. War sie hier unten mit einem Kunden, dann war sie traurig und dachte an nichts anderes als an Attila. Ayna wollte nicht tanzen, nicht einmal als Attila auf die glasverspiegelte Tanzfläche ging und merkwürdige Bewegungen zu machen begann. Sie hatte in ihrem Leben genug getanzt. Nur jene Huren tanzten, die es mußten. Entsprechend eingeschränkt war ihre Leidenschaft. Sie stellten sich mit dem Rücken zum Raum, sahen sich in den Spiegeln an, hielten, ohne überflüssige Mienen zu verziehen, die Hände hinterm Kopf und ließen ihr zur Skulptur gezüchtetes Fleisch auf den Betrachter wirken. Das Tanzen gehörte zum Verkaufsargument einer mäßig erfolgreichen Hure.

Nach zwei Stunden waren alle mit Raki und Bier so abgefüllt, daß Freier und Huren auf der Tanzfläche nach dem Beat von türkischem Techno zuckten und erste körperliche Annäherungen möglich waren. Fröhlich sah keine der Platinblonden aus, in deren Mitte, zu Aynas großem Vergnügen, Attila tapste wie der Bär. Sie lachte, rauchte, trank ein weiteres Bier und sah zu mir herüber. Ich nickte ihr zu, und dann brachte der weißgekleidete Ober eine Pyramide aus Früchten und Champagnergläsern, und Ayna schaute zu Attila, der ihr einen Handkuß zuwarf.

Der Besuch in dieser drittklassigen Hurendisko fünf Kilometer außerhalb von Trabzon an der E010 endete in einer milden Schwarzmeernacht um vier Uhr morgens, als der große Wagen wider Erwarten direkt ins Firmament fuhr und die Hügel über der Bucht von Trabzon wie mondbesonnte Venusberge einer ewigen Versuchung erschienen.

Sie küßte mich zum Abschied

Am nächsten Abend trafen wir uns ein letztes Mal. Ayna liebte es, in den Himmel zu fahren, und sie wollte mir ihren zweitliebsten Platz zeigen, den Boztepe, zweihundertzwanzig Meter über der Stadt. Wir kurvten die Serpentinen hinauf, stellten das Auto ab und setzten uns in eine der reizvollen Einbuchtungen auf eine Bank unter einen Sonnenschirm. Trabzon lag uns zu Füßen wie eine Offenbarung.

»Wenn man gerade geheiratet hat«, sagte Ayna, »kommt man als erstes auf den Boztepe, das ist Tradition. Der Berg hat magische Kräfte.«

Ayna nahm die Sonnebrille nicht ab. Attila und sie hatten bis sieben Uhr morgens gestritten. Ihre elfenbeinfarbene Haut wirkte noch wächserner. Axana war mitgekommen, Aynas beste Freundin. Sie war dreißig, sah aus wie zwanzig, war rothaarig, schüchtern, dünn und kam aus Sotchi. Ayna und Axana schliefen jede Nacht in einem kleinen Bett zusammen. Keine von beiden schlief gern allein.

Die Muezzine riefen, und im Becken von Trabzon hallte das Echo hundertfach. Nachdem Ayna anfangs nüchtern gewesen war und in ihrer ganzen Offenheit seltsam unterkühlt, war der direkte Zugang zu ihr nun offen. Sie hatte mir ihr Leben erzählt, ihre Ängste, Träume, Sehnsüchte; ich wußte mehr über sie als jeder Freier und Versorger. Ich war im Bilde darüber, daß sie ihre Juraprüfung sehr gut bestanden und als Anwältin in Machatschkala gearbeitet hatte, bis die Kanzlei schließen mußte.

»Wann entschließt man sich, Hure zu werden? Ist das ein ewiges Abwägen?«

»Man tut es einfach.«

»Fühlst du dich oft erniedrigt?«

»Ich kann es aushalten. Als ich vor fünf Jahren kam, war ich fad. Jetzt bin ich zu einer richtigen Frau gereift.«

Axana sagte nichts. Sie war nach fünf Jahren noch immer nicht mit allem durch.

Attila war Aynas erster Freier gewesen. Sie hatte ihn im Dostler kennengelernt, als sie blaß und unerfahren war. Er hatte sich in ihre Zerbrechlichkeit verliebt, und ihr war gleich zu Beginn das Schlimmste und Schönste widerfahren, denn auch sie hatte sich verliebt. An ihrem dreiundzwanzigsten Geburtstag überraschte Attila sie mit einer Riesentorte, und von da ab wußte sie, daß sie nie wieder ohne ihn sein wollte.

Axana staunte über Aynas Offenheit und sagte nur, daß sie am nächsten Morgen aufbrechen und mit dem Schiff zwölf Stunden übers Schwarze Meer nach Sotchi fahren würde. Ihr Freund putzte auf dem Schiff, so konnten sie sich wiedersehen, und sie konnte ihm die neuesten Fotos des gemeinsamen Sohnes zeigen, der drei war und bei ihrer Mutter lebte.

Ayna stierte auf die Stadt. Ihr Blick war stumm und ihr Leben in diesem Augenblick am Rande des Scheiterns. Sie konnte mit keinem Mann mehr schlafen, wenn sie sich nicht vorher betrank. Früher reichte es, angetrunken zu sein. Jetzt brauchte sie die ganze Dröhnung. Ihr Bierkonsum hatte stark zugenommen, sie rauchte Kette. Sie war nicht durch, und sie konnte es immer weniger aushalten. Jetzt brauchte sie sogar einen neuen Versorger, das Leben war teuer geworden, ihre materiellen Ansprüche waren gewachsen, deswegen ging sie wieder dreimal die Woche ins Dostler. Und auch wenn sie es war, die letztlich entschied, ob sie die Nacht mit einem Freier in einem ihrer beiden Arbeitshotels etwas außerhalb der Stadt verbringen würde oder nicht, auch wenn sie sich für keine Nacht unter hundert Dollar verkaufte und stets Kondome benutzte – Ayna wollte nicht mehr. Sie wollte keine Hure mehr sein. Sie wünschte sich nichts mehr, als mit Attila und Jamal eine Familie zu werden und ein Leben lang in Trabzon zu verbringen und gemeinsam zu lachen. Sie erzählte das Märchen von der Georgierin Irina, das alle Nataschas in der Stadt kannten.

Ein angesehener, aber unansehnlicher Brite, erfolgreicher Geschäftsmann, war einst in die Natascha-Straße gekommen und hatte eine Nacht mit Irina verbracht. Dann mußte er zurück nach England, doch er konnte Irina nicht vergessen. Also kam er nach einigen Monaten nach Trabzon zurück, ging wieder ins Dostler, doch Irina war nicht mehr da. Niemand wußte, wo sie war. Der Brite aber suchte die ganze Stadt nach ihr ab, fuhr zurück nach England und startete für viel Geld eine türkeiweite Anzeigenkampagne, in Zeitung, Fernsehen und Radio. Eines Tages rief Irina ihn aus Rußland an.

Was war es für eine romantische Hochzeit! Wenn sie ein, zwei Mal im Jahr an der Seite ihres Mannes geschäftlich nach Trabzon kam, besuchte Irina die Nataschas im Kaplan. Dann erzählte sie von ihrem Landhaus bei London und der Yacht auf den Bahamas.

Ayna wollte sich von ihrem Mann scheiden lassen. Kürzlich hatte sie ihn das zweite Mal in fünf Jahren getroffen. Doch er hatte große Pläne. Er wollte, daß sie jetzt zu ihm zog. Er hatte rote Rosen mitgebracht. Als sie ihm die Scheidung nahelegte, drehte er durch. Sie nannte ihn Dummkopf. Er kam nachts betrunken ins Kaplan, der Portier konnte ihn nicht aufhalten. Erst Attila vermochte ihn zu verprügeln. Aynas Ehemann war schließlich einer von Attilas besten Freunden.

Ja, sie würde warten. Sie würde ihr Leben lang warten, sie würde warten, bis Attila endlich zu ihr käme. Und Attila würde sein Leben lang Angst haben, daß Ayna sich in einen anderen Freier verliebte, so wie einst in ihn. Sie sah in den Himmel von Trabzon. Im Hafen sprangen die ersten Lichter an. Wir verabschiedeten uns vor dem Kaplan. Sie zog ihre Sonnenbrille auf. Ich weiß nicht, ob sie weinte. Sie umarmte mich und küßte mich auf den Mund.

Der bärtige Mann schrieb mir eine Widmung ins Buch

Am nächsten Tag flanierte ich durch die Uzun-Straße Richtung Zitadelle, kam an einer geräumigen, gefüllten Universitätsbuchhandlung vorbei und traute meinen Augen nicht. Die Tür ließ sich lautlos öffnen. Ich hörte begnadetes Gitarrenspiel und ging weiter. Saß da nicht, leicht vornübergebeugt –

Er hatte einen Bart und weiße Haare. Durch die Traube der Studenten, die um ihn herum standen, konnte ich seine hängende Lippe sehen. Auf einem Büchertisch lagen drei großformatige Bände. Die Studenten lachten, während er redete. Melancholisches Gitarrenspiel setzte ein. Ich nahm den obersten Bildband in die Hand. Auf der Titelseite war ein Schwarzweißfoto zu sehen. Zwei wohlgenährte Frauen in kurzärmeligem schwarzen Kleid saßen leicht eingesunken auf einem Stuhl, die eine hatte ein Doppelkinn, die andere eine prominente Perlenkette im Dekolleté. Beide warteten geduldig auf ihren Einsatz, während zwei robuste Männer die Saz zupften, ein jüngerer Gentleman die Geige strich und ein älterer Signor mit Hornbrille und Krawatte das Tamburin schlug …

»Ara Güler«, rief ich, »Ara Güler!«

Ich hielt das Buch in die Höhe und triumphierte über die Ordnung der Welt. Die Studenten drehten sich um, eine Frau begann zu singen.

»Ara Güler«, rief ich abermals und bahnte mir einen Weg durch die Menge. Die Sängerin hatte etwas Schwermütiges, ihre Stimme war von einer wundervollen Heiserkeit, und der von Allah begnadete Gitarrist zelebrierte iberische Gitarrenläufe, in denen jede Note ein eigener Kosmos war. Die Studenten sahen mich irritiert an, manche lächelten, manche ließen sich zu einer Mimik wachsender Aversion hinreißen. Während ich mir freundlich den Weg freidrückte, dachte ich an die ersten zwei Fragen, die ich ihm stellen würde. Ich würde ihn fragen, warum er mich so lange hatte warten lassen, nein, wie es gekommen war, daß wir uns in Konya verpaßt … nein, ob ihm der Bremer Fotografenfreund nicht ausgerichtet habe, vielmehr, ob –

Die Musik verstummte. Der Mann merkte auf. Mit einer merkwürdig emphatischen Pose hielt ich ihm den Bildband »Retrospektive 1956–2006« hin, tippte auf das Coverfoto und sagte: »Istanbul-Beyoğlu, 1962.«

Es war still im Raum. Eine Frau lachte. Ich weiß nicht, was mich mehr verblüffte: die Tatsache, daß ich Ara Güler, den ich wochenlang gesucht hatte, ohne weiteres an einem schönen Tag in Trabzon vor mir sitzen sah, oder die frühkindliche Begeisterung, zu der ich augenscheinlich noch immer in der Lage war, hier, vor fremden Menschen in einem fremden Land in eine von keinem Anstand gebremste Gefühlsseligkeit auszubrechen.

Neben ihm auf dem Rundtisch lag ein Turm von Büchern, die er gerade signierte. Für Bildbände waren sie klein und kompakt. Er zog ein Exemplar heraus, fragte nach meinem Namen und schrieb des weiteren: »In Erinnerung an einen denkwürdigen Tag in Trabzon, als ich vor Studenten der romanistischen Fakultät aus meinem neuen Roman ›Die Türkeireise‹ las und für einen anderen gehalten wurde. Herzlichst: Luis Delgado Soares.«

Am Tag darauf flog ich nach Istanbul.

Das Vermächtnis des Chronisten

In Istanbul brannte der Himmel, ein Anschlag der Natur. Die Tanker im Marmarameer glühten, und die Minarette der Fatih-Moschee nahmen die errötete Sonne in ihre Mitte. Am Pier Eminönü kamen überfüllte Schiffe aus Kadıköy an, Übereifrige sprangen auf den Quai. In den Bugwellen schaukelten Jollen, und ja, es gab den Aufruhr der Möwen.

Ich ging auf die Galata-Brücke, wo die Angler in schamloser Schönheit standen und jener Seele Trost spendeten, die vom Verdacht geängstigt war, daß alles dem Verfall verfallen sei. Plötzlich schien mir, Mitte rechts, als würfe Hasan die Nylonschnur aus: die lange Rute mit dem grünen Lichtpunkt, die wattierte Jacke, der mächtige Schwung des starken Arms. Ich blieb stehen und schaute den Kopf in der hochgezogenen Kapuze von hinten an. Dann drehte er sich um. Es war eine Frau mit Zigarette. Neben ihr lauerten zwei heilige Katzen wie verstoßene Königinnen auf einen zufällig abfallenden Fisch.

Die nostalgisch charmante Bergbahn rumpelte durch den sogenannten Taksim Tünel nach Beyoğlu hinauf, hundert Meter senkrecht für sechzig Cent. Oben, auf der Istiklal-Straße, saß der blinde Akkordeonspieler am Zeitungsstand eines Kiosks und sah mir nach. Im Kaffeehaus Istanbul gegenüber traf sich bei Käsekuchen und Café latte die Jeunesse élitaire, Künstler, Journalisten, Musiker und Filmemacher. Ich stieg ab in Zimmer 409 des Grand Hotel Londres, wo die Flure und Böden mit bordeauxrotem Teppich belegt und die Zimmer drei Meter hoch waren.

Am Eck zur Yenicarsi-Straße demonstrierten etwa hundert Kurden gegen Übergriffe des türkischen Militärs im Osten, eine Hundertschaft Polizei mit Schlagstock, Schild, Gasmaske und Wasserwerfer stand bereit und verhielt sich bis auf weiteres passiv. Beyoğlus Abendflaneure kümmerte das nicht. Einer rief den Kurden eine Sottise zu.

Wenn ich so etwas wie ein kleines Zuhause in der Türkei gewonnen hatte, dann war es das Kafe Ara in der u-förmigen Acarsu-Gasse, wo es kosmopolitische Salatvariationen gab und aufgrund der Vogelgrippe auf einmal kein Geflügelfleisch mehr. An den Wänden hingen unverändert vier gerahmte Bilder des berühmten Chronisten der versunkenen Kultur. Bourgeoise Schnösel in Nadelstreifen tranken Cola und gockelten gelangweilten Frauen ihre Wichtigkeit vor.

»Suchst du immer noch Ara?« fragte mich der junge Mann mit weißer Kellnerschürze um die Jeans, der ein gutes Gedächtnis zu haben schien. »Du warst doch vor einigen Wochen hier.«

»Ja, und ich suche Ara Güler noch immer. Vermutlich ewig …«

»Er war heute morgen hier … da, an diesem Tisch.«

»Ach was! … Was für ein Zufall!«

»Er sitzt immer dort, wenn er da ist.«

»War er oft da die letzten Tage?«

»Ich habe ihn heute zum ersten Mal seit Wochen wieder gesehen.«

»Wie wirkte er auf dich?«

»Müde. Er hat ständig gehustet.«

Die Kleinverlegerin Yasemine ließ es zweimal klingeln. Sofort erarbeitete sich ihre monochrome Stimme Freude, und ich nahm ihr Erstaunen entgegen, man habe gedacht, ich sei wieder in Deutschland.

Eine halbe Stunde später rief sie zurück.

»Du hast Glück«, sagte sie, »er sollte eigentlich in Trabzon sein.«

»Ich weiß.«

Am nächsten Tag um zwölf war ich mit Ara Güler an seinem Tisch verabredet.

Es hallte in seinem Brustkorb

Wie oft, wenn sich eine Person zum Mythos verselbständigt hat, wirkt sie in die Realität versetzt unglaubwürdig, als sei es unmöglich, daß das in der Phantasie erdichtete Wesen einmal figürlich wird, Fleisch und Blut und Haar und Stimme. Er saß auf der Bank, und alles an ihm drängte zu Größe: die Statur, die Hände, der Blick, das Selbstverständnis. Als er mich an der Tür entdeckte, schaufelte mich seine Hand herbei.

»Früher kannte jeder jeden«, sagte er, »es gab Liebe zwischen den Menschen. Heute interessiert sich keiner für den anderen. Was essen Sie?«

Er winkte den hübschen Kellner heran und bestellte Tagliatelle verde mit Curry für mich, einen Thunfischsalat für sich.

»Es sind die besten Tagliatelle, die Sie je gegessen haben werden«, sagte er und hustete todesnah. »Jetzt schaffen sie auch noch die alten Fähren am Bosporus ab, die seit Jahrhunderten benutzt werden, die Fähren sollen modernisiert werden, mo-der-ni-siert, was für ein Schwachsinn! Was wollen Sie wissen?«

Machte es Sinn, sich vorzustellen? Ara Güler war siebenundsiebzig Jahre alt und hatte die Energie und Ungeduld eines Zwanzigjährigen.

»Sie wissen, ich gebe kaum Interviews, immer die gleichen Scheißfragen. Ich weiß nicht, warum ich bei Ihnen eine Ausnahme mache, vielleicht wegen Yasemine. Waren Sie schon auf der Brücke?«

»Es gibt viele in Istanbul.«

»Blödsinn, es gibt nur eine!«

»Die Galata?«

»Das war mal eine lebende Brücke, da waren die Liebespaare, die Flaneure, die Einzelhändler, es war keine Brücke, sondern ein Labor des Lebens. Die neue Brücke ist ein Gegenstand, auf dem das Leben Tag für Tag mehr verloren geht.«

»Sie meinen das *alte* Leben.«

»Ich meine das *Leben.*«

Er gestikulierte, seine volle, bassig-rauhe Stimme wurde tiefer, schwoll im Tiefgeschoß einer Generalverachtung an und rollte kraftvoll zu einem Monolog hinauf.

»Die Menschen von heute beschäftigen sich mit lauter unwesentlichen Sachen. Wer sieht noch gute Filme? Wer liest noch Shakespeare? Die modernen Menschen lassen sich von nichts mehr berühren oder bewegen, sie sind völlig abgestumpft und verblödet. Verstehen Sie, junger Freund, mich interessieren die Dramen des Menschen, aber ich kann die Menschen nicht mehr finden, die ich suche, die ich mein Leben lang gesucht habe. Mein Istanbul ist verloren, ich finde es nicht mal mehr auf der Galata, die Stadt hat ihren Charme eingebüßt. Sehen Sie sich diese furchtbaren Wolkenkratzer an, die sind viel zu hoch und verschandeln den Himmel, die nehmen einem das Licht weg. Istanbul ist so gesichtslos wie sonstwas. Die neue Generation versteht nicht mehr, was türkische Kultur ist, die verstehen überhaupt nichts, die wissen nichts, die Qualität der Bildung ist zum Schreien, die Türken werden immer dümmer, von Tag zu Tag, je eingebildeter sie werden, desto dümmer. Es ist unfaßbar, junger Freund, wie viele Idioten in dieser Stadt leben!«

Während des Redens nahm er Gabeln Thunfischsalat in den Mund, und so voll dieser dann war – vom Richten ließ er sich nicht abhalten. Eine ältere Frau kam an unseren Tisch, hielt ihm triumphierend den neuesten Bildband »Retrospektive 1956–2006« vor die Nase, den ich aus Trabzon kannte.

»Ara Güler – das Auge von Istanbul!« sagte sie in höchster Verehrung und schüttelte den Kopf wie eine am Niedergang leidende Zeitgenossin, die kaum glauben konnte, endlich ihr Idol gefunden zu haben.

Er nahm das Buch, legte es auf Krümel und ölige Servietten, schrieb in großer Linie seinen Namen auf die erste Seite und sagte: »Junger Freund, es gibt so etwas wie die türkische Seele.«

Dann lachte er, und es hallte im Resonanzraum seines Brustkorbs.

»Sehen Sie sich diese Fotos an.«

Ara Güler hatte sauber manikürte Fingernägel und nur ein paar Altersflecken auf den Handrücken. Die Hände, die die alte Leica gehalten und das Bild der alten Türkei geformt hatten, kreisten beständig und spielten sich etwas vor. Ich überlegte und kam zu dem Ergebnis, daß es vielleicht zehn Fotografen des 20. Jahrhunderts in der Welt geben mochte, die man wirklich Fotografen nennen könnte, die Grafiker der Erschöpfung des Lebens waren, nicht Stilisten des variierten Klischees, nein, Bildschöpfer, die dem Vergehen einen kulturellen Sinn abrangen, die den einzelnen Tag, die bestimmte Situation, das einzelne Ereignis aufnahmen und ins visuelle Gedächtnis der Geschichte einspeisten. Cartier-Bresson gehörte zu ihnen, Salgado, Disneau und eben der Mann, der im Kafe Ara auf der gepolsterten Bank an seinem Tisch saß, den rechten Arm auf der Lehne ausgebreitet, als wollte er die alte Welt zurückholen und an seine Brust ziehen.

»Waren Sie in Konya?«

Ich nickte.

»Urfa?«

»Ja.«

»Mardin, Diyarbakır? Das ist die Türkei, die ich liebe.«

Der alte Mann war ein schwermütiger Poet. Seine Zeit war zu Ende, er wußte das. Nicht, daß er sich mit der ganzen Macht seines Körpers gegen das Schicksal aufgelehnt hätte. Er war zu sehr Realist, und vielleicht auch zu sehr an seinem eigenen Drama interessiert, als daß er in seinem Fall oder im Fall der Türkei von einer feststehenden Identität ausgegangen wäre. Identität, das war eine meiner Grundüberzeugungen, ist nichts, was einem in die Wiege gelegt wird, sie ist permanenten Prozessen unterworfen. Jeder Chronist braucht etwas, das die Chronik weiterführt, sonst hätte sie keinen Sinn.

Je länger ich über die zurückliegenden Wochen nachdachte, über den Zeitraum vom ersten Besuch im Kafe Ara bis zum letzten, desto klarer wurde mir, daß es der einzigartige Charme der Türkei war, den Begriff des Fremden nicht zu kennen. Im anatolischen Erbe war, viel stärker als die Wahrnehmung von Unterschieden, das Erkennen von Ähnlichkeiten verankert. Vielleicht hatte dies Vorteile in der Evolution, der Großteil der heutigen Türkei war über Jahrtausende der versteppte Siedlungsraum vorderasiatischer Nomaden gewesen. Am Begriff des Fremden jedenfalls ließ sich die Scheidelinie zwischen Ost und West finden.

Das westliche Denken zieht das trennende Oder vor, das östliche das verbindende Und. Die westliche Kultur, von Platon über Descartes bis in die europäische Musik hinein, vollzieht sich in Gegensätzen und ihren Auflösungen. In Harmonien. Sie braucht das Dur fürs eigene Glück. Das östliche Denken vollzieht sich nicht. Es zirkuliert in Zyklen und in der Gleichzeitigkeit. In Halb- und Zwischentonschritten.

Die europäisch-westliche Musik mit ihren logischen Fugen zwingt den Zuhörer zum passiven Sitzen, zum Verstand. Die östliche Musik definiert sich über den Rhythmus, der den Körper zum Schwingen bringt, die Körperlichkeit der Musik steht im Vordergrund. Der Verstand trennt, der Körper vereint.

Die westlich-christliche Kirche ist eine Nische außerhalb des Diesseits; die Moschee dagegen ein heller, durchlässiger Raum, wie ein vom Schöpfer beschütztes Zelt, das zwischen physischer und metaphysischer Welt nicht unterscheidet.

Das okzidentale Christentum, das Ergebnis der Verschmelzung aus hellenistischer Philosophie und Judentum, setzt auf freien Willen und freie Entscheidung des Individuums; der Islam auf die Umma, die Gemeinschaft. Der christliche Gott ist tot, bis zu seiner Wiederkunft muß es der Einzelne richten und sich mit den Gesetzen der Moral arrangieren. Der Allah des Orients dagegen ist immer präsent. Er ist nicht gestorben, weil er nie Mensch war. Alles, was geschieht, geschieht in seinem Namen. Die westliche Ethik setzt auf individuelle Verantwortung, die östliche auf die bindende Sitte.

Die östliche Kultur, könnte man ihre Essenz verbildlichen, basiert auf der Olive. Die Olive ist die Basis der europäischen Zivilisation, der Olivenbaum kommt aus dem historischen Anatolien, dem heutigen Syrien. Der Stammbaum der Olive verzweigt sich auf der einen Seite ins Griechisch-Hellenische, Römische, Iberische, Italienische, auf der anderen ins Arabische, Osmanische, Kurdische, Türkische. Es muß, nimmt man die Natur zum Maßstab, also einen Zusammenhang geben zwischen zivilisatorischem Fortschritt und Olivenbaum, zwischen Europa und der Türkei.

»Ach, Sie wollen wissen, ob die Türkei reif für die EU ist?«

»Deswegen bin ich hier.«

»Ja, die Türkei soll in die Europäische Union, und sie wird es auch schaffen, gar kein Zweifel. Aber die Europäer sollen nicht glauben, sie seien etwas Besonderes, das ist ja lächerlich. Es gibt Länder in der EU, die sind noch nicht einmal so groß wie Istanbul!«

»Ich glaube weder, daß die Türkei in die Europäische Union soll, noch, daß sie es schafft. Europas Politiker werden die Latte immer ein Stückchen höher legen und irgendwann Forderungen aufstellen, deren Unerfüllbarkeit sie sehr wohl einkalkuliert haben. Es ist ein Spiel, wer wann wie sein Gesicht verliert.«

»Wenn die EU im Wettstreit mit den USA, China und Indien eine globale Macht werden will, braucht sie uns, junger Freund, Europa braucht unsere Energievorräte, unser Öl, unser starkes, großes Militär, unseren Markt mit vielen jungen Konsumenten, die zugleich billige Arbeitskräfte sind. Warum sollten wir immer annehmen, daß das, was bei euch geschieht, Fortschritt ist? Europa soll sich erst mal selber retten.«

»Kann sein, daß sich Europa als Idee überlebt hat. Das, was ganz Europa eint, ist der skeptische Geist, der Zweifel, die Reflexion. Das hat zur Aufklärung geführt, und natürlich auch in zwei Weltkriege, schon klar, aber das höchste, was bis jetzt erreicht worden ist, ist meines Erachtens die Autonomie des Individuums. Solange die Türkei den Wert des Einzelnen, unabhängig von Geschlecht, Herkunft und religiöser Ausrichtung, nicht selbstverständlich respektiert, ist sie nicht europareif.«

»Macht euch mal nichts vor, die Türkei braucht euch nicht, aber sie wird euch Glück bringen, junger Freund, das ist sicher.«

Ich hatte festgestellt, daß sich im Verlauf der Türkeireise meine Einstellung verändert hatte. Zu einem Zugeständnis an die Hoffnung war ich nicht mehr bereit. Es war offensichtlich, daß die meisten Türken mit Europa nichts am Hut hatten und auch nicht haben wollten. Wer sich danach sehnte, Mitglied der EU zu werden, waren Politiker und jene ihrer Wähler, die sich kaufen ließen von den Versprechungen, jeder werde einen gutbezahlten Job bekommen und soziale Absicherung. Über die intellektuelle und ökonomische Malaise Europas wurden die Türken nicht aufgeklärt, über die Möglichkeit also, daß die Idee Europa gescheitert sein könnte und sich der Kontinent, der gar kein Christenclub mehr war, sondern eine Vereinigung zunehmend entspiritualisierter Individualisten, aufmachte, neue Märkte, neue Menschen, junges Blut in der Türkei zu suchen, um nicht in Vergessenheit und eine Sinnkrise zu geraten.

Seit Jahren und bis zum Antritt meiner Reise war ich ein Befürworter der EU-Mitgliedschaft der Türkei gewesen. Ich hielt es aus geostrategischen Gründen für wichtig, einen demokratisch verfaßten Brückenkopf in die islamische Hemisphäre zu haben, und ich sah, daß das kulturelle Erbe der europäischen Zivilisation grundgelegt worden war auf dem Terrain der heutigen Türkei. All das, was Europas Geist und Kultur ausmachte, war mir zum Gezirp unsichtbarer Vögel etwa in Ephesus an der Westküste begegnet, in dieser großartig unversehrten Kulisse eines real gebliebenen Traums: das Theater, die Agora, die Musen, die Philosophie, die Wissenschaft, der Kult, das Spiel, Form und Stil. In Ephesus war ich auf Herakles gestoßen, dort war im 5. Jahrhundert vor Christus die griechische Physik und Metaphysik entworfen worden, und der Blick in die Sterne über dem Ägäischen Meer im Delta von Milet brachte mich dem magischen Erlebnis nahe, just in jenen Kosmos zu schauen, in den auch Thales und Anaximander geschaut hatten, die Begründer von Mathematik und Astronomie. Die Demokratie und das Geld wurden hier erfunden, die Münzen und die Mythologie des Geldwerts. Ephesos war heiliger Boden, die Apostel Paulus, Johannes und Lukas lebten, arbeiteten und wirkten hier, die

Jungfrau Maria soll nach der Kreuzigung Jesu und ihrer Flucht aus Jerusalem mit dem heiligen Johannes ein paar Kilometer im Wald ihre restlichen Lebensjahre verbracht haben und dort begraben sein, wo heute, im Schutz bewaffneter Soldaten, eine von europäischen Nonnen gepflegte Kapelle steht.

Je länger ich das Land durchreiste, desto stärkere Zweifel erwuchsen. In Trabzon schließlich war ich mir sicher gewesen: Europa und die Türkei waren unvereinbar. Ich hielt es aus zwei Gründen für unverantwortlich, die Türkei in die Europäische Union zu locken. Zum einen der veritable, aggressive Nationalismus samt seinem beinah ärgerlichen Atatürk-Kult, der dörferweise Züge einer realkommunistischen Diktatorenverehrung hatte. Zum anderen die durch den Koran gedeckte Abwertung der Frau und die Entweiblichung der Alltagskultur.

Auch wenn man in Rücksicht stellte, daß in zwanzig Jahren eine junge, andere, vielleicht in globalisiertem Geist erzogene Generation die Türkei repräsentieren würde – gerade bei den Jungen war der Rekurs auf nationalistische und chauvinistische Standpunkte verblüffendes Faktum, weil ihnen die Türkei keine anderen Identitätsmöglichkeiten anbot und die Fußballnationalmannschaft eine Truppe aus vergeblich bejubelten Versagern war. Ihre frustrierenden Erfahrungen mit fehlenden Perspektiven und zunehmender Arbeitslosigkeit, die kapitalistische Kolonisierung der Medien, deren Zwang zu Quote und also Idiotie, was sie von den europäischen im übrigen nicht groß unterscheidet, sind aller Wahrscheinlichkeit nach nicht in der Lage, Selbstheilungskräfte auszubilden und sich in ihr Gegenteil zu verkehren. Der aggressiver werdende Kampf zwischen Allah und Atatürk, zwischen religiöser Fundamentalisierung und nationalistischer Staatsvergöttlichung, paßt nicht mehr auf die Fundamente der europäischen Zivilisation und ihres Humanismus, die vor zweitausendfünfhundert Jahren hier grundgelegt wurden.

Das Hohelied auf die europäische Türkei war verstummt. Nur einer konnte seine Melodie vielleicht noch retten oder es ganz vernichten.

Er stand auf, und wir verließen das Kafe Ara, gingen nach nebenan, in die zweite Etage, wo sein Büro und ein kleines Museum waren. Das Haus gehörte der Familie Güler, armenischen Christen. Ara sprach nicht über seine Vergangenheit, aber ich wußte von Yasemine, daß große Teile seiner Verwandtschaft 1915 während der berüchtigten Massaker ums Leben gekommen waren. Nur eine Tante, sein Vater und er hatten überlebt. Trotzdem liebte Ara Güler die Menschen, trotzdem liebte er die Türken. Er machte keinen Unterschied zwischen den Völkern. Für ihn gab es kein Oder. Für ihn gab es nur das Drama des Seins.

In jenem dunkelgrünen Haus war lange Jahre die Apotheke des Vaters gewesen, seit dessen Tod beherbergte es eine Dauerausstellung. An den Wänden der Treppenaufgänge hingen Ara Gülers legendäre Porträts von Dalí, Chagall und Picasso. Ein verschlafener Wärter schloß die Tür zum Museum auf, machte Licht und zog die Rolläden hoch. In der Mitte des ersten der drei Räume stand eine Chaiselongue, auf einem Kopfkissen lag artig zusammengefaltet die türkische Flagge. Ich setzte mich und sah die großformatigen Fotografien an. Drei der berühmtesten Bilder der Türkei hingen hier nebeneinander. Eines zeigte die Rückkehr der Fischer am Bosporus; das andere die Trambahn der Istiklal-Straße auf dem schneebestäubten Kopfsteinpflaster. Auf dem dritten sah man zwei wohlgenährte Frauen in kurzärmeligem schwarzen Kleid, die leicht eingesunken auf einem Stuhl saßen; die eine hatte ein Doppelkinn, die andere eine prominente Perlenkette im Dekolleté ...

»Früher hatten die Menschen noch Stil und Stolz, heute sind sie entweder heruntergekommen oder streben in die High Society«, sagte der Chronist der Erschöpfung in seinem Büro. Er saß auf dem Holzstuhl hinter dem mit allerlei Stapeln beschwerten Schreibtisch, lehnte sich nach vorn, streckte die Arme aus und sagte einen Satz, den ich als Vermächtnis mit nach Deutschland zu nehmen versprach, als sein, Ara Gülers Vermächtnis und zugleich als Vermächtnis der Türkeireise, deren eigentlicher Sinn die Poesie des Zufalls geworden war.

»Im Leben kann es nur um Tiefe gehen«, sagte er, »und Tiefe braucht Zeit. Die Menschen heute haben keine Zeit mehr für Tiefe und keine Tiefe mehr für Zeit. Das ist ihre Tragödie.«

Über Sultanahmet und die Hagia Sophia schwebte der Mond herein, so heliumgelb wie die Laternendotter der Galata-Brücke, durchschnitten von einem zerstäubenden Kondensstreifen. Dünner, zarter, zerbrechlicher konnte eine Sichel nicht sein. Unter ihr stand in der Tat der Abendstern. Der Bosporus schäumte salzig auf, und die Brücke wurde unsichtbar im Dunst der Nacht.